朱次琦集

上

嶺南思想家文獻叢書
景海峰　主編

[清] 朱次琦　撰
李辰　點校

上海古籍出版社

國家社科基金青年項目「九江學派與晚清思想轉型研究」
（18CZX029）階段性成果
深圳市宣傳文化事業發展專項基金資助項目

點校説明

朱次琦，字效虔，又字子襄，號稚圭（此據《南海九江朱氏家譜》。舊説字稚圭、一字子襄，爲簡朝亮、康有爲所用），廣東南海九江人。清代著名學者，世稱九江先生。

清嘉慶十二年丁卯（一八〇七）夏八月二十二日，先生出生於廣東南海縣九江鄉西太平約（今廣東省佛山市南海區九江鎮）一個大家族中，據《南海九江家譜》記載，先生十五世祖朱獻謀自南宋末年便徙居於此。

先生幼年從其族叔懿脩先生（諱祥麐）開蒙，後隨鄉賢嶺南漢學大家曾釗進入阮元幕府學習，道光四年（一八二四）與道光十二年（一八三二），先生先後考入羊城、越華書院，接受羊城書院山長謝蘭生及越華書院山長陳繼昌指導。道光二十七年（一八四七），先生成進士，籤發山西。爲官七年，政績斐然，獲「後朱子」之譽，期間還與同宦山西的文字音韻學家王筠交游頻繁。咸豐四年（一八五四）太平天國戰亂禍及山西，先生辭官歸里。咸豐八年（一八五八），先生在九江鄉南方忠良山（舊名禮山）下陳氏祖祠（即後世學者所稱禮山草堂），開啓了長達二十三年的講學生涯。光緒七年辛巳冬十二月十九日（公元一八八二年二月七日），先生病逝家中，年七十有五。

作爲晚清嶺南儒学泰斗，先生博采漢宋，思想上宗法程朱，溯源孔子，在清代乾嘉漢學大熾的背景下，强調客觀體認漢學、宋學的既有成就，反對學術上以門户之見局限治學視野。先生認爲，漢學、宋學本是相爲表裏，而乾嘉以來流行的考據風氣攻擊朱子學空疏，致使當世學術「畔之於道外」，繼而使「孔子之道隱」，故在晚年特别提出「孔子之學，無漢學無宋學」的學術觀念，試圖會通漢宋的同時，以「修身四行」與「讀書五學」，敦化士風世俗，推行經世致用的實學思想。

先生終生致力於立身講學，門下弟子簡朝亮、康有爲、梁耀樞，再傳弟子鄧實、黄節、梁啓超等人，對晚清民國的學術、政治，産生了深遠影響。

據簡朝亮《朱九江先生集·年譜》中所記，先生生平著述有七，死前將之盡焚，其中有書目存世的五種著述分别爲《國朝名臣言行録》《國朝逸民傳》《性學源流》《五史實徵録》《晋乘》。另外兩種未定書名的著述，一種是「論國朝儒宗者，仿黄梨洲《明儒學案》，而不分漢學、宋學，以辨江鄭堂《師承記》之非」，一種是「紀蒙古者，勤北邊也」。本集收録整理的三種文獻分别爲《朱九江先生集》《朱九江先生論史口説》與《朱氏傳芳集》。

《朱九江先生集》爲先生晚年弟子簡朝亮在其去世後據當時遺世的資料編纂而成，内有年譜一卷，詩五卷，文四卷，附録一卷，刊刻行世於光緒二十三年（一八九七），光緒三十二年（一九〇六）重刊。

《朱九江先生論史口説》是先生門人輯録其生前講授《漢書》《後漢書》《三國志》的筆記，内容主要論涉前四史及史裁的評述，由邱煒萲作序，光緒庚子年（一九〇〇）刊行。

《朱氏傳芳集》是朱次琦與其弟朱宗琦共同編纂的朱氏明清兩代名傑與家族交遊的詩文集，其中分爲内集、外集兩部分，内集詩文由朱氏名傑所撰，外集詩文由朱氏家族交遊所作，共八卷，咸豐十一年（一八六一）刊行。

本集對以上三種著作均使用最早刊刻本爲底本進行點校，其中《朱九江先生集》以光緒二十三年本爲底本，參照光緒三十二年刊本、香港九江商會本（一九六二年刊印本）和張啓煌《朱九江先生集注》（一九三〇年刊刻本）進行補遺校正。《朱九江先生論史口説》以光緒庚子本爲底本，《朱氏傳芳集》以咸豐十一年本爲底本。

講學筆記部分，收録了朱傑勤先生在民國時期整理發表的《朱九江先生經説》《朱九江先生談詩》《朱九江先生論書》三種，并對它們進行了重新校訂。

附録部分，本集收録了九江先生相關集外詩賦、佚文。其中詩歌部分收録《朱九江先生集》中未載詩歌十一首，録自《是汝師齋詩》；賦一篇，録自《律詩精選》。佚文五篇，録自《南海九江朱氏家譜》和康有爲《朱九江佚文合集》。此外，還收録了朱次琦道光二十七年的殿試試卷，友人王筠所作傳記一篇，門人康有爲、梁炳堃所作墓表一篇、碑文一篇，門人簡朝亮所作學記一篇。

《朱次琦集》的整理工作，得到了諸多師友和研究機構的幫助。深圳大學國學院黎業明教授、上海古籍出版社方强編輯，對《朱次琦集》的編次、校正，助益最多，至爲感謝！深圳大學國學院景海峰教授、深圳安信證券劉義林先生、廣州中山大學圖書館特藏部部張紅老師，以及佛山市博物館、南海九江中學朱九江先生紀念堂、香港大學馮平山圖書館、香港中文大學圖書館、台中東海大學圖書館等機構的工作人員，先後曾爲本集的整理工作，給予過諸多幫助，謹致謝意！由於本人學植淺薄，文集的整理與點校工作一定存在不少錯誤與不妥之處，懇請讀者不吝指正。

點校者　李　辰

二〇一五年四月　初稿

二〇一九年五月　修訂

目録

朱九江先生集

卷二　詩

卷五 詩……（一二三）

卷六　文

朱氏傳芳集

卷二　正集 文

卷三　正集 詩

卷四　正集 詩

記……（五三六）

序……（五四五）

贊……（五五〇）

卷六　外集 文

卷七　外集 詩

卷八　外集 詩

附録

朱九江先生集

卷首之一

朱九江先生集序

學者問曰：「聞集之始也，後人集之，而非自爲集也。朱先生既没十有六年而未有集，何也？」朝亮曰：「蒐之未備，既不得遽，又時將有待也，然遷延之罪，固自知之矣。」學者乃出其所得詩文百篇有奇，又有數策，録所聞者。問曰：「然乎？」乃檢其所得曰：「詩文非先生之作而妄稱爲先生者十二三焉，若夫所聞，則不能無異，自古而然者也。」

烏乎悲哉，先生既没，赴至，朝亮父喪方禫，以師喪固所奔也，戴星而行，及至，既斂，將蓋棺，家人聞來，哭止之，遂入哭，猶及見先生，面如生也。行省兩院爲文祭之曰：「明不自翹，遺書有無。」朝亮聞之而悲。夫先生有書而無書也，先生之明，終不可以没也。先生七十有一，朝亮在其門，冬歸成昏禮，反而晋拜，先生賜之酒，既侍飲，敬問先生著述，舉所以欲爲書者而答，今詳年譜。凡七書，而自謂於儒宗性學，發之而爲政術，尚之而爲風俗，得失雖微，即干中國人倫之大，天下强弱安危所存者，則尤屬意而不敢草草焉。及先生七十有五，語其家人，將定稿以成書，亡何疾作，乃燔其稿，逾月而没，此有書而無書，昔人以服程子之明，而先生繇之者也。雖然先生之書未傳於人，而先生之行之言，人固得而見聞者矣，况其莫年講學，上辨古人，下窮今日，其所以勤告者，必其所以欲爲書之精意，豈猶有隱而不宣者乎？先生講學，嘗陳時病，力闢其非，以筆擊案曰：「即如著述，當在斯也。」然則先生之明已傳者精意，未及傳者文字爾。古有修身教士，生平不著述一言者，而其言終布於天下，士大夫得以自艾，婦孺得以交稱，史氏賴其言而一朝時論之是非乃定，若是者，何以至斯也。有表其傳而書之者也，此無書而有書也。先生既没，逾年，同門將表其傳，屬議爲書。朝亮方母喪，未獲承也。服闋後，感其意，嘗欲爲先生年譜一編，棼棼人事，久之未成，往往深居默坐，憶當日席間所見聞者，愀然有感，雖風雨中，夜猶必書之，懼將失也。雖書之而不敢遽以眎人，懼其或失先生意也。語未及終，學者視抱以思，乃曰：「請成年譜以示吾學者，使無惑於所聞，且先集詩文，其所未得蒐之可補也。」孰與扃其正者而投其妄者乎？若此之時，能待者幾何乎？朝亮以學者之請，固衷於誼而不敢辭也。然蹲循久之，蓋以誼之至大，將卒爲之，苟一言之失，斯獲戾矣；將不卒爲之，使先生不彰，其獲戾者猶小，使天下不得聞先生之行之言，而皆失所從，其獲戾者實大矣。既不可已，遂許之。自夏徂冬，集有先生詩五卷，文四卷，暨書先生事者附録一卷，乃成年譜，列於卷首，庶讀集者先有考焉。詩繇先生家人所得，原略有次，今仍之，皆三十有五以前爲之也。文繇先生家人所得，暨宗人已刊者，今考其年，類而次之，壯年者罕，大都四十以後爲之也。繇詩而文，遞推終身，故以爲次，亦《韓集》例也。年譜自三十有八以前，据先生《公車紀程》，暨其家人所得紀年事略，以後据先生在官日記，襄陵碑録，暨先生手定門人文卷也。年譜以年爲次，而有先叙合叙，使其文不散者，《左傳》編年之書已開其例也。《論語》「詩可以興」，陸稼書謂「觀朱子年譜可以興」，今年譜録詩，則誦詩論世，其所興者，不勃然爲風之自乎？詩繇天性，野人歌謠，今猶於古，百世之後，微問如何，詩必不絶。先生爲詩，誼原三百，如古之詩人，非今之詩人所可囿，録其大者，可厚人倫，固先輩以詩篇爲年譜之風也。年譜例録文，譜居集前，祗録其題，今或仍録其文與詩同列者。譜，普也。風誼之高，欲普見其凡也。先生年譜，人譜也。書其可書，不可以常例書也。學者問曰：「今譜之言，其必古人未有者乎？」曰：「是不可以不辨也。昔者顧亭林爲《日知録》，自謂古人所先有者，削之。今考其書，章句名物之微，其自謂者略是矣，然其書之用，不係乎其微也。凡所言天下大法，則其書之用存焉，皆古人所先有而顧氏申之者也。夫既申之，則古人之言，始終復明天下，雖有邪説而不能蔽；若不申之，則古人雖已言，猶未言也。歷世以來，獨立不懼之君子，天下所争言而一人不言，天下所不敢言而一人獨言，皆申古人之誼，以蕲後人之明。何者？天下之變無常，變無常而誼有常，君子得其公誼、續其公言，無不孚驗也。不知者，驪曲誼以爲新，斧小言以爲斷，謂之古人未有焉，其於天下，不適害哉？」既而學者群請曰：「書成，吾學者傳録之難，且易譌，今備梓費，請刊之。」遂如其請。學者校刊於讀書草堂。

光緒二十有三年冬至日

門人順德簡朝亮謹序

謹案：先生詩文今未蒐得而待補者，《代兆撫軍請襄陵臨汾水田毋照東南升科摺》《檄西山神驅狼文晋聯》《關隴禦賊三難五易十可守八可征奏記》《兆氏功臣三世家傳》《黄木灣觀海詩》，今具録題，以冀補刊，亦以免妄收。

卷首之二

朱九江先生年譜

嘉慶十有二年，歲在丁卯。八月辛卯，二十二日。先生生。

先生諱次琦，字稚圭，一字子襄。先世子議居南海九江，方明祖龍興，設不爲君用之罰，子議終身稱元處士，不改度焉。七傳至夔州知府讓，仕萬曆時，以治行第一，拜璽書之賜，詳《四川通志》《廣州鄉賢傳》。是爲先生八世從祖。讓孫實蓮，以户部郎中受特勅，與陳文忠子壯舉誼，殉節高明，皇朝賜謚烈愍，詳《明史·列傳》。是爲先生六世從祖。父贈公成發，贈如先生秩。蘇人有主於公者，年七十歸休，以佗人所負三千金俾公自收之，公陽諾，四千里外，卒反其金。嗜觀邸報，灾患必嘆。嘗謂諸子曰：「凡人有力在己而不以及人，非天命富貴意也，汝曹識之矣。」母張太宜人，知文史，族子爲盜魁，瞰贈公歸，颺言索之金。太宜人語贈公，請與諸子佗適。既行，盜夜呼叔門。太宜人扶媪持燭出，從容詰曰：「呼叔者誰？何遽也？叔偶出，盍入而待之？」闖闔納盜盜至，太宜人呼婢瀹茗，復詰呼叔何居。盜魁，其黨數十人竢於門外。盜魁踞上坐，解佩刀錚然。太宜人正容曰：「汝稱叔屬，雖遠，猶骨肉也。有急當告我，何遽若是。」乃入探釵珥數事，解腕中條脱益之曰：「汝將去，不足可復來，何待叔也。」盜大慙，竟棄去。繼母關太宜人，擁諸子如腹出，先生嘗病十旬，閔鬻忘勞，體爲之瘁。伯兄士琦與先生同舉於鄉，能詩，以粤中西江水患繇沙田石壩上書大府，議除其患。詳《南海縣志》《朱氏傳芳集》。仲兄炳琦、季弟諸生宗琦，叔者先生也。

十有三年，歲在戊辰。先生年二歲。

先生周晬甫學語，張太宜人抱諸膝上，授以唐人絶句代小兒歌謡。

十有五年，歲在庚午。先生年四歲。

張太宜人問曰：「兒願多錢否？」曰：「不願。」「願高官否？」曰：「不願。」「何願？」曰：「人盡愛兒，兒則願爾。」

十有六年，歲在辛未。先生年五歲。

冬，先生始入塾，受書叔懿脩先生。既自塾歸，夜寒雨雪，張太宜人藉先生寢，篝火温衣，先生遽曰：「如今窮人可念也。」

十有八年，歲在癸酉。先生年七歲。

先生能爲詩。

二十有二年，歲在丁丑。先生年十有一。

贈公腹疾，治之不瘉。先生幼惶恐，手疏祝竈陘，搏顙流血，贈公遂瘉。

二十有四年，歲在己卯。先生年十有三。

先生同里曾勉士廣文説先生幼敏，以先生謁制府儀徵阮文達，命作《黄木灣觀海詩》。文達驚曰：「老夫當讓此子出一頭地，過予彩旗門作矣。」《揅經室集》有《乍浦彩旗門觀海詩》。

道光元年，歲在辛巳。先生年十有五。

冬十有一月丙辰，張太宜人卒。先生執喪，居先庿東廂，杜門三年，默思而純，於是强識逾素，巨簡之書，循視者三，輒誦不忘。

四年，歲在甲申。先生年十有八。

春二月，先生服闋，肄業羊城書院。山長謝里甫先生能書，嘗曰：「書雖小道，非儁悟者不能通其意。吾友教歲數百人，饒學此者，朱生而已。」乃授筆法，辟咡詔之曰：「實指虛掌，平捥豎鋒，小心布置，大膽落筆，意在筆先，神周字後，此外丹也；手軟筆頭重，此内丹也。」又曰：「晋辨神姿，唐講間架，宋元以來尚逋峭之趣矣。然神物無迹，易於羊質虎皮。以趣勝者，即有所成，衹證聲聞、辟支果耳；不成，終身遂流魔道，不可振救。初學執筆，折中祛弊，其諸顔平原、歐陽渤海間乎。」繇是先生工八法。

先生幼而端静，彈棋六博諸戲，不一游目，讀書之餘，略求八法而已。凡書百家耽讀，采市典衣如不及，聞藏弆家有其書，婉借之，必得乃適。

夏，先生赴院試，如功令不挾一字。先生連試席者，紈綺家子也，倩遞失排律，乃出金條脱，乞作維筍及蒲詩，先生不納。

七年，歲在丁亥。先生年二十有一。

夏，常熟翁文端來督學，先生試皆第一，補邑弟子員。再試之日，先生櫜筆入，文端命升堂，屬稿數行，輒先取視，點首而誦，比莫，稿未脱，文端親然蠟炬勞曰：「勉竟，若長毋躁也。」

先生念母不已，《過先孺人墓》詩云：「頭顱爾許人猶昔，愴絶人間二十年。」

邑人李孝廉鳴韶，先生總角舊也，欲爲貲郎，先生贈詩風之云：「名士貧來有宦情，聞諸先輩李黼平。吾道貧非士也苦，苦以無力振貧故。錦衣怒馬僕曼胡，君昔視之不如奴。欻然欲起六月息，身落南蠻心注北。芭蕉戰雨碎可憐，仍扈江蘺障蘭蓀。宏獎之風近來少，休文休進彈蕉表。」

新疆回部張格爾久爲亂，至是猶未平。先生有感詩云：「敢以烽爲戲，須明國有權。整疆光舊物，不擬勒燕然。」又云：「廩藏資先事，安危在正供。似聞司會議，有藉世時雍。」

八年，歲在戊子。先生年二十有二。

秋，先生赴鄉試。將試，先生檢舉子業曰：「韓退之云：『既爲之，欲有所就。』」已而報罷，先生讀書，嚣嚣自若也。曰：「朱子云：『非科舉累人，人自累耳。』」

九年，歲在己丑。先生年二十有三。

春正月丁巳，贈公卒。先生執喪，居先庿東廂，絶不爲詩文。血誠致哀，三年如一日。

十有一年，歲在辛卯。先生年二十有五。

夏四月，先生服闋。

十有二年，歲在壬辰。先生年二十有六。

先生肄業越華書院，山長桂林陳蓮史先生一見異之，曰：「天下士也。」嘗以天中節燕諸生，命賦新松。先生詩云：「棟材未必千人見，但聽風聲便不同。」陳先生爲吟諷者久之。

秋，先生赴鄉試，報罷，有以幸雋告者。先生曰：「不勤而禄，无望而得，唐李景讓之母所以憂也，吾今事母，奚可幸乎。」

十有三年，歲在癸巳。先生年二十有七。

邑人徐大令台英佩韋與先生交。先生曰：「佩韋爽直人，吾執友也。」故先生於大令風誼尤勤。大令長吏才，會試報罷，儕輩將資之，俾借一官，先生獨止之。夏五月，寄徐子都門詩云：「一第溷人信茫昧，十年養氣從掀揉。京雒緇塵自古嗟，君有素衣無恙否。」大令得詩，遂止。先生之詩，古所謂執友稱其仁也。佗日，夢讀佩韋近稿《即寄懷落第南還》詩云：「故園尚有冬青樹，歲莫山寒共往還。」亦其風也。於後大令卒以名進士，宰華容，調耒陽，克馴莠民，均垸堤，正錢糧花户，湘陰左文襄奏聞其事，國史館立傳，耒陽人祀之龐士元祠。

夏五月庚辰，大水，堤決李邨，先生奉關太宜人緣岡避水。先生《赴李大招飲百韻》詩追賦之曰：「驀報西潦至，五月日在庚。降割方鞠凶，洪口決李邨。嗟嗟十二户，原注地名。盡室爲魚黿。比鄰聞號咷，誰知其死生。我家三百指，乘屋如鴟蹲。膳飲波面炊，雞狗墻頭眠。高漲更未已，滅没驚我顔。昏黑扶老稺，一一下破船。室人莫涕泗，我有好弟昆。緣岡亘房廬，足以相援攀。可憐非柁工，尾掉船頭橫。滉瀁涉中流，上有星月明。喜達賢主人，舍我在高閣。色定見憔悴，老親蹙額嘆。弱妻授我食，執箸不下咽。脱我淖中衣，易我犢鼻褌。展視著股處，血痕已朱殷。憐惜不出口，泫睫淚漣漣。摇手使勿聲，吾母腸斷間。民生正摧挫，我敢自求安？願以膚髮勤，易此骨肉完。」知詩者以是爲杜子《北征》之遺也。

爲大水故，撫軍上元朱莊恪行視勸分，且問士焉。勸分三君子鄧鑒堂觀察、區仁甫考功、何樸園職方皆以先生對。先生館西郊，莊恪將就見之，屬考功申意。先生固辭曰：「生方赴試，不敢涉嫌，貽口實也。」乃不果。制府涿州盧敏肅遣吏徵寫先生詩。敏肅曰：「天下雖大，人才有數，敢不勤之乎？」嘉興錢給事儀吉來粵，年已七十，聞先生名，就見西郊，於後序先生詩。九江少穀，豐魚桑，先生謀於鄉，乃建義倉。大水之役，萬口嗸嗸，先生食之也。

十有五年，歲在乙未。先生年二十有九。

阮相國詒書盧制府，言選高才生肄業學海堂，於是選者十人，先生爲舉首，先生以疾辭不赴。

田祖有神，曾孫所以思古也。先生《蝗蟲嘆》詩云：「回首仁皇晚季時，不在人間在天上。」白華之絜，孝子也。禄不逮養，孝子之傷也。先生《客中雜憶》詩云：「突梯古有戒，奉檄世亦賢。審知出處誼，固以父母年。壯且不如人，此後空可憐。」

采蘋法度，季蘭尸之，今猶多先王之澤乎？先生《守歲與閨人夜話》詩云：「高懷吾愧汝，卒歲耻言金。」原注：宋真山民詩「貴無可買耻言金」。

十有六年，歲在丙申。先生年三十。

先生館邑六榕寺，同舍生謂之曰：「君論事不易聞，及聞之，則疏析鴻鬯，傅以古事，意豁如也，賈長沙、馬賓王，君之倫也。」

十有七年，歲在丁酉。先生年三十有一。

秋，先生赴鄉試，獲薦。試文用史，主者以纚棄之。報罷，主者發卷，視其名，乃先生也，悔之。先生《俳體戲答友人問》詩「美人秋心」，道其事也。

九江周數十里，如功令建鄉約所，薦鄉先生司約焉，尨雜之居，君子不樂就也。陳大令信民梅坪，惟先生一言而就。里門群德，强虣蘊蹤，武舉某老矣，猶縱博爲奸利，先生首謀於大令曰：「鄉患惟甚，梅坪其可已乎！」乃鳴官置之法，先生《感事》詩云：「數百容公輩，其如扞綱終。敗群愁害馬，亂視惱飛蟲。事以心平定，機先目聽聰。不文嗤絳灌，黨論本來空。」蓋感於斯也。

冬十有二月癸丑，陳大令卒。先生寓書馮愛之孝廉籌恤都門曰：「陳九身後無子，寡妻弱女，慘慟鳴號，近識遠交，異聲同嘆。至乃里父村傖，竈姬走卒，亦用惘然。昔一國輟音，舂者解哀五殺；百身可贖，詩人以痛三良。以古方今，伊其信矣，吾兄儻亦有聞而心惻者邪。乃者繐幃虛掩，四壁風颼，食蓼將荼，不言而喻。竊意渠同年世舊官京朝赴上計者，咸萃都下，得否會知賵賻？遲速叨收。嗟乎！東里西華，有後遜任君之殁；素車白馬，舉喪遲范叔之來。」讀者感焉。故事搢紳卒於鄉，未有籌恤都門者，大令名進士，賢而有文，重以先生書，故創舉而人從之，郵數百金，恤其家。是歲，鄉人岑績熙卒，母劉年九十矣，家貧，遺幼孤五男三女，先生以布鄉人恤，亦忘亡也。

十有八年，歲在戊戌。先生年三十有二。

邑學三舉優行，先生爲舉首，皆不赴。先是列優籍者多納金，先生以士望得之，猶謝去。

十有九年，歲在己亥。先生年三十有三。

夏五月大水，鄉堤瀕危，先生與孝廉馮愛之、明次卿馳赴之，列丁夫，豐餉犒，埤黏土，稾杙連雲，萬杵陡作，越四日，而堤復完。當是時，風雨暴來，飛濤及面，足下洶洶作聲，鄉人色駴。先生山立而奠之，皆相慶也。堤趾故多叢葬，築者疑畏，先生手椓其上曰：「堤決地且豬焉，冢骨何有，如彼不諒，惟予之祟。」乃卒工，鄉人以多先生，而先生不居焉。先生《憫潦呈兩孝廉》詩云：「大堤如堅城，浮脆同軸毛。延緣一綫泥，障壅千丈濤。是時萬家命，呼吸人鬼交。」又云：「吁惟此邦人，真不可與明。不自有其土，樂禍如佳兵。費我借箸籌，曾無簞犒情。是地豈閒田，虞芮兩勿爭。不争事猶可，不救瘡痏成。三五垂白叟，叩頭厥角崩。藉非明公惠，百室魚頭生。」

先生常曰：「天於兆民之中，獨畀一二人才，蓋兆民苦樂，皆寄之矣。父傳業而先長子，所以字幼也。徒竭吾才自爲計，何異吞産棄親，傷其父命，天心不其然也。吉凶與民同患，聖者出之安，賢者體之勉，當官舉其事，下士盡其心。」又曰：「人必思所以自居，衎衎度日，生無益於時，死無聞於後，雖活百年，猶殤子爾。」

秋，涇陽張文毅、江寧潘忠毅來典試，先生與伯兄同舉於鄉。時人稱之曰：「南海明珠，同時入貢矣。」

冬，先生與伯兄北行會試。抵清遠縣，《寄季弟宜城》書曰：「五弟無恙？征舠既邁，遽逾十晨，顧言之懷。昔人所謂，愛而不見，如何如何！吾弟内娱蘐背，外隆德聲，雖曾輿翿指而動操，召南樵山而振偊，絜其勤勞，無以喻之也。屝束裝後，待友佛山鎮兩日，乃得成行。舟師謳棹，若泛鳧鷖。游子寄音，眇望魚雁。是夜宵半，衝風驟激，頹波彌厲，玄雲靄空，夙夕不解，雨雪告零，先集爲霰，曙發盧包之汛，莫宿黄巢之磯。嚴霜隕而葭菼淒，玄冥深而若英晏。鼈頸之灘，迷茫乎津逮；龜手之藥，嘆惻乎水工。行路之難，諗我端倪矣。家累凡百，弟克當之。回睨舊鄉，心魂慰藉。惟吾弟續昏一事，軫結未忘。上有黃髮，罷勞晨夜；下有雛稚，噢咻啼笑。茲事之亟，豈煩覼縷，顧鄉土是諮，亦云省便。而此邦之人，内教陁壞，習錮既久，庸計門户。宛宛處子，或有季蘭之好；悠悠靡俗，恐入齊咻之教。天下多美，何必是求。權輿弗戒，後懊焉集。行子過計，是用慺慺。風水蹇逆，行郵遂淹。以今二十七日到清遠縣，兄弟健好，餐飯猶昔，兼多徒侶，解誨憂虞，誥誡家人，勿我爲念。從茲度嶺，浮泭西下。楚歌千些，湘波萬重。背湖涉江，釋舟趣陸。更復馬首斷雲，千里隨夢。雁足飛雪，崇朝灑襟。七聖皆迷之野，惘惘而驅車；耦耕不輟之鄉，栖栖而問道。山川合沓，息影何時。静言思之，百憂集矣。夫人情迹接則多忘，景逝則恒憶，歲華不居，游宴未極。往時家街，群從如龍，齋居盤盤，言笑晏晏。東方未明，已對牀相語；西柄之揭，猶露坐未眠。論難紛起，聲與百舌競轡；觴詠横飛，酒微一斗亦醉。魏文有言：『當此之時，忽不自知其樂也。』繇今以思，曠若星漢。擬諸形容，尚繪心目。每當落帆江滸，擁衾無寐。清角朝厲，游鴻夜吟。我懷云勞，不可説也。自惟寡薄，豈辦任官。此行邀福，或叨一第。思遂南歸，寄迹丙舍。將吾叔仲，長奉板輿。對鵲占門，徙魚築宅。陸機之屋，不間乎東西；何點之山，略分乎大小。時及霜露，言羅雞豚。祀先之餘，兼以速客。雖甑生塵而日晏，風吹籜而歲寒。而風詩教睦，取鹿食之相呼；金石歌商，結鶉衣而不恥。明明如月，長照其素風；温温恭人，永垂爲家法。閉門養親，至於没齒。雖三公上衮，百城南面，何以易此哉？其許我乎，非敢望也。有問訊者，達此戇言。音塵未積，風雲逾闊。家食餘閑，幸勖光采。勞人草草，筆不抒心。」讀者皆曰，天倫之至文也。

二十年，歲在庚子。先生年三十有四。

春，先生北行，次德州，作《塵沙行》詩。會試報罷，旅都門。高平祁尚書數請相見，不至。又屬梁編修國琮、何謄録鼎彝申意曰：「朱孝廉，予撫粤時書院首選士也。」先生復編修等曰：「尚書遇我厚矣，顧以素士見則分有不敢，以門下見則義有不安，請謁之誠願竢佗日。」

二十有一年，歲在辛丑。先生年三十有五。

春，先生會試報罷，旅都門。〔一〕先生自北旅以來，居邑館泳珠堂，時借書士大夫家，昭代憲章，名公行實，采獲之勤，申旦不寐。倦乃幽尋，脩然獨往。車馬造門者，一刺報之而已。先生游良鄉，作《題壁》詩。集中之詩終於此作。秋，先生南歸。

〔一〕 與「二十年」條重複，且「二十一年」非會試年。原文恐有誤。

二十有二年，歲在壬寅。先生年三十有六。

先生居南沙陳氏賓館，嘗語其學子曰：「處子耿介，《文選注》：處子，處士也。守身如玉。谷暗蘭薰，芳菲自遠。」聞者佩爲名言。

二十有三年，歲在癸卯。先生年三十有七。

先生居陳氏賓館，有勸以遷教都會者，先生笑而不答。乃報家人書曰：「以周公之上聖，日讀百篇；以孔父之多能，韋編三絶。學者殖也，不殖將落，况庸虚如某者乎？某非不知遷地爲良，或可多出儋石，然學子百輩，終日卒卒，豈復有須臾暇邪？今孝廉船便，冬杪復擬計偕，萬一僥幸，此身遂非己有，爾時雖欲假片刻餘閒，補平生所未及，那可復得？昔范希文以先憂後樂爲己任，讀書長白寺，垂十年，畫虀而餐，斷齏而食，雪案無寐，燔敗葉自温；孫高陽作諸生，授書關外，年四十矣，布衣徒步，往來飛狐倒馬間，數從塞下老兵，問阨塞險易士馬强弱之數。是二君子者，伏則泥潛，出則霆震，發皇耳目，驚爆天下，非偶然也。某雖無似，志事豈後於古人，是用辭富居貧使故業可理，然且廣厦細旃，峩冠坐論，供養過二公遠甚，恐將來藉手不中，與二公作厮養僕耳。凡此慺慺，不足爲外人道也。遂銘成言於坐隅曰：『我輩常人，分陰當惜。儒者所恥，一物不知。』」

陳氏歲饋餅，先生舉以詒所知而不歸其家人。所知問之，先生曰：「是不宜母疾者也。婦子獨餉，母雖安之，吾何以自安乎？」故先生之事關太宜人也，繼母如母，動於其天。一器一役，喜躬親之，如嬉兒之争承，母不以壯佼視也，母疾有所求，雖風雨跣足，衣短後，皇皇而赴其求也。

或曰：「頻年河決，東南多大水，何也？」先生喟然曰：「宋蒲宗孟有言：『臣陰象，兵陰物，夷狄陰之方，佞邪陰之黨，奸臣陰之極。』繇今觀之，兵燹雖衰，群陰何如也。」

冬十月，先生與伯兄北行會試。庚申祖道，爲文祭之曰：「曩游萬里，跋履風塵。南浮北走，起僊亭屯。匪曰予智，惟依於神。三年不鳴，又及玆辰。昔丞相宏，謁公車者再，迫欲求伸。緣飾經術，嗤點千春。亦越昌黎，兩舉有聞。爲古碩儒，爲時貞臣。是二君子，一蕕一薰。予矢諸夙夜，神知其勤。於戲，不可知者遇，不可信者文，不敢負者學，不敢玩者身。風飄車偈，江汜河湑。尚勸相予，宏濟關津。」

二十有四年，歲在甲辰。先生年三十有八。

春，先生與伯兄會試，報罷。初，先生北行乏資斧，温氏富人奉重金乞擘窠大書，先生不納，鬻藏書而行。繼母關太宜人於其行也，簪髮飲酒命二子曰：「予宿羸疾，猶自適也，行矣，毋予憂。」既行，久之疾革。春正月丁酉，關太宜人卒，未葬，待公車之二子也。都門既遠，凶問又紆，不相直焉。邑團拜日，先生心悸，小憩，夢衣冠髯丈夫數謂之曰：「君胡不歸？」先生異之，已而報罷，伯兄旅都門，先生南歸。秋七月甲戌，先生至自公車。及門聞喪，呼號哀絕，三日勺水不入口，咯血殯前。仲兄懼，迎族叔知醫者曰明著。先生哭謂明著曰：「背親圖榮，即於大故，不孝之人，人天斯絕，尊者何用生之乎？」又哀絕。遽見二毛，毀甚。既成服，止草居，西潦方退，暑溼蚊蚋，家人設敝帷席，先生麾去，曰：「吾母今獲安宅邪？」比葬，先生歠鬻寢苫於地者五越月。冬十月乙巳，有采虹垂於其家魚池，光華矔然，終朝乃已，觀者嘆曰：「孝通之徵也。」

二十有五年，歲在乙巳。先生年三十有九。

先生執喪居鄉正覺寺，喪食三年，家人嘗以肉進，先生不即却，旋以畀其門者。

二十有六年，歲在丙午。先生年四十。

冬十月，先生服闋。繼母之卒，先生五越月而聞喪，故於是月也服闋。

二十有七年，歲在丁未。先生年四十有一。

春，先生與伯兄北行會試，先生成進士，即用知縣，籤分山西。初，先生之試與貢士焉，遐邇驩聞，蘄之一甲。及廷試，方日昳，主者遽趣卷，試者乞緩，或揖之。先生以屈節非士也，非所以爲出身地也，卷未完，呈之而出。邑先達在官者聞之，惜其才，闇追之使完卷。先生不服闇，不顧也。先生少日書《趙甌北年譜》詩云：「男兒自有千秋業，堪笑平生志大魁。」然則先生之志，皎然已豫矣。

秋，先生假還。宗鄗來賀，先生曰：「科名適然耳，爲官譚何容易？今而後何以宣上德，何以達下情，諸君子殷勤教誨，幸書紳作活人經也。」

二十有九年，歲在己酉。先生年四十有三。

春正月，先生之官山西，不挈家而行。丁酉祖道，爲文祭之曰：「某惟不佞，行業未揚。奉先臣之清白，飲下士之編章。數辱公車，一對明光。乃荷丹毫，遂綰銀黃。俾汝牧民，唐魏之疆。假還不日，待罪方將。星言首涂，吉日辰良。神尚相予，龔行四方。思敬楫於大川，敢騁轡於康莊。守道守官，民幾民康。夫惟捧檄，重眷維桑。故山巘巘，宰樹行行。昔宋相籌邊，屢吟想於圭峰月下；人龍開濟，亦惓焉於歸卧南陽。蓋馳驅可以許，而父母之邦良用不忘也。於戲，肅肅王命，悠悠天常。日月照臨，臣敢懷鄉。」既行次漢口，先生欲取道汴梁，以舉主潘忠毅方爲豫撫，嘗爲晋藩，將問晋政於潘公也。道過，所知宦楚者咸迎謂曰：「君往汴梁邪？今晋撫與潘公同鄉同年，深有雅素，今首府亦潘公同年也，得此先容，賢於十部從事矣。」先生遂不果往，於後寄兄弟書且自訟焉，曰：「昔晋人欲加禮於王丞相，馮懷以問顔含，含不答，退而有憂色。家人問之，曰：『吾聞伐國不問仁人，曩者馮祖思問佞於我，我豈有遺行？』與今茲之事，某不敢薄今人也，惟愧省身克己，根氣淺薄，使別嫌明微之操，未能卒白於天下，皆某之罪也。君子立身行事，當昭昭如日月之明，離離若星辰之行，微特較然不欺其志而已，安能隨波靡、犯笑侮、招逆億，以察察之躬爲當世所指目邪？且即不敢自作身分，而世既未能免俗，一概以相量矣，將或枋柄在手，又安能昌言正色直己而直人邪？」冬十有一月丙辰，先生抵太原城。僦次僧舍，蕭然獨居。出則徒步，入則齏鹽。所呼一僕，晋中人也。先生曰：「即地選僕，習其方言，將有所訊，庶幾吏民無壅乎。」嘗有客至，適僕出，小僧爲持刺入，客乃大笑。先生答康述之廣文書曰：「昔魏敏果官京師，不携眷屬，王漁洋尚書作戲詩嘲之云：『三間無佛殿，一個有毛僧。』今有佛，勝環翁遠矣。」自是先生在需次五年，或訊獄讞局，獄無留者。

三十年，歲在庚戌。先生年四十有四。

先生在需次，乃嘆吏事之難，鮮討求者。寄伯兄書曰：「人人以一官樣作官，民生何賴焉。」先生乃自重蒐武備、倉儲、河渠、地利諸書，雖游宦，如游學也。

咸豐元年，歲在辛亥。先生年四十有五。

先生在需次，晋中多士争從之游。先生却其摯與之言學，如古士相見禮，無敢以私干者。撫軍兆那蘇圖，時所稱世襲一等子鑲黄旗松崖兆公也。其先人從龍入關，列功臣選。兆公知先生善屬文，衙參日留燕先生，兆公拜於筵下，乞作先人三世家傳。先生不獲辭，考其功載，屬稿以獻，兆公嘉之，命吏歸羊酒、貂錦、朱提五百、《玉虹鑒真帖》，先生皆不受。吏難於反命，以聞之潘忠毅，時潘公方左官晋臬也，遽使人謂先生曰：「却長者之賜，何以爲恭乎？」先生乃受一帖。

二年，歲在壬子。先生年四十有六。

初，晋北邊歸綏古甌脱，地絶蒙古幕南，晋邊甿輸租耕其地，歲久，衆數萬人遂不輸租，蒙古忿之，約期與鬥，邊甿先期乘夜邀擊，殺遞札薩克者七百餘人，蒙古控於朝，未獲平章。咸豐元年冬，復控，且言將用兵幕南，詔責行省迅治。二年春，撫軍兆公議剿邊甿，邊甿颺言拒捕。先生聞之，夜見臬司潘公問其事。潘公曰：「兵將動矣。」先生曰：「此激亂也。今南方盜寇有魚爛之憂，又使北方軍興，以重兵釁，以生盜心，中原自此多故矣。不如遣一能吏，親諭邊甿，俾獻罪魁，執以說於蒙古，此一介使事耳。」潘公以白兆公，兆公遂寤。顧念晋員無足任者，潘公薦先生。曰：「言者其人也。」兆公以先生奏聞，請代平章漢蒙事。夏五月，先生銜朝命馳至幕南，訊其耆老，縛罪魁十有三人。乙卯，衣裘絶大幕，及蒙古盟界，王出迓曰：「天使大人，何幸來也。」王乃先馬抵所部將命，王遣人策馬千里走戈壁外，市鯉張燕，大會諸王，咸以抵罪者少，未肯解釁。先生具宣天子德意，且言死者雖多，乃自相蹈藉而死，援刑律檢骨法折之，又因其俗，言血刃尋仇不如喇嘛禮魂，諸王微動。諸王中法福善者，嘗居京邸，知詩，久慕先生，於是因法王以諭諸王，殺十有三人而釁解。先生之行也，挾五臺黄喇嘛德徹以行，卒用蕆事。諸王説先生，賸裘二百襲，謝弗受。使還，兆公將以知府花翎奏請，先生聞之，以議發自己，且薦自舉主潘公，有衒售之嫌，請潘公爲固辭於兆公，乃已。會及班，夏六月壬辰，署孝義縣，未赴。丙午，襄陵縣待署，諺所稱「金襄陵」者也，兆公以易孝義，笑謂潘公曰：「朱三兄脂膏不潤，易之可也。」

秋七月戊辰，二十日。先生孑身赴襄陵，以儒爲治而績成。繫囚趙三不棱，劇盜也，介薛令去官，越獄奔逃。薛令須先生至以相屬，先生謝病三日不至，盜遂不戒。先生陰出重貲，購知其所適，亟假郡役，前半夕疾馳百二十里，至曲沃郭南酒家，盜方登樓群飲，役前持之，盜麾刃死拒，顛墜者數人，歘而樓上百炬齊環，則皆襄陵縣鐙也，盜乃就縛，比邑人迎新令則縶原盜入矣。河東歲患狼，俗愚謂爲神物，不敢擊。席氏女將出閨，爲所噬，訟者兩造噬其一，先生憂之，募獵户禽狼，獲者與錢萬，猶無獲。乃親檄西山神祠，民患狼而祀之者也，約十日驅狼盡，不則毁神，潴其地。邑人皆恐，時方秋肅，天乃大霧旬日，人得迹狼所至，攢火槍擊之，無脱者，得狼百有七，患遂絶。邑久不雨，先生雩之，雨則告足。佗邑以雹傷稼，邑則大有年。既霜降衡汾輿梁成，潦又至，將没，先生禜之，則潦退。平陽總兵某驕横，挾軍興勢，以八百里台符行縣，調吉州兵。先生曰：「襄陵至吉州二百三十里，雪峰漲谷，道險傷行，邑故不置驛，營有急，當發塘兵，曷以台符行縣爲？」遂不納。總兵牒大府劾之，先生言於大府曰：「台符妄擾，民不堪命，其不效南方盜者幾何，令寧以誤軍興待罪，不敢激民變。」大府無以難。先生下車，修鄧伯道祠，崇風教也。親教士養中堂，頒讀書日程，色笑而教，士皆醉誼忘歸。邑試士日，皆自校文，叅夜忘寢。讞獄不輕及士。鄉者邑士補弟子員凡五十有二人，摯於邑令，人率二十有四金，犒從四金，謂是棚規之助也。先生曰：「是何以處寒畯，皆免之。」乃蠲棚規，鐫石學門。邑故晋腴壤，後稍疲矣，有司稱壽告幫，猶不爲殺，輦金千百，先生至，禁之，一緡不事。邑民無夜守，涂車載金，河舟居貨，皆置焉。先生行夜，讓其慢藏，里甲曰：「民固然也。」先生異之，蓋邑有唐風而民褊，兄弟因異財訟者不絶，先生以骨肉之間非佗也，吃虧而已，且訟決益怨，諭之歸，旋復訟。先生憂之，已而悟曰：「言兄弟者，必溯妻帑，常棣之誼也。」乃訊訟者。訊兄，兄曰：「吾友也。」訊弟，弟曰：「吾恭也。」先生曰：「若兄弟所言，胡爲乎訟哉？必生自婦人也，當先懲之。」先生讞獄不輕及婦人，至是呼役於庭，速婦人至。既退，役不即行。越日，訟者具悔狀乞罷，請爲兄弟如初。邑遂無異財訟。關氏錯居河東解州，世襲翰林博士某，數以訟脅族人財，越竟而干先生。先生牓門揭期，弊獄壯繆侯庙，許百姓聚觀。及期，旦日，闖庙闔，觀者數千人竢階下。日中，先生袨服入，升堂，博士及其族人皆從。先生抗聲祝曰：「侯誼烈百世，鄙夫羞顔，今侯之子孫不念侯德，至以屬令，令涼德，不能化誨，使有門内之獄，以爲神明羞，此令之罪也。」某懼，乞罷。先生流涕責之曰：「若祖異姓如骨肉，若乃同室如敵仇，若祖不以金帛易恩誼，若乃於門内索金帛，敗官不忠，忝世不孝，雖積賄，人將不食汝餘，吾不難請褫汝，擇賢繼侯世，顧罪狀出，且辱州里，輕朝廷，汝乃靦然蹈之乎？」於是觀者唾罵，某愧欲死，搏顙自詈，邑遂無親屬訟。殺人囚劉長輻淹獄久，先生至，乃引伏出就市刑，泣謂觀者曰：「死自吾分，恨耶來遲，吾致陷此爾。」平陽西三十里曰平山，亦所稱壺口也。平水出焉，襄陵與臨汾受平水，分灌其田。豪右龍斷爲奸，非有買水券弗予之水，無地者擅水之利，而有地者反無水，於是争水而鬥者歲百千人，大獄數起。咸豐元年，邑人京控，詔以歸行省。先生至，廉獄事，獄成，既抵罪，活百四十有七人，貸數百家。先生曰：「嗟爾邑民，利餌於前，刑糾於後，雖曰不罔民，誰欺哉。」乃革其弊，定以地隨糧、以水隨地之制，會臨汾周令履畝，兩邑田若，税相直也。定平水爲四十分，縣各取其半，竟内建四綱：曰水則水二十分，釃八支渠，所分灌視壤廣狹爲差。曰用人，渠長司水之禁令，溝夫察分灌，堰長守陡門，皆聽於渠長，違約者渠長罰之，不受罰者，有刑誣者，坐如律。曰行水，晝夜有程，通閉有節，傳牌有部，淘河有式，動砐有候；曰陡門，築門筦渠，渠上廣七尺下廣三尺，門廣一尺，其夾深尺有二寸，揵石插板，鍥以書識，稽以守詗。四綱既舉，水利乃均，凡得水田十萬畝有奇。《愛棠録》云：十萬八千畝。先生且言於兆公曰：「襄陵水利，民捐民修，乞奏請毋照東南水田升科。」兆公命先生爲奏稿奏上，詔曰：「可。」繇是地皆水利，相生相養，民無所争，風俗遂變，邑人銘碑頌之。先生宰政，吏役無以貲爲之者，又罷所私獻，籌贍其用，戒毋受賕，吏役皆馴。官厨無特殺，草具自給，市肉共幕賓而已。幕賓治官書，核而後行，或更其稿。先生曰：「邑令者，親民之父母也。父母之於子，何時何事不可以聞？」乃與民約，民以事至，則自擊鼓。不問旦莫，聞鼓則坐堂皇從而鞫焉，告無成期，狀無成式，或不知書，口訴可也。時出行縣，老蒼頭控蹇衛，一吏囊筆札，一役負衣糧，無佗。騶從所至，揃循姁姁，老穉暱如家人，迎路獻茶荈瓜果，笑取少許，俾享其忱，民不知有共億也。有遮訴者，索木倚坐道，遽與判牘，命甲呼乙，無敢不至。民引伏則已，常終日不笞一人，曰：「細故毋傷夙好也。」杜門莊士，風聽造廬，諮民疾苦，耳目無窮。凡百美政，思一一自我行之。禁火葬，罪同姓爲昏，創保甲新令，追社倉粟二萬石。烝烝嚮治，風樸無囂；優人百戲，不戒而遷。其所布令，質直纖悉，野夫臧獲，皆能道之，流聞郡國，傳爲美譚。

三年，歲在癸丑。先生年四十有七。

春二月癸未，八日。先生去襄陵。在任百九十日，及代而去，邑人籲大府乞留，不獲命。舉邑皇皇如失慈母，投文字纖蓋者，紾紾薦積，雖慰遣之，弗止也。乞留畫像養中堂，出署之夕，萬衆攀留，遮馬首不得前。及城門，門爲之圮。度汾橋，橋爲之阤。父老持觴榼伏餞，顶蹠相抵。里婦邨媄，亦繃小兒遠至，匍匐跪道，乞摩兒頂曰：「耶試揹之，兒好育也。」距郡三十里，乃兩晝夜，然後達。當阤橋時，郡邑弟子襴衫博帶百十人掖輿而過，先生遜讓，諸生謂輿僕固弟子職，弗舍也。先生既去，邑人遽祀之鄧伯道祠，旋築祠而祀之。晋人郭學士景僖曰：「山西賢令，程明道後一人，其先生乎？」賈太僕克愼曰：「良吏出晋陽者，有于青天。先生來若相還也。」晋人稱之曰：「後朱子。」初，咸豐二年冬，南方盗東下，破武昌、安慶，據金陵，北至揚州。先生在襄陵，鶩曰：「賊巢金陵，非群飛四掠，不定其巢。晋今雖遠，吾懼其飛掠而來，如明之流賊也。」乃爲《晋聯關隴三難五易十可守八可征》之策，其略曰：「雍冀爲天地積高之府，踞建瓴之勢，我力能合從，則腹背無虞，顧瞻關隴，唇齒依之矣。晋中富實甲天下，内而馬牧、金鐵、硝磺、芻粟之産，外而蒙古、察哈爾之兵，踊躍徵需，可饒軍實，長安稱陸海，豪户不減晋中，河西武力，關外防秋，皆緩急之資也。一旦有警，甘督出商漢，陝撫據潼關，與吾爲犄角，吾撫軍則率北鎮勁旅，扼河爲固，踞茅津太陽之間，命廉使率南鎮，控太行以防河北，其餘若遼州之十八盤，平定之井陘口，五臺之黑山龍泉諸關可丸泥封也。北邊幸無事，將軍引綏遠旗兵入鎮行省，與藩侯居守副都統移駐大同，以筦北門。我師之出平蒲爲正，澤潞爲奇，正扼其亢，奇搤其背，以守則固，以征則强。是故漢南有賊，甘督爲主，秦晋赴之；河北有賊，我師爲主，關隴赴之；豫中有賊，我與甘軍之赴陝撫者亦如之。堅瑕一氣，折衝千里，此常山蛇勢也。於以鞭箠楚蜀，控引河洛，援中原以屏蔽京師，豈不爲桓文之烈哉。」其條目又有止徵調、請便宜、嚴賞戮、作忠誼、右軍謀、選鋒鋭、講搤循、禁科派、保殷富、息流移諸政，纚纚萬言，窮日屬稿。以平陽太守何維墀，撫軍哈芬所信也，陳策干之再三，不用。及代瀕行，先生告襄陵人曰：「賊將至矣，賊之勢必渡河，而晋無備，必入晋。既入，聞襄陵富，必窺襄陵。今爲之策，燔汾河之舟，毁城外之室，賊至，既不得渡，又無所掠，此城必可完也。」邑人以賊遠，且燔毁，始難之，以先生來則既惠，去則必哲，終從之。

乃籌金，合以水利捐餘，凡所燔毁，估其價，賊退復之。信鈐邑印而行。代還，乃自奏記哈撫軍，如所以告何太守者尤加切焉。哈撫軍素不知書，視先生策，若無睹也。納策韡中，遽退。幕賓教之言，乃出，誚先生曰：「子之策謂之先事豫防也可，謂之未事張皇也亦可。」卒不用。先生遂引疾。亡何，揚州賊由鳳亳趣豫，跨河撲懷慶，八月折而西，入晋，逕陷垣曲、絳縣、曲沃，進屠平陽，又殘洪洞、潞城、黎城以出，喋血千里，蹂躪及畿辅，天子遂以輦轂爲憂。何太守闔門遇難，哈撫軍聞難先逃，革職遣戍。而襄陵守先生遺策，其城特完。先生避居五臺，待給咨，未南歸，固束手而視賊之來矣。先生方去襄陵，皤然有南歸著述之思，猶自奏記，事無如何，乃決引疾，蓋以去就力争，先生之仁，先生之誼也。安邱王菉友孝廉宰晋鄉寧，七十耆儒，邂逅而説先生。春二月甲申，先生答書云：「僕南歸之議，往復自決，然江楚阻兵，未卜戒涂何日。大著未刻，望分録給。若行篋携有家集及鄉先正名集，亦分數種，拙輯《國朝名臣言行録》所取資也。此書成後，尚欲倣黄梨洲《明儒學案》輯一書以著我朝一代儒宗，顧不欲分漢學、宋學，如江鄭堂《師承記》云也。見聞隘陋，未知果有成否。」此先生去襄陵後一日書也。

四年，歲在甲寅。先生年四十有八。

先生猶在山西，既給咨，未南歸，盗氛故也。夏六月乙未，先生《答王菉友書》曰：「近雖栖尋舊宇，譬如池魚籠鳥，時有山藪江湖之思。設秋後内地仍不可通，决意道津門航海歸矣。幼安危坐，巢父掉歌，古之人有行之者，丈人聞此，必謂生好勇，過矣過矣。哂之邪？悲之邪？世難方殷，靡知所底。項領之嘆，詩雅以嗟。然竊惟自古沴棼之會，玄黄戈馬之秋，天命民彝，必不可以一朝絶。不絶則宜有所寄，寄斯鉅者，宜在修學好古之儒，秦氏以還，如伏勝、申公、許鄭、二劉、熊安生之倫是也。閣下勉旃，自愛而已。」

五年，歲在乙卯。先生年四十有九。

先生南歸，夏六月，至自山西。初，先生西行，謀於宗鄗，行貲雖苦，載歸貲而行，曰：「士大夫以宦爲家，不克歸休，甘心奸巧，吾强項令也。不有歸貲，可若何。」於是，居晋七年，歸貲不佗動也。及引疾歸，道上兵荒，豫貲不足，次贛州，典裘度嶺，乃至其家。

六年，歲在丙辰。先生年五十。

先生居邑學尊經閣，宗鄗舊游之子弟皆從學焉。夏六月，伯兄卒，先生聞喪，哭失聲。既虞，檢其遺詩曰：「昔伯兄云：『佗日吾詩之序，敢以煩舊游，毋匄諸達官貴人也。』今當從之。」秋九月，英人來寇，先生謂從學者曰：「劉季有言：『公等皆去，吾亦從此逝矣。』」乃歸九江，已而寇深且北犯，先生悲之成疾，結筋項下。於後粵中鄉屯數十萬人，主者請先生襄其事，先生不赴，謂鄉人曰：「吾人微言輕，非所濟也。且當路之常，今日言兵，明日言款，若天使之然者，人豈能與天爭乎？」其究如先生言。

七年，歲在丁巳。先生年五十有一。

先生居九江先人敝廬，方筵而已。自構茅齋，庋書萬卷，歌饗其中。鄉人從學者苦無分舍也，請先生居別墅焉。是歲而後，先生鄉居不入城市，蓋九江先生之稱自斯始矣。先生幼年，家少有，贈公鬻四子，終乏。先生宿用脯脩，則從學者之禮也。謝從學者西行七年，行者一身，居者一家，皆籌金於人而贍，南歸不載晋一錢，又用脯脩償金，先償其無子錢者。鄉人關承遠貸金三百，先生償之，貸者亡矣。其子不受，曰：「將毋誤邪。」先生笑曰：「豈有窮措大而誤與人多金者乎？」遂償之。既歸，二十有七年，越先生卒前一年，償金乃畢。卒年築寶綸閣，以移茅齋所庋之書。

八年，歲在戊午。先生年五十有二。

先生居九江，遠方從學者日至。先生講學禮山下，有古大夫歸教州里之風，於是講學終二十餘年。每聞先生曰：「烏乎！孔子殁而微言絶，七十子終而大誼乖，豈不然哉。天下學術之變久矣，今日之變，則變之變者也。秦人滅學，幸猶未墜。漢之學，鄭康成集之；宋之學，朱子集之。朱子又即漢學而稽之者也，會同六經，權衡四書，使孔子之道大著於天下，宋末以來，殺身成仁之士，遠軼前古，皆朱子力也。朱子百世之師也，事師無犯無隱焉者也，然而攻之者互起。有明姚江之學，以致良知爲宗，則攻朱子之格物。乾隆中葉至於今日，天下之學，多尊漢而退宋，以考据爲宗，則攻朱子爲空疏。一朱子也，而攻之者乃相矛盾乎？學術之變，古未有其變也。烏乎！古之言異學者，畔之於道外而孔子之道隱，今之言漢學、宋學者，咻之於道中而孔子之道歧，何天下之不幸也。彼考据者，不宋學而漢學矣，而獵瑝文，蠹大誼，叢脞無用，漢學之長，有如是哉？孔子曰：『德之不修，學之不講，是吾憂也。』吾今爲二三子告，蘄至於古之實學而已矣。學孔子之學，無漢學，無宋學也。修身讀書，此其實也，二三子其志於斯乎。修身之實四，曰：惇行孝弟，崇尚名節，變化氣質，檢攝威儀。今之學者，其聞古之孝弟，則曰：『吾心固如此也，其事則不能矣。』及其有失也，則曰：『事如此，吾心不如此也。』然則汝心則是，汝事則非，孰使汝心不能達於事邪？抑汝心未誠耳。誠以行之如古之孝弟也，家人且化焉。鄭濂舉治家之道曰：『不聽婦言而已。』夫有言而不聽，豈若化之而無言乎？且骨肉之間，學者動以理争也，夫烏知争財者罪，争氣者罪，争理者亦罪。禮曰：『門外之治誼斷恩，門内之治恩揜誼。』蓋不可以理争也，有變則以仁術全之可也。《孝經》曰：『立身行道，揚名於後世，以顯父母。』立身也者，名節之謂也。今天下之士，其風好利而鮮名節，二百年於兹矣。學者不自立，非君子人也。昔者伊尹辨誼，武侯謹慎，辭受取與出處去就之間，昭昭大節，至今照人如日月之在天也。張子曰：『形而後有氣質之性，善反之則天地之性存焉。』《鴻範》曰：『沈潛剛克，高明柔克。』變化之道也。能自克而勝氣質，則剛柔濟事，是攸好德也。攸好德則宜在五福，不能自克而氣質勝，則剛柔害事，是弱也。弱則宜在六極，此學者之元龜也。今之學者，輒曰不羈，威儀鮮自力。《詩》曰：『不吊不祥，威儀不類。』言亡國徵也。以言學者，亦亡身徵也。故鬼幽鬼躁，管輅猶覘之矣。雖然，修身者，不讀書不可也。讀書之實五，曰：經學、史學、掌故之學、性理之學、辭章之學。夫經明其理，史證其事，以經通經則經解正，以史通經則經術行。掌故者，古今之成法也，本經史之用以參成法，則用法而得法外意矣。性理，非空言也。《易》曰：『翰音登于天，何可長也。』性理者，所以明吾學之大，皆吾分也，用之無所驕，不用無所歉。古來才大而器小，或矜伐自用，若管仲、姚崇、李德裕、張居正者猶譏焉。吾以爲性理之書，誼如懿戒，足以自箴矣。歐陽氏曰：『文章止於潤身，政事可以及物。』夫信以文章非及物者乎？君子之學，以告當世，以傳來者，書以明之，詩以歌之，非文章不達也，皆及物者也。孔子曰：『言之無文，行而不遠。』南宋而後，古文之道浸衰，天下必當有興者，二三子其志於斯乎。烏乎！有明季年，流賊乘之，今吾衰矣，金陵之盜，憂方大也。孟子曰：『下無學，賊民興。』可不懼哉。」以上講學大旨。

先生曰：讀書者，格物之事也。王姚江講學，譏朱子讀書曰：「致良知可也。」學者行之，流弊三百餘年。夫良知良能，皆原孟子，今舉所知而遺所能乎，既不讀書，何以致良知也？不讀書而致良知，宜姚江不以佛氏明心爲非也，此心學之弊也。子路佞於孔子曰：「何必讀書，然後爲學。」則孔子之讀書爲學，其常也。昔者姚江謫龍場驛，憶其所讀書而皆有得，姚江之學繇讀書始也，故其知且知兵，其能且能禦亂。

先生曰：陳文恭之學，非不宗朱子也。文恭自謂於古聖賢之書無所不讀也，其詩曰：「吾道有宗主，千秋朱紫陽。」此其所繇入德也。明英宗北狩，弟景帝立，及英宗歸，景帝錮之。英宗太子，皇太后所立也，景帝廢之，而立己子，人倫蔑矣。於是乎文恭不赴禮闈，憲宗即位復赴焉，此其知出處之大誼也。昔者定公元年，孔子不仕，而仕於定公九年。當是時，賊臣意如既卒，終使昭公合墓，二子無猜，道成孝友，春秋之變而得其正也，文恭足知之矣。文恭之學，讀書而靜養也，朱子所法乎孔子者也。文恭之教，使學者端坐澄心，未讀書而靜養，則所養者，未必端倪之正也，非朱子所法乎孔子者也。

先生曰：六經者，古人已然之迹也。六經之學，所以踐迹也。踐迹而入於室，善人之道也。所謂深造之以道，欲其自得之也。子張問善人之道，子曰：「不踐迹亦不入於室。」陸子靜，善人也，未嘗不學，然始事於心，不始事於學，而曰「六經注我，我注六經」，雖善人乎，其非善人之道也。

先生曰：顧亭林讀書亡明之際，抗節西山，《日知録》遺書，繇體及用，簡其大法，當可行於天下，而先王之道必不衰。

先生曰：紀文達，漢學之前茅也。阮文達，漢學之後勁也。百年以來，聰明魁異之士多錮於斯矣，烏乎！此天下所以罕人才也。

先生曰：小學非六書而已也，紀文達必從《漢志》，非也。朱子小學，小學之道也。《大戴禮》曰：「古者年八歲而出就小學，學小藝焉，履小節焉。束髮就大學，學大藝焉，履大節焉。」《尚書大傳》略同。是故小學養大學。

先生曰：《皇清經解》，阮文達之所詒也，殆裨於經矣。雖然，何偏之甚也。顧亭林之學，不分於漢宋也，今采其説，尊宋者芟焉，如《日知録》於《易》謂「不有程傳，大誼何繇而明乎」之類，今不采。書以國朝爲目，當時之儒，非皆漢學也，若方靈臯者流，乃一言之不録也。

先生曰：宋儒言去欲，漢學者以爲非，曰：「所欲與之，聚之，孟子誼也。」彼漢學者，東視不見西墻矣。人欲有公而有私也，《樂記》所謂「滅天理而窮人欲」者也。《漢書》黥布反，高祖喻謂布曰：「何苦而反？」布曰：「欲爲帝耳。」然則布之欲也，其宜去乎？抑不去乎？

先生曰：荀爽九十五日而登台司，視鄭君何如哉。比牒併名，早爲宰相，鄭君之素風無失也，此行乎經學者也，漢學之真也。

先生曰：經誼，所以治事也，分齋者歧矣。邱文莊《大學衍義補》嘗辨分齋之非。經學，所以名儒也，分門者窒矣。近人著書，有以經學名儒分門者。

先生曰：儒有君子小人，然《儒林傳》外，立《道學傳》焉，則《宋史》之失所尊也。《漢書》鄭康成、《唐書》韓退之，皆列傳也，奚必標異乎？

先生曰：今之子弟所志者，科名而已。所力者，八股、八韻、八法而已。故今之所謂佳子弟，皆古之所謂自暴自棄之尤者也。以上申古之實學。

先生曰：讀書者何也？讀書以明理，明理以處事，先以自治其身心，隨而應天下國家之用。

先生曰：古之學者，六藝而已矣。於《易》驗消長之機，於《書》察治亂之迹，於《詩》辨邪正之介，於《禮》見聖人行事之大經，於《春秋》見聖人斷事之大權。

先生曰：《漢書·藝文志》云：「古之學者，耕且養三年而通一藝，存其大體，玩經文而已，是故用日少而畜德多，三十而五經立也。」吾聞經師之法，日誦三百言，數以貫之，《荀子》：「誦數以貫之。」言重習也。不及三年，雖在中人，五經皆辯。辯同遍。昔者東方朔，年二十二，上書自言十六學《詩》《書》，誦二十二萬言，十九學《孫吴兵法》，亦誦二十二萬言，凡已誦四十四萬言。繇今考之，朔六年之中，日誦二百言有奇，中人無不能也。少苟失學，何患於無年乎？

先生曰：王制，樂正，崇四術，立四教，順先王詩、書、禮、樂以造士，此古者大學之教也。《左傳》：韓宣子適魯，觀《書》於大史氏，見《易象》與《魯春秋》，曰：「周禮盡在魯矣，吾乃今知周公之德與周之所以王也。」夫《春秋》，魯史也。《周官》以大卜掌易，故宣子，晉之賢大夫也，猶於是始見其《書》。宣子之所見者，周之制也，而嘆之若此，况益以孔子之文乎。《史記》：孔子以詩、書、禮、樂教弟子，蓋三千焉，身通六藝者七十有二人，孔子曰：「皆異能之士也。」是故六藝之學，不可無序。

先生曰：《樂經》亡而不亡也，樂章存乎《詩》，樂節存乎《禮》。孔子雅言，非不及樂也，有存乎《詩》《禮》者也。

先生曰：注疏者，學十三經之始也。古今名家聲音訓詁，去其違而終之經誼焉可也。

先生曰：漢興，諸經復出，秦火之殘，釋者難之。漢制治經，專經也。國朝初制未改專經，今之困學者師焉，或拘而失矣，以視荒經，不猶痛乎？

先生曰：韓子云：「士不通經，果不足用。」然則通經將以致用也，不可以執一也，不可以嗜瑣也。學之而無用者，非通經也。董子云：「《詩》無達詁，《易》無達占，《春秋》無達辭。」此董子之能通經也。孟子言：「詩皆無達詁。」班氏云：「後世經傳既已乖離，博學者又不思多聞闕疑之誼，而務碎誼逃難，便辭巧説，破壞形體，説五字之文，至於二三萬言，後進彌以馳逐，故幼童而守一藝，白首而後能言，安其所習，毁所不見，終以自蔽，此學者之大患也。」今之漢學，其免班氏之譏否也？

先生曰：朱子師程子者也。朱子釋經，不或匡程子之失乎，志遜而辨，辭恭而直，朱子事師之誼也。今之漢學，喜攻朱子，蜩沸者無譏矣，將或中焉。惜夫其不如朱子之事師也。

先生曰：六書小學，治經者所時資也。必謂先盡讀小學諸書，而後可通聖人之道也，將徒蔽之也，爲其書之不能無鑿也。

先生曰：《傳》云：「《易》有聖人之道四焉，以言者尚其辭，以動者尚其變，以制器者尚其象，以卜筮者尚其占。」是故後之易家，執其一焉則賊也。

先生曰：《書》僞古文，亂經也。

先生曰：《詩序》傳之子夏，而不皆子夏所傳者也。學者辨焉。

先生曰：《春秋》之作，懼邪説也，孟子其通《春秋》之微，告戒於百世者矣。《左氏》《公羊》，雖佐《春秋》，惑邪説者，十二三焉。《穀梁》頗鑿，然罕惑也。故《春秋》之學，舍傳不能通經，違經不能正傳。

先生曰：《記》云：「禮，時爲大。」學禮者，宜何如會通也。

先生曰：史之於經，猶醫案也。

先生曰：《書》與《春秋》，經之史，史之經也。百王史法，其流也。正史紀傳，《書》也。通鑑編年，《春秋》也。以此見治經治史，不可以或偏也。

先生曰：二十四史讀之者，其要可知也。四史，《史記》《前漢書》《後漢書》《三國志》。史之冠也。《明史》，史之近也。《史記·六國表序》，以其近己而俗變相類。

先生曰：《明史》屬稿，有布衣萬季野焉，史局諸臣鴻博選也，越六十年而書成，故史誼之精，獨逾群史。

先生曰：《資治通鑑》，史學之大用也，雖百世可爲王者師矣。畢氏之續未逮也，然續者獨推焉。

先生曰：《通鑑》立文，先書之要，後書之詳，蓋綱目存焉矣。若夫綱目，非朱子成之也，纂於門人，趙師淵諸人。其文竄而疏。

先生曰：《通鑑》書戰者詳，兵謀之蓄也。

先生曰：紀事本末，其尋之也易，不亦宜備乎？

先生曰：孔子雅言，周之掌故，備其中矣：《詩》商頌而外，皆周詩也；《書》則周書爲多；夏殷之禮微，所執者周禮也。

先生曰：九通，掌故之都市也。士不讀九通是謂不通。杜佑《通典》、鄭樵《通志》、馬端臨《文獻通考》、《續三通》、《皇朝三通》。

先生曰：掌故之學，至賾也。繇今觀之，地利軍謀，斯其亟矣。

先生曰：知掌故而不知經史，胥吏之才也。

先生曰：古無所謂理學，經學即理學也，顧氏之言是矣。雖然，性理諸書，翦其繁枝，固經學之佐也。

先生曰：易尚文言，後之語録則無文矣。

先生曰：人有鄉黨自好之人，文亦有鄉黨自好之文，君子不爲也。

先生曰：經史之誼，通掌故而服性理焉，如是則辭章之發也，非猶乎文人無足觀者矣。宋劉忠肅每戒子弟曰：「士當以器識爲先，一命爲文人，無足觀矣。」

先生曰：有古誼然後有古文。明之七子，學古文而未能，無古誼也。韓子讀三代兩漢之書，志其誼，法其文，文成古文，誼求古誼也。學者爲文，志過其師，乃及其師，故學文不徒自韓子始。韓子以來，名家輩出，皆有可師，然莫如韓子。唐以前之文多華，唐以後之文多樸。唐以前之文多曲，唐以後之文多平。唐以前之文句多短，唐以後之文句多長。散文駢文，古無別出，《堯典》申命，孔傳《繫辭》可類明也。故曰駢文有氣即爲古文，壽文非古也，君子謂之諂。古詩三百，今之詩法通焉。李杜韓蘇，詩之四維，得於詩三百者尤多。

先生曰：爲韓侂胄作《南園閲古泉記》者，陸務觀也。爲石亨作族譜跋者，吴子傳〔一〕也。爲嚴嵩作《鈐山堂集》序者，湛元明也，皆君子而失之者也。故曰：許人一文，猶許人一女。以上申讀書之實。

先生曰：居父母之喪，不可以居講院也，功令之所嚴也，然而知之者罕也，哀哉。

先生曰：易坤爲吝嗇，處婦人者宜知也。

先生曰：予昔居南沙陳氏賓館，其主人，今所稱掃地北也。予聞諸徐佩韋之尊甫曰：「北少貧，爲掃地傭，既而市利，家少有，厚懷其弟妻子，一布一粟，兄與弟平。兄奔走面目蕉萃，弟不知𧃍難，食兄之力，嘻嘻乎皤腹而游。兄妻弗説夫歸，私告叔過，夫摇手陽驚曰：『汝未知也，汝勿言。汝視吾貌，貧人也，汝視叔貌，富人也。吾以弟名入市，市利三倍，若吾名則耗矣。凡汝之食，皆叔之福也。』妻改禮其叔，家臻富有而不睽。」繇是觀之，掃地北一市人耳，不愛千金而愛其弟，又能使家人之相愛也。孟子曰：「是乃仁術也。」

先生曰：雖有國賊，敢不畏直節之士哉。淮南王安，日夜爲反謀，曰：「漢廷大臣，獨汲黯

〔一〕原文作「傳」，疑誤，或應作「傅」。吴與弼，字子傅。然《明史》作「字子傳」。

好直諫，守節死誼，難惑以非，至如說丞相宏等，如發蒙振落耳。」《資治通鑑》然則漢之丞相，苟有汲黯之風也，淮南必不動矣。

先生曰：士之於名節也，終身之力，豈一日之幸乎？《宋史》盧秉謁蔣堂，坐池亭，堂曰：「亭沼麤適，恨林木未就爾。」秉曰：「亭沼如爵位，時來或有之，林木非培植根株弗成，大似士大夫立名節也。」

先生曰：施彥執有言：「今人或處己廉，然掊克百姓，上以媚朝廷，下以諂權貴，輒得美官，雖不入己，其入己莫甚焉，此劫盜也。」《北窗炙輠録》

先生曰：今之學者，寧爲其介，毋爲其通。

先生曰：朱子稱呂伯恭變化氣質，何哉？伯恭之少也，性暴怒，及讀《論語》曰「躬自厚而薄責於人」，遂自克也。朱子稱之，將以告吾學者也。讀書自克，吾學者之事也。

先生曰：吾聞西門豹性急，佩韋以自緩，董安于性緩，佩弦以自急。《韓非子》何古人之善變乎。吾宦晉所知者，有王令性急，五板即殺人也，人稱之曰「王五板」。有陰令性緩，三年不澣衣也，人稱之曰「陰三年」。烏乎！若二令者，不自治而治人邪。

先生曰：宰相者，士之所爲爾，士無威儀，雖與之宰相，非其器也。鄭綮曰：「歇後鄭五作宰相，事可知矣。」《新唐書》〇以上申修身之實。〇凡講學所常言者，舉要而書，其餘條辨經史，詳論諸說，當別爲録，今以年譜之例，未獲盡焉。

九年，歲在己未。先生年五十有三。

春，季弟會宗人修朱氏家譜，先生述序例授之。先生編《朱氏傳芳集》於後。家譜成，先生爲之序，其略曰：「譜牒之學，史學也。《周官》奠繫世，辨昭穆，掌於小史。《史記》紀五帝，汔夏、殷、周、秦，并詳其子孫氏姓。而《世本》一書，《漢志》隸《春秋》家。蓋先王譜學之設，實與宗法相維而表裏乎。國史宗法立，而士大夫家收族合食，至於百世不遷，而奠其繫世，辨其昭穆，朝廷且爲之庀官司，藏册府，是故黄農虞夏之胄，閱數千祀而可知也。世禄廢，宗法亡，譜學乃曠絶不可考。漢興，天子奮於草茅，將相出於屠牧，率罔知本系所繇來。魏晋至唐，仕宦重門閥，百家之譜，上於吏部。維時官之選舉，必稽簿狀，家之昏姻，必等門第，而譜學復興，歐陽氏修《唐書》，有宰相世系之表，隱示國史家牒，相爲表裏。且謂世族之盛，諸臣克修家法致然，迹其編纂論述，若創前史所無，然通人碩儒，咸許其湛深古誼，能探先王制作精意，蓋創而實因也。五季喪亂，圖牒盡湮，一二儒生，乃欲掇拾補苴，冀存古宗法一綫，及夸者爲之攀附華胄，虚張勳伐，或至不可究詰。譜録一家，遂爲識者厭薄，而去史益遠矣。」君子讀先生之序，謂譜學今足明於天下也。先生與宗人言，常曰：「浦江鄭氏、江州陳氏，世世通財，號爲義門，載在國史，天下所共聞也。吾宗數千人，豈多讓乎？方今功令，贍族例旌，何其美也。」於是宗人捐産贍族，絫四萬二千金有奇，先生爲之修范氏義莊之法，完税、祀先、養老、勸學、閔嫠、恤孤、捄喪、賑歉，皆有其章。上於有司，奏聞如例。率宗人修祖祠，動金鉅萬，翩翩敷賁，宗禮斯行，咫物鴻裁，釐然無失度者，君子謂士大夫麗居室，陋先庙，於禮固違，然敝廬自晏，而祭堂不足以觀禮，吕叔簡不猶責之乎？今而後，挹先生之風也。

初，先生西行，黄太宜人未偕而西。太宜人有二女，伯姬與張文學之子兆蘧，未昏賦柏舟。魯詩說。仲姬與梁孝廉燿宸，既嫁，而兄公燿樞大魁天下。太宜人戒其女曰：「毋驕也。」先生行七年，寇亂不果歸，太宜人憂之，思以族子爲己子。已而先生歸，太宜人以買妾請，於是巨室多來言美選者，先生久之未可也。邑陳氏有婢，主人二子孩稺，視婢如其母也，二子生未久，父亡。母弱，家絶炊。母黨及姑給之食，婢忘其貧，既及笄，乃自矢曰：「主今困弱，有二子，非婢不佐，婢惟知佐主而已，佗無所知也。」二子既鬻，婢年乃長，主人將字之。有以婢聞於先生，知其氏曰霍，遂往視，及門，婢自外來，貌寢脣赤，執女工而跣足。先生納焉。婢之行也，昧旦登舟，二子篝鐙將之。既至，太宜人以妾賢且勤也，喜逾其望。及妾子之紱生，則先生年六十有一矣。妾有二女，叔姬、季姬。

十有一年，歲在辛酉。先生年五十有五。

夏，家人有死於外者。外死不歸斂，鄉俗然也。先生曰：「孔子之誼，友死無歸，猶入殯其家，况親者邪？」遂歸斂。

秋，先生聞文宗顯皇帝之喪，北而伏地大哭曰：「國事乃至斯乎！國事乃至斯乎！」先生雖退，不忘國事。凡臣工之議，敵人之舉，苟有係於天下大計者，必自録存，無少忽也。

同治元年，歲在壬戌。先生年五十有六。

春二月，先生奉詔召用。秋九月，奉詔趣赴闕，先生以疾未赴。當是時，天子即位，嚮用人才，萬民喁仰，天下同召者十有六人，粤中得二人焉，先生及徐大令也。徐大令見譜中「年二十有七」。大令赴召，贈先生《鄰女行》而别，先生自名其堂曰簡書堂。

二年，歲在癸亥。先生年五十有七。

郭撫軍與先生同年也。秋，撫軍詒書先生，將就見之，先生復書善辭焉。撫軍再詒書，先生又復之，固辭，卒不得見。

六年，歲在丁卯。先生年六十有一。

廖南邨孝廉卒六年矣，其子數乞墓志銘。夏，先生乃與之文，門人問焉。先生曰：「古文家無端之感，殆謂是乎。」志之言曰：「天下之擾甚矣，其端由吏治之污，居恒輿馬服翫聲色之好，奢麗百出，且復豐於獻納，奓於酬應，謂之開展。若而人者，皆非腰纏入官者也，壹取之於民，而凡丁胥豪猾，倚勢作威，又喜言官惏受賕，以恫嚇其民，而放其無涯之欲，日朘月削，怨府毒深，群相敵讎，横流遂潰，此方今之大患也。」又曰：「嗚呼！國家仁覆區宇，變醨養瘠，期使文無害者爲治，中外顯僚，下暨州縣學校之司，取諸鄉會兩試，號爲正途，厥後人員回冗，雜而多端，自予童時，里蓋有十三年甲科而殁於需次者，其鄉科則予以道光己亥獲舉，己亥以來迄於今，里中獲舉者二十有三人，計三十年中無以鄉舉授官者，壯佼之夫，忽忽奄就頹莫而逝者，已不可作矣。是可爲一世人材惜，而世道之感，當何如也。」

七年，歲在戊辰。先生年六十有二。

夏，相國駱文忠喪歸，門人問曰：「聞文忠薦先生，何如？」先生曰：「知己之薦。漢曰：『舉主，生則不拜，不敢私也；死則必祭，不敢忘也。』徐孺子釃酒而悲，古之人有可風者矣。不才奉召命所繇特達，未獲明文，大臣休休之度，固不使人知也。」

有島族人因潮州明經求見，先生以佗出辭，而謂明經曰：「子而忘經誼乎？古之大夫，非有君命，不私覿，《禮》曰：『爲人臣者無外交，不敢貳君也。』今雖在籍，敢自貳乎？昔旅都門，俄人有求見者，吾未之見也，子其辭焉。」

八年，歲在己巳。先生年六十有三。

冬，仲兄卒，先生期不與燕，隱乎其戚戚也。曰：「今而後雖周行天下，豈再得一同氣邪。」

九年，歲在庚午。先生年六十有四。

秋，伯兄子衢尊舉於鄉，先生鬻孤而成之者也。越四年卒，先生傷之。

十有三年，歲在甲戌。先生年六十有八。

冬，先生聞穆宗毅皇帝之喪，哭泣成服，拜而言曰：「衰病之臣，受恩厚矣。不能爲萬一報，今又遽服此服也，哀哉。」先生之歸，三聞國恤，必繇方，喪居禮山簡書堂，素冠要絰，喪食以終。有鄉大夫來見，未易服，先生驚曰：「子猶未聞哀詔乎？」不一佗言，趣歸易服。

光緒元年，歲在乙亥。先生年六十有九。

滇之外徼，英人馬加利死焉，山苗戕之也，英人布七事而抵其人，主者弗與争也。先生論其事，手書存之，其終曰：「夷〔一〕情無厭，得寸入尺，我既弱如此，彼之要求，將何可問，《易》所謂：『自我致戎，又誰咎也。』」

二年，歲在丙子。先生年七十。

有聞使英者以告，先生閔然悲之。於後先生既歿，門人啓其篋衍，乃得手書曰：「派員往英之事何辱國至此，舉朝〔二〕可謂無人，李相〔三〕身係安危，先自屈辱，損中國之威，長夷虜〔四〕之氣，天下何望矣。回憶咸豐之事，喋血郊園，盟於城下，乘輿出遜，晏駕不還，《公羊》所謂百世之讎無時焉，而可與通也。今重有此大辱之事，此志誼之士所以言念國耻，當食而嘆，中夜憤悱，誓心長往，終己不顧者也。」

〔一〕「夷」，原缺，據張啓煌《朱九江先生集注》補。
〔二〕「舉朝」，原缺，據張啓煌《朱九江先生集注》補。
〔三〕「李相」，原缺，據張啓煌《朱九江先生集注》補。
〔四〕「夷虜」，原缺，據張啓煌《朱九江先生集注》補。

五年，歲在己卯。先生年七十有三。

客至，先生飲之酒而豐，客出，私語門人曰：「賢者固不可測，始予以先生爲樸學也，先生過予家，予客之儉而不敢豐也，今斯愧矣。」門人曰：「客不聞先生之言儉乎？先生常曰：嗇於己不嗇於人謂之儉，嗇於人不嗇於己謂之吝，嗇於人并嗇於己謂之愛。儉者，君子之德也。吝與愛，小人之事也。」故先生之儉，小廝門者一，食三人，鹽菜錢二十有五枚，日餐脱粟，舉椀斑然，麻衣當暑，三十霜而一布袍，内飲兄弟，外篤姻交，鄉人來言捄喪，知與不知，量而皆賻。客至，糴稻烹鄉，綜其家食，非從學者脯脩不用焉。貧而假貸，終身未嘗負人也，終身未嘗不分人也。《晏子春秋》有嗇吝愛之説，以先生言行求之尤愈。

六年，歲在庚辰。先生年七十有四。

俄人有言間伊犁也。初，言官奏聞曰：「《史記・天官書》云：『王良策馬，車騎滿野，天戒將可没乎？』」亡何，俄人遂動，防海東南，秋七月甲午，張制府裕撫軍遣吏齎書請先生赴海防。先生以疾辭不赴，已而釁解。

門人問曰：「今之用兵，如機器何？」先生曰：「兵莫患於不堅，上下軍民聯爲一體，我之堅也。管子曰：『攻堅則瑕者堅，攻瑕則堅者瑕。』敵雖機器，不有瑕者在乎？彼諜諜者，何爲也。」門人曰：「今之機器，泰西兵法也。然則先生奚取於泰西水法乎？」先生曰：「卑高之水，晷分寸而灑潤焉。泰西水法，而不必自泰西爲之也，我用泰西也，非泰西而不必可爲之者，泰西機器也，漏卮也，泰西用我也。」

七年，歲在辛巳。先生年七十有五。

夏五月，季弟卒，將斂，日者宗人曰：「先生當避日〔二〕。」先生斥之。及斂，先生撫尸，兄弟方七十餘矣，涔涔哭淚。有沾斂衣者，親拭之。粤大吏歷年聘先生爲學海堂學長，辭不就，仍虛位待之，凡二十餘年，先生終不受其脯脩。〔三〕

夏六月庚子，張制府裕撫軍以先生奏聞曰：「講明正學，身體力行，比閭族黨，薰德善良。」

秋七月壬戌，詔賜五品卿銜。冬十有二月丁丑，十九日。先生卒。及斂，面如生。家無餘財，門人

〔二〕「日」，原缺，據光緒三十二年刊本補。

〔三〕「粤大吏歷年聘先生爲學海堂學長，辭不就，仍虛位待之，凡二十餘年，先生終不受其脯脩」，此句光緒三十二年刊本無。

醵金以賻。行省兩院而下皆祭，國史館立傳，遠近聞者哀念，皆動君子云亡之感焉。〔二〕先生頎表方頤，聲雄以徹，六世從祖烈愍少須麋，先生復然。既七十，須白，後左顳生一黑莖，澤甚，無改與人龢色，決誼則渥丹張頰，威不可干。終身蚤起，雖退歸，厥明縠食，惓惓講學，日中而休，食頃，手旋執書，既昏，如不遑也。初，光緒三年冬十有二月，門人侍飲，問曰：「先生日著述者何？」先生曰：「凡吾著述有七焉，曰《國朝名臣言行録》，法朱子也；曰《國朝逸民傳》，嘗仕者亦書，據逸民柳下惠也；曰《性學源流》，淪本誼而決其支也；曰《五史實徵録》，宋、遼、金、元、明，采以資今也；曰《晋乘》，如程大昌《雍録》也。其書名未定，有論國朝儒宗者，倣黄梨洲《明儒學案》而不分漢學、宋學，以辨江鄭堂《師承記》之非。有紀蒙古者，勤北邊也。」酒闌，先生曰：「著述非爲名也，吾書儻成，願少裨天下，雖吾名不傳，無憾也。然吾衰矣，俛焉知新，稿有未脱，定稿以傳，猶須暇日爾。」卒年八月，謝絶一切，家人問故，曰：「吾有事於書也。」十月疾作，知難卒事，遂自燔其稿，竟日乃盡，惜哉！朱子曰：「伊川嘗言，《中庸》今已成書，漢人於易説即謂之易，於禮説即謂之禮，程子所言從其例。然亦不傳於學者，或以問於和靖尹公，則曰：『先生以不滿其

〔二〕「遠近聞者哀念，皆動君子云亡之感焉」，光緒三十二年刊本作「光緒八年春正月丁卯葬先生邑西樵鳳翼峰。喪行之日，四方自遠來觀白衣冠會葬者，彌望山中」。

意而火之矣。』」蓋先生之學，志於用世，始不欲以著述竟其才，既不可得，終無自逸，庶幾乎文章報國之衷。其於儒先著述，常稱《大學衍義》《資治通鑒》《三通》《日知録》諸書爲其多實用也。《詩》《書》《禮記》，古人傳之，作者之名不必盡傳，著述之志，豈爲名乎？今書不成，必存其目而不敢遺，著述者，天下公誼，冀後人有成先生之志也。先生既卒，門人猶有居禮山不忍去者，遂築祠而祀之。於後門人蒐詩文暨附録都爲十卷，稱曰《朱九江先生集》。

譜據欽定《明史》，嘉慶十有二年迄同治十有三年《聖訓》，《欽頒平定各匪方略》，光緒以來皇太后懿旨皇上《聖訓》，國史館《徐台英傳》，朱先生所列國史館本傳，嘉慶以來諸臣奏議，阮文達《揅經室集》，《駱文忠碑》，《胡文忠集》，《左文襄集》，《四川通志》，《襄陵愛棠録》，陳士枚《襄陵水利碑》，王璲《朱先生畫像記》，《廣州鄉賢傳》，《南海縣志》，《九江鄉志》，《九江朱氏家譜》，《朱氏傳芳集》，潘忠毅《朱贈公墓志銘》，朱氏宗人采訪朱先生事實册，朱先生手書《公車紀程》，朱先生手書《襄陵日記》，朱先生遺詩，朱先生家書，朱先生雜著，朱先生手評門人詩文卷，朱先生家人所得編年舊本，起嘉慶十有二年歲在丁卯朱君生日至道光二十四年歲在甲辰年三十有八事略。

門人順德簡朝亮謹纂

光緒三十二年夏六月乙亥遷葬先生鄉龜山祖塋下〔二〕

〔二〕「光緒三十二年夏六月乙亥遷葬先生鄉龜山祖塋下」，原缺，據光緒三十二年刊本補。

卷一　詩

詩序

僕甫至粵，訪士於涿州盧后山制軍，制軍爲言南海茂才朱次琦稚圭莊士也，顧才氣無雙，予聞而心數之。已而代校此邦文字，茂才率爲舉首，與鄉者制軍之言，若契箭之呼而舂牘之應也。竊喜老眼頗未昏瞀，因介李繡子太史、曾勉士學博求與交。其爲人偉瞻，視嶷嶷然，氣純以方。其論説縱恣誇葩，有鼂賈之核。其詩無弗學，亦無弗工，往往於轉捩頓挫處，得古大家神解。梁簡文有言：「斯文不墜，必有英絶領袖之者，其不在斯人與。」僕行矣，七十老公何所求，粵中諸君子他日乘軺擁節，豈無道鄙人之門者，復能守孟德隻雞之誓否？茲之借鈔此卷，慰長途操先券也。嘉興友人錢儀吉。

與陳五二首

蒼兕嘯驚風，浩然滿南山。豈爲憑高力，聲洪能自傳。宛彼同舍子，欲達無由緣。夙夜亦勞止，將意何拳拳。襟抱各有適，挽推良獨難。孤蓬托吹噓，驟入浮雲端。浮雲無根蒂，一隕即深淵。君子崇令名，豎立靡所干。

去者未可留，來者未有涯。茫茫造化運，使我心傷悲。朝才黄口出，莫還華顛歸。向所親植樹，攬條皆十圍。氣結不能言，逝欲與俗辭。洪喬不在世，怏惘終何之。矯首望八荒，孰是長年姿。所願崇令名，不朽以相貽。

過明二夜話追悼蕡亨秀才 秀才赴試溺水死。

颯沓愁雲墮古祠，吟猨唳鶴有餘悲。箜篌樂府公無渡，金錯佳人我所思。何處招魂歸屈子，可曾穿冢傍要離。清才例使蛟龍得，千載哀歌爲涕洟。

懷廖二一熊光清遠縣

直北風聲勁，平西日氣迷。秋從雙峽老，天入百蠻低。異地容龍性，前程信馬蹏。行人例回首，肯聽子規啼。

造梁錫不值有題

椽葉鬱飛翻，無人江上尊。我携邛竹杖，訪爾桃花源。湅雨不成滴，荒雲流到門。兩三松宛在，倚遍更何言。

讀史

破碎群雄六駕回，甲兵土木總爲灾。可憐一炬咸陽火，不及詩書有劫灰。
廿載深裁車服費，百金終缺露臺工。君王自惜中人産，獨有銅山賜鄧通。
長門宫怨久煩紆，禍起泉鳩慘重誅。聞道至尊慕黄帝，不妨脱屣視妻孥。
故劍關情竟亦忘，拌留一眚玷朝綱。宋宏儻道無心語，聞否糟糠不下堂。
背芒驂乘久滋疑，厚毒殲旃實隱私。堪嘆分封頻晋秩，受恩即是受夷時。
氣盡漳江七十墳，分香賣履復何云。堂堂白帝傳遺詔，天下英雄獨使君。

道上吟贈陳千户

亦知驛程苦，頓頓策征鞍。秋色關河莫，灘聲水石寒。風塵淹客易，衣食累人難。遥指西南道，龍山路渺漫。

至日懷族子廷光二首

日至繁陰積，天涯舊雨多。性情廷吉尺，心事魯陽戈。宛宛凋殘景，悤悤俯逝波。行吟怨勞者，風雪大江沱。

及爾一揮手，臨風空斷腸。乾坤餘聚散，身世閱蒼茫。朔吹零孤館，江聲碎夕陽。愁心驚晚序，連夜夢河梁。

寒食

母背頑兒去，回頭又七年。隻身今異地，寒食一淒然。末學羈明試，勞人悔汗篇。弟兄家薦酒，曾否及重泉。

思元一首

寸筋不控弦，拳石不障川。矧我思元子，而能馭世緣。性畸天不吊，愁重酒無權。誰爲滋丹棘，忘憂耳目前。

登雞冠鎮

雄拔雞冠鎮，容光照四圍。擘空青不斷，鞭石赭横飛。厓後千峰伏，春前一客歸。異花開更早，點點滴征衣。

謝張十二

百妄紛紜不自芟，須眉磊磊語誦誦。古人不作吾安放，世路將深骨已凡。每苦儒風侵任俠，久因騷雅惜彭咸。多君遠惠長生訣，唅糗羹藜勸老饞。

偶感爲蘇使君

吴儂載桃葉，桃葉竟成歌。一棹滄江去，春風楊柳波。路人驚欲絶，君子意如何。誰念空谷裏，天寒牽女蘿。

即事

鵑啼亦已殘，花落更如注。餞春春不歸，飛上刺桐樹。

溯江

風悄夜冥冥，沿波拾遠馨。煙平山帖岸，潮落水流星。龍女張華蓋，仙雲下翠軿。招吾鴗鵲漢，躡彼鳳皇翎。

和曉崖先生次羚羊峽之作

江聲急斷猨，行客曉投村。潮湧神魚見，風喧野馬奔。洶洶天影溼，黯黯石牀昏。賞景行沽得，懸囊五斗尊。

夜泊東坡亭

槁葉颯如雨，蕭蕭墜客舟。雖無隔船笛，已動四山秋。古事文章淚，長江日夜流。還携一瓢酒，前渡上層樓。

書趙甌北年譜

早向戎樞側足來，海涵地負見天才。男兒自有千秋業，堪笑平生志大魁。

徼倖科名意氣紓，然灰難認此模糊。鳴狐篝火成何事，總是人間小丈夫。

過先孺人墓

遥遥屈指恨重編，滴滴酸心淚到泉。不堪斷卉荒苔感，又入嚴寒沍凍天。亂蟋吟邊秋似夢，慈烏聲裏雨如煙。頭顱爾許人猶昔，愴絶人間二十年。

江樓中秋夜同張十二

今夜西樓月，離憂感慨多。酒悲與詩興，一夕滿關河。我亦行吟者，扶闌發浩歌。翻飛問羈羽，戢翼竟如何。

十六夜復登忠良山 前十四日與馮四穎標登此時十一月

今宵仍作月圓看，刷眼憑臨忽改觀。百粤山河迷積氣，萬家魂夢送狂瀾。山靈可笑重來急，人世無如獨立難。絶頂峰頭拌作主，年時原不懼高寒。

石面團團凍欲冰，最荒凉處倩誰争。窮溟雲重天無力，哀壑風高月有聲。揖鶴正思疇昔夜，棲烏頻報短長更。厓顛恨少梅花國，留住行縢卧玉英。

送馮四

海日落人面，北風江上來。慶君一卮酒，明日故園梅。勢飽飛帆利，寒生大壑哀。傾筐盈卷耳，歸及酌金罍。

題里甫先生所藏劍

王者今無戰，杜句。神淵欲蛻形。斂雲宵練白，照眼血痕青。忽漫三年別，摩挲幾字銘。頭顱重如許，一夜鬢垂星。

馮大卉蒼彙詩卷屬爲點定因繫以詩

懶人減睡夜看月，睡醒曨曨白生室。天公爲我洗羞顏，一霧漲霾三丈日。是誰剥啄警尸寢，發簡吟哦紛玉屑。豪猛或餘螭蚓雜，芳菲未許蘭蓀歇。記識君才何日始，泥飲吾廬得酒別。醉客風交亂竹影，詩人轂轉生蓮舌。蛟龍出紙雷聲碎，璜琥霏光玉花徹。大巫壓己魂怦怦，小別催人波洌洌。錦章竟缺七襄報，斗柄虛仍三載揭。太息前塵春一夢，豈謂國工肱九折。我今卧病山海深，倦眼昏花書卷撤。白日終然怯牛鬥，碧海何因嘆鯨掣。將無錯認馬識塗，爲遺澄清魚有孼。目不見目固其理，心以印心更何說。晏歲悤悤寒暑急，霜風懍懍冬山巘。次君詩卷憶方山，馮方山先生《傳經堂集》，其族子侶笙明府屬余編校。我亦門庭滿枯葉。

張十二秀才前見投有「白石詩詞姜仲友，蒼生憂樂范希文」之句，比者其配王夫人次云：「五常譽擅眉皆白，兩社功占手有文。藻異龍鸞讀終愧，仄將秦徐徽韻末。」沐於兹即勉酬四首

十載吟秋客，狂歌倒接䍦。精神空滿腹，混沌乃書眉。豈謂潛夫論，題來幼婦碑。山公原量勝，底用隔屏窺。

昭質靈均傲，緊余猶未虧。幾憐牛馬走，終忍鳳皇飢。舊下梅花拜，人傳翳葉癡。通材隨地愧，持爾報心知。

昔日移居約，樵峰西復西。名山千古事，回首萬行啼。張適掃花僕，梁鴻椎髻妻。更無門內助，詩卷待金鎞。

天上張公子，杜句。靈妃唱和來。國風能好色，吾意更憐才。蔚跂金閨彥，鏗鏘玉鏡臺。鄴書應繼讀，華露涴玫瑰。

官洲渡望西樵阻潦晚泊龍津

含珠玉液未全灰，倚棹平瞻見日臺。蒼嶂迴迴天影合，黄流洶洶客愁來。帆鈔沙鳥孤音上，風破洲蘋萬葉開。爵室鸞旂横渡晚，凡今誰是濟川才。

詠西樵雙瀑詩

玉龍下碧霄，盜飲樵西水。銜山爲窟宅，鬐鬐交角抵。二龍表厜㕒，細者知凡幾。踞水恣婪酣，藉雲爲蒙耻。散沫從風翔，半月雨纚纚。雲師不世情，敕雲上天咫。東雲湧其脊，西雲出其趾。雲脚見垂胡，雲頭有掉尾。雲盡得蜒蜿，山青暮煙紫。龍怒作雷鳴，三日聵人耳。兹山本非奇，奇以龍怪詭。失雲龍不飛，龍飛山亦死。帝昔觴百神，傳聞正於此。龍也醉餘瀝，嗜味遂無已。至今千億年，雷公呼不起。我來暑雨後，挣身絜雲裏。狎龍龍性馴，衙衙弄厥齒。余詩解奇語，龍亦通畫理。示我水墨圖，欲拓山作紙。我試拈句答，掀舞若色喜。日中交易退，譬趁官山市。終焉此誅茅，望衡講鄰誼。名山亦細事，蒼生方待爾。且去天際行，灑潤及千里。

卷二　詩

與李大鳴韶夜話有贈

名士貧來有宦情，聞諸先輩李黼平。吾道貧非士也苦，苦以無力振貧故。錦衣怒馬僕曼胡，君昔視之不如奴。欻然欲起六月息，身落南蠻心注北。芭蕉戰雨碎可憐，仍扈江蘺障蘭蓀。宏獎之風近來少，休文休進彈蕉表。

同李梅遊葉家池上作

月色浴四郊，天水一氣警。坐令夜遊子，投身藐姑頂。呼吸入肺肝，照見冰玉影。坊鍥誰家石，名氏高蔚炳。百年如轉燭，薦及孫曾等。想見恤緯人，嚴節秋霜冷。歷歷〔一〕葑塘皎，鬱鬱

〔一〕　此處原爲「歷歷」，光緒二十三年本、光緒三十二年本中多以「歷」代「歷」「曆」字，此處「歷」應爲「歷」。後文如「萬曆」「歷年」等，同此例，不再出注。

松煙暝。寒流瀉微茫，河漢相與永。何處人語喁，溪陰問漁艇。

泊勒樓阻漲候潮

天風無定吹，昏晝錯南北。藉休勞者歌，庶遂歸哉客。微澌不濡軌，曲漵愆挂席。夕宿勒樓潮，朝自珠江驛。旅夢墮芒昧，鄉音失咫尺。誤以赴壑蛇，例茲退風鷁。人語寂無寐，川光盪相射。迴飆晚淒緊，初曜早旁魄。撈幽起沈鱗，睇遠送歸翼。紛予豈無涯，悟彼各有適。嗜進少夷塗，往蹇有安宅。冥心事元牝，跋胡謳赤舄。把酒還獨斟，共濟知衆力。與之虛委蛇，無爲感行役。

題闕鴻遺稿二絶句 鴻邑武生

著弁能詩鎮可憐，短詞那厭舌生蓮。王郎錦段無消息，零落人間已十年。

儒冠多誤豈吾欺，君自言愁我賞詩。何處哀鴻遺遠響，碧雲日莫倚欄時。

柏林寺

萬緑足涼色，修條生遠音。道人日孤往，對此遙山岑。鐘磬有時響，雞蟲無俗心。欲參虎溪笑，流水發清吟。

絶句

空香入碧紗，濃翠亞檐牙。何處雙禽語，一庭吹柚花。

出門嘆

壯士行何畏，今朝獨泫然。依人愁廡下，爲客在春前。老母皆熒淚，臨門雪墮顛。松楸指遊子，霜露滿新阡。

有感

謹案：先生此詩紀回部張逆之難。

王度無中外，恩言有歲年。一方苞蘖挺，六月羽書傳。敢以烽爲戲，須明國有權。整疆光舊物，不擬勒燕然。

驀地驚風鶴，懸軍戰氣孤。攖城猶鎖鑰，報國乃頭顱。慘淡歸朱鳥，蒼黄叫白烏。鬼雄應擊賊，爲我激頑夫。

宵旰酬天祖，皇心獨斷忙。六師分將帥，萬馬踏甘凉。駝足傳烽急，鴉兒引隊强。抱陰噓爝火，爲語日堂堂。

專閫三台老，旄幢待策勳。師儲九節度，天落一將軍。卵弱知能壓，巢連未易焚。韜鈐須努力，聖主日憂勤。

百萬搜軍實，糧儲責大農。捐輸盡南海，飛輓繼前鋒。廩藏資先事，安危在正供。似聞司會議，有藉世時雍。

痛昔金雞詔，天慈豈伏戎。忍言猨鶴警，莫恃馬牛風。何日從群醜，夫人怨狡童。快心轘四境，一示漢穹隆。

動我莎車鎮，微聞勢不孤。蠮螉蟠塞險，豺虎訖天誅。帝力乾坤正，秋防士馬麤。野心多反側，長願控彤弧。

贈黃處士 陳秀才文瑞數道其人，故遥贈之。

佳人類潛虬，抱寶媚幽獨。以彼影迹深，閱此風波逐。言高耿華皓，破閒課花竹。十日不啓關，開關到耆宿。世無鹿門龐，得見此翁足。佛鎮富生事，轂轃舟連舳。攘攘數錢刀，擾擾争燕蝠。在衆彌見寡，心骨無由俗。想當汾江流，孤浸方寸玉。次也走熱人，剔面塵一斛。堪哂郗嘉賓，好聞隱車服。却似貴家屏，一例畫茆屋。慕君人目笑，聞君吾耳熟。得遂隱者便，煙霄控黄鵠。

李大（鳴韶）過宿

我本栖栖者，逢君更不堪。捫天窮舊夢，罵鬼鑿空譚。縹緲江皋珮，淒清海岳庵。同心有緣法，莫怪味醰醰。

重有感

雄劍鳴鞘夜有聲，羽書馳報氣縱橫。忍思敵壘遺巾幗，誰挽天河洗甲兵。都尉合摩頭曼陣，將軍曾守亞夫營。縻軀裹革忠良事，願納靴刀答聖明。

籌軍轉饟日交馳，犁穴搗渠計豈卑。果有檻車收五厲，何因鞶帶重三褫。負隅屢縱張牙勢，射石終無飲羽奇。捩指又鄰寒食節，令人目倦凱還時。

群公讜議意何如，良肉奚堪復養疽。未必摸金皆校尉，可憐輸粟已尚書。助軍幾見蕭丞相，策變今無陸敬輿。不是帑藏先侈耗，洪河流患十年餘。

邊風朔雪古凉州，關外徊徨定遠侯。孽種可應憐馬角，畜鳴何意累人頭。颺天烈焰熊熊起，决地頹波横横流。弱冠請纓男子志，愁從鐙下看純鉤。

登文瀾閣懷馮太學北行

郊行風物苦淒迷，傷別傷春氣漸低。愁上高樓望鄉國，大江無際夕陽西。嶺梅昔別凍初含，京柳今來影半毵。蹤迹如雲春似夢，可從江北望江南。

賦得新松 越華講院陳蓮史師席上應教。

分得蒼株煙雨濃，滋培造化與同功。著書歲月忘年對，起蟄雲雷有日通。御李漸吹寒謖，補蘿休待蓋童童。棟材未必千人見，但聽風聲便不同。

酬廷光見寄

一風三日吹倒山，鬼驛驛名。人家朝閉關。歸鴻寄聲不到地，長風送入懷袖間。故人知我狂落魄，三歲黄楊閏當厄。乞米虚投日下交，賣文豈壯牀頭色。童蒙繞案蠅鳴細，老瓦打頭蝸寄窄。吹來題翰眼忽明，載讀詩篇舌尤咋。上言念子貧無憀，搔首欲問蒼蒼高。下言窺天天有説，聊疏前聞證一一。是誰賣畚長安道，是誰逆旅遭呵喝。九轉鑪鞲内景鉛，五瑞琤瑽卞和血。先咷後笑稽古然，揖我謂我相頏頡。我聞此語三嘆呼，乾坤橐籥真區區。摩厲庸虚使才傑，如扶窮袴追錢租。將毋本初翦奄豎，疑似乃及無須奴。芒芒宙合成今古，豐瘠彭殤竟誰主。七尺臨風私自憐，寸丹照日知何補。不如痛飲兼吟哦，菀枯且勿爭幺麽。曦月西滔東逝波，昨日漆髮今爲皤。典裘合辦金叵羅，曰歸吾及春風和。招尋過汝山之阿，江流春酒筆懸河，蘧廬風雨酣高歌。

山長桂林夫子枉過

毋抱燕臺石，周客訕其旁。毋掘豫章劍，天漢精乃亡。咄此海隅士，讀書自口黄。忽漫二十年，懷利儻未忘。邦有必聞謗，夫子更恢張。命輿出顧我，聲鳴殷宫墻。載誦隆棟篇，載望匡時良。極辱齒牙惠，恐違弓矢藏。自我苦可貞，觀物積始詳。柔柯結根淺，春陽嘘使强。小子寸鐵朽，大冶躍使剛。請借華陰泥，淬拭生寒光。頃賦《院中新松》，夫子極嘆「棟材未必千人見，但聽風聲便不同」之句。

答李秀才 嗚韶

君子惠思我，我亦怨離群。明月對眉宇，流光持贈君。何時采三秀，歸卧西山雲。七十二峰夜，鸞簫天半聞。

輓陳丈 顯鳳

積善不期報，斯人我所思。天心今冥漠，吾道日磷緇。家具猶爐鼎，鄉鄰有涕洟。未忘前志在，繼守視元龜。

九月十二夜遊東坡亭

北人乘馬如乘船，南人控帆如控鞭。煙帆迅瀉東風偏，煙開帆卸亭蒼然。重揩病目攝衣起，三歲不覿仍嬋娟。自審插脚輭塵久，勤移拌合來林泉。山靈與余頗瓜葛，謝過讖以新詩篇。是時秋霽天宇圓，地白人影行翩翩。綫路采入石壇湅，旁倚脱木枯藤纏。山魈夜出電瞥眼，大魚人立弓鳴弦。孤雲渡江鳥隨没，一丸月下江吞天。公跛晉卿煙嶂圖，謂言此景常纏緜。十載渴懷動真宰，一區位置荒江邊。腦環萬山川照面，中安尺宅乘梯田。種魚村近可招手，從公所好舟往便。云何三宿牽率去，至今鶴怨猨不眠。老饕得嚼肉失吻，想見十日流饞涎。退之磨蝎公竊比，豈識人阨非時愆。即如潮陽老太守，斸嵩壓潁言徒堅。古來宦海少樂土，風波有險天無權。瀕行俯仰重三嘆，何人真叩花源仙。

得陳大如琛越南書

驚回滄海夢，有客駐征鑣。將我故人意，謂言行路遥。林藏蛇瘴黑，山帶虎風摇。異域鵑聲到，南雲願手招。

歲莫懷人詩

觀察陳桂林夫子

余馬首欲東，東從夫子官。夫子南北人，從之路渺漫。近者見敕目，持節監河千。青天萬艘上，清溜九月寒。豈不實盤錯，求職非求安。旬宣古王官，雅頌聲未闌。太上百僚化，守令羅荃蘭。教言逮夷面，行部戢虎冠。天無五運阨，民有二父懽。其次補苴勤，其次簿牘完。大臣有心事，廉退乃一端。夫子相君胄，祖硯傳未刊。大東小東郡，頌衮猶汍瀾。泰山合膚寸，終使宇内觀。夫子前守兖州。

兵部何職方 文綺

萬物各就熱，嗜進如梯階。孰能遺我榮，而以昶所懷。陸生識止足，疏傅東門街。職方壯解官，道勝非時乖。方知君子心，并與末世諧。守冲滿杖屨，在坦忘巖崖。重抱説士癖，恒恐翹秀薶。脱略皋比席，慇懃鳥鳴喈。南士知宗龍，萬唼魚頭皆。鄙人實稗藬，三歲借高齋。忘分托老輩，展論饒新佳。復原抱膝傲，時與銜栖偕。旦晚還觀稼，遲我秋水涯。

中書孫舍人 鼎

前夕大火流，今日朔風驚。良時去如瞥，歲晏心多營。埋頭負郭居，席門世所輕。讀書況寡效，章句苦無成。出門首前路，何以慰晨征。長箠易泛馭，孤掌難堙崩。丈夫偃窮衖，空抱魯連生。我友湖海士，橐劍連州城。縱横計不遂，長揖辭公卿。尺書昨報我，戰苦仍徵兵。

馮太學 炳文

馮生古長者，狐白無見美。兼抱强立性，萬鞲金不毀。識我自童齔，十載交若始。君温我質伉，君簡我辭哆。郭生見叔度，三日爲心死。頃求仕與友，携病走千里。金盡病亦失，所獲良已侈。頃當背面時，素書兩情跂。得書輒得夢，夜夜渡煙水。國人皆曰賢，愛君好文理。温潤玉界尺，帖妥烏皮几。曹好徒爾爲，君心寧數此。金臺高不極，髦俊高連軌。北風胡馬鳴，定有相思子。

叔懿脩先生

秋至瘦人知，歲盡貧家病。叔也苦節人，窮老益天性。七十抱一氈，坐深鄉黨敬。須眉出古異，知慮資神應。貌枯中不膏，晶精雪相映。雖比范叔寒，允執顔含正。析薪鮮克荷，守硯庶或稱。老棄短後衣，窘藉長鑱柄。每憂藜羹糝，食指矧蕃盛。今秋穀不登，衣典餐屢併。姝姝十餘口，朝夕烏共命。譬彼岡嶺松，孤高風逾勁。叔言子也才，三試戰不競。人言叔耆德，善修家不慶。上有滄浪天，何時問幽敻。

夜坐

欲語憑誰答，身孤顧影頻。城荒鵩吊月，燈盡鼠欺人。少壯虚殘夜，關山况老親。從來劉廣武，起舞唱雞晨。

白菘菜圖爲關丈家駿

秃筆蕭疏見一莖，南蔬首汝亦公評。益都李文藻《肇慶食菘菜》詩：「遷地弗能良，猶足壓南蔬。」催來霜信西風急，寫入江村斜照明。莫厭酸寒同歲莫，可無豐歉問蒼生。萬家供具今顣頞，話到齏鹽有嘆聲。

答廷光

琦也田間一男子，行能可笑平平耳。十載名場縱身手，十載名公與牙齒。吹到浮聲浮厥實，中夜捫心顙猶泚。黄鐘毁棄瓦釜鳴，人雖不言藉自耻。惟對吾儕好議論，浪謔古今車轉水。不有時發憤刺時乖，不可於懷口輒哆。苦奉方巾蓋圓頂，雖有執持裨者幾。朝悔其行莫已然，不怕癡兒走折趾。以兹失口思用晦，深恐急進生瘡痏。自從儒服溷有司，蹭蹬至今歷一紀。璧凡幾獻足幾刖，敢似退之跛能履。今君何事進鄙人，鞭策罷牛逆風駛。國家束帛旅窮巷，耆畯當闕賢會軌。明明大樂奏雲門，豈假瘖聾聽宫徵。故人夙昔面京國，千里逢迎多蔚跂。馮太學炳文、徐孝廉台英。掉頭不應騎馬歸，還愛朱雲在槐里。頗怪數公負明眼，非癖非阿竟何以。多因秋士抱牢愁，一見參軍令公喜。只今南國困波臣，萬室嗸嗸憂食指。雖屆計吏上貢日，語及時艱我心死。况復殷憂半海内，郵報叢殘餘百紙。尋君且得片晌樂，中席言懷再三起。書生賦命苦窮薄，何力持危筮傾否。君詩導我壯我行，然而其效可睹矣。

七月十四夜大堤上作

萬井蒼涼又告灾，憑高小立一懷開。月華洞洞隨行策，秋氣微微盪劫灰。海上雲雷餘漲急，日南民物采風哀。豪吟巨壑笙鐘應，恐有潛虬作和來。

寢疾兼旬遠邇交親頻仍存造賦謝言懷有作三首

不寐盼燈花，紛葩粲可數。陵晨乾鵲噪，啃啃響虛牖。我生百不諧，喜事除聚首。旦日君唁我，一見詫衰朽。錯莫顏不怡，欲語鉗在口。豈無慰藉詞，言然意終否。昨者走鄉試，鶩進恥王後。進必有所傷，家人卦斯受。兹理本非元，吾其悔自取。逝矢不怍言，黽勉謝賢友。頗學馬新息，羞殁兒女手。誓此已十年，也應感高厚。病夫如病鶴，孑傍梅花瘦。病夫如病馬，硉兀路旁堠。鶴有修翎人，馬有終惠厩。病夫卧江沱，危檻縶鷙獸。牀頭飣藥裹，牀後忙老幼。燕笑無與適，履綦誰復湊。數月深閉門，不出棄朋舊。夫子獨何者，誤比匍匐救。策策風林根，談言再三就。千里有命駕，矧赴子在疚。罷驂對之泣，矧於古人謬。感激愧平生，素交及邂逅。

病久多遺忘，掛一念萬漏。齊物付眇芒，山海月如晝。

琴爨中郎嘆，衣故車騎尊。可爲知者道，難與俗子論。里門二三士，守素古處敦。有此病不惡，病則萃邱園。吾友遠歸來，重寄素心言。馮君汝棠到述省垣諸子相訊。鬱邑得不死，以酒澄其源。

秋花既煜煜，秋薘復翻翻。朝光有舒幔，夜魄無遺垣。酣歌百疾愈，何況會高軒。嶺海比艱食，六載傷黎元。糠籺苦未饜，何處羅盤飧。飽食消歲晚，邑里多空村。

和梁三江臯寫望

浦樹晚冥冥，吟歌悄未停。灘迴千里雪，潮劃九江青。物候添行卷，情懷拾遠馨。雲頭西望黑，應撿種魚經。

有憶二絶句

轉轉迴腸種種癡，一思于役一低眉。行人今在江湖上，祝與東風恐未知。

白佛桑應節節抽，紫薇石竹鬥纖柔。自從唱罷驪駒曲，留得花枝在樹頭。

越秀山憶諸子公車二首

花草越臺發，遼遼引望勞。夢隨燕月墮，身與楚雲高。南食千珠貴，中天衆羽豪。夷音須變轉，爲我唱靈璈。

尺劍走中原，報余江上村。至今春目短，苦恨病魂昏。京洛真名在，關河小吏尊。經過有形勝，馬上莫輕論。徐生台英托抱卷去，屬余伏枕缺爲面別。

僦屋

選姬在娟好，不必列屋姝。選室取秀野，寧須九達衢。斯堂隘容膝，爽塏致有餘。頗怪昌黎公，絜誡城南符。辛勤三十年，有此屋渠渠。我生逼三十，倍是雪落鬚。縱儻愛廬願，豈免他人愉。譬如齒牙缺，淯蔵空庖厨。僦屋獲所便，鵲巢維鳩居。一錢節羞囊，十束庋舊書。主人況解事，不催敗興租。借衣非已有，足曜七尺軀。假館非終身，穩占數月娱。有徑疏疏椶，有溪育育魚。十頃玻瓈風，灑面宿酒蘇。夜聞菰蒲響，月皎西窗孤。恐有踏波人，闚觀揚清矑。起視萬家夢，蟲語鏡在湖。俯仰識無始，萬象隨空虛。沾沾我亦固，天地原蘧廬。

謝里甫山長作畫一卷爲十幀，貽王謨文學，屬次琦跋之小詩，未有以應也。甲午春杪，文學索果前諾，遂拈杜詩「得非玄圃裂，無乃瀟湘翻」二句爲韻，題其端

雄觀失曩懷，浩想創新得。誰將九曲黄，潑入徑尺墨。
陶公遂初服，今是昨來非。農丈偶然對，飄飄風滿衣。
山中虛白室，户外蒼浪天。趺坐幾何歲，得參箇中元。
抱甕不言機，丈人漢陰圃。何如避世人，一瓢棄高樹。
點樹如點雨，截厓猶截鐵。還圖入蜀詩，石與厚地裂。
獵獵菰蔣外，長天入虛無。相將拾海月，借我一幅蒲。
鏡湖與瀟湘，清絶兩嘉乃。龍伯爾何人，吾將往觀海。
小米學媚嫵，遜他顛芾驕。崖風江雨裏，一夜聽瀟瀟。
月黑聞山鬼，蒼梧路短長。湖秋波嫋嫋，何處吊沈湘。
讀畫箝在口，論詩舌瀾翻。以詩想公畫，應入不二門。

夜過談太學子粲歸次作四絕句兼訂太學見枉小齋

蒲葵蕭摵苎衣香，萬瓦扶檐滴露光。大道如弦天似水，追涼人走月中央。

家家樓閣上簾鉤，嶺外清華數廣州。怪底遊人忙似鶩，此邦風景不宜秋。

夜歸孤館八窗開，露坐尋詩也費才。一事告天煩乞與，月圓仍放故人來。

僦得城西畫舫齋，前榮貯月後臨街。好詩可似題吾屋，荷葉遮門水浸階。

寄廷光村居

村姑手爪輭繅絲，新蛹香黃上饌宜。更是擊鮮滋味好，鰣魚賣趁苦瓜時。

寄徐子台英都門兼簡馮六汝棠陳九信民

徐生魁壘衣短後，學騎生馬京華走。我病閉門失追送，至今北望餘搔首。我於天下論健者，口不敢言心可數。夏長盼斷吉語來，火雲赩赫掩南斗。屈指端陽又五日，是日朔風驚户牖。忽捧題名一錯莫，元猨欲哭蒼龍吼。前年送君隨計吏，却斥辱金麾以肘。舊年廡下暫依人，脱略俗緣比芻狗。今年四月讀君書，塵勞遠謝同懷友。首嗟辛苦腓無胈，氣挾幽并肌皯黝。次欲朝家借一官，公等資裝儘予取。君寄李鳴詔孟夔書。有如劉季賀錢萬，實不一錢持在手。性命貧交萬里心，使我失聲血幾歐。吾儕賦命本窮薄，有願到頭終不偶。一第溷人信芒昧，十年養氣從掀揉。古人自戰久則肥，肯爲塵沙含淚垢。知君抱才必有用，清廟熒輝要罍卣。吏能官誠復所長，啄菢姝姝宜鷇㲉。雄心抖擻需再舉，富貴逼人行已陡。平生頗訝韓子隘，欲草一經敵章綬。可憐無益費精神，後世揚雲書覆瓿。丈夫趣舍自有時，高爵得分圭可剖。不然尋我負郭田，去去五湖宅三畝。雲在青山水在瓶，眼底煙雲我何有。君今過夏餘懽賞，識曲看花問宮柳。壯遊豈改還山面，豪談定約懸河口。江介無風也易波，壑舟有力誰能負。苦士閱人終慘淡，名場幾輩曾摧朽。京雒緇塵自古嗟，君有素衣無恙否。翻憶中原攬控初，合沓山川恣騰蹂。今古興亡吊落暉，河嶽英靈接栖酒。所亡所得知略等，比似故人仍汝厚。故人冗散無處著，六合蒼茫此駢拇。近來近市求童蒙，據按兩三鳴呦呦。閒課清齋修五卯，豈有奇書探二酉。名山渺莽詎容易，里人自享千金帚。側身天末再長謡，暨似老馮及陳九。

初九夜作 同明秀才炳麟出遊。

到憐風柳太顛狂，省識淮河舊日行。怪得繫春還綰別，柔絲如汝十分長。

春禽選樹原無主，海燕隨波也有家。輸與金閶吴學士，東風無奈海棠花。

消夏雜咏

長夏愔愔萬緑垂，石欄點筆坐題詩。蕉煙榴火尋常見，最愛當階向日葵。
方牀七尺水周堂，露葉風枝竹萬行。恰好吟成人倦後，半簾疏雨夢瀟湘。
第一離枝薦緑醅，猩丸落手漫懷開。違心偏要争盧橘，博得蘇髯捧腹來。
太古元都晝窅冥，悄無人處碧壇扃。遐心譜入歸風操，弦滿空山石氣青。
翳影蒿蓬素舊乖，晚凉剛愛啓荆柴。客邊好友天邊月，一樣風吹到小齋。
得月臺高冠廣州，畫船簫琯會中流。華燈似海波如雪，置我江天百尺樓。臺在海珠寺。
苎衣蒲箑妙年華，約買承宣坊下花。應爲香風回首立，愁心吹滿素馨斜。

食春餅招關郭二生舍弟宗琦

使我身後名，不如眼前酒。平生省此語，每爲一點首。硬餅飣椀几，大肉相間之。不爲佳日娱，將隨韓子衰。昔踏河南村，麥風賺飢腹。去飲村舍水，水邊村酤熟。至今良夜夢，夢落河南醉。春風知我心，吹得百錢墜。我有耿介弟，亦有賢友生。慸心首文府，劉膚含其英。胡爲狎羶腥，争食苦不飽。不如從我飲，令汝顔色好。白雲勸舉梧，有鳥提壺聲。何不從我飲，坐對千花明。東舍煮芋魁，西舍相追呼。不來從我飲，其不農子如。名士畫餅耳，可聽不可噍。何愛尺寸塗，儻勝雞鳴宴。

卷三　詩

樂昌韓瀧祠

臺殿鎖君蒿，縣湍萬仞高。江山有遷謫，文字走波濤。津吏留相語，村沽飲不豪。排雲閶闔遠，天末首重搔。

泊游絲汛

借火游絲汛，維舟斤竹林。瘴江千里黑，邊角五更深。歲盡仍傷別，年荒欲廢吟。稻粱謀食嘆，鴻雁爾猶音。

歸渡大通津望廣州

昔別是何處，飄然還此都。水流殘夢遠，身與斷雲孤。山澤存麋鹿，年時聽蟪蛄。百錢携杖得，况近飲屠蘇。

答談太學子粲見詒四十五韻

慚君道我詩，詩拙莫如我。夢得長於論，斯則我亦頗。緊惟我朝傑，二百年磊砢。唐聲開國吹，宋派中流簸。求取於古人，均稱析薪荷。譬彼觀水術，豈必寄一舸。固揚滄海帆，亦鼓瀟湘柁。譬讀種樹書，菁英歸摩揣。既護挐雲根，詎棄簪瓶朵。云何昵門户，遽分袒右左。彼我相是非，議論益叢脞。何殊抱異姓，呪使成蜾蠃。又如哭佗墳，勉强呼公爹。此事元氣中，無大無幺麽。時地異媾接，哀樂各懽癉。或體閎以奄，或羨小而橢。嚾或閶闔朝，九賓粲青瑣。愴或宫娃怨，雨泣梨花軃。訇或鏗鯨鐘，悄或乂魚火。輭或游空絲，勁或没石笴。匯之爲洸洋，澄之得澹沱。導之泉斯注，鈐之鐵以裹。肆恣百篇放，斟酌一字妥。當其冥運時，萬怪困趺坐。忽從天外飛，下士閧塵堁。有轂率繩墨，無羈靮韁鎖。始焉踐迹合，其後化身可。赴敵數生死，證佛百因果。世俗是末師，謬種流已夥。竟使竈下姬，塗抹詫嬌婧。扇濁無餘清，積微恐將墮。念之軫我懷，力薄愁無那。安得光明絲，蓋爾袒裼裸。安得六驥足，負爾山鼈跛。先生天機富，人老詩璨瑳。以詩通諸畫，落筆春婀娜。與我無盡談，滑稽髡炙輠。我今鍵户牖，萬事付懶惰。庶幾便詩逋，亦用避酒禍。匃人餉稻米，園官供果蓏。惜乏耦耕儔，世味終曳拕。會當從君居，接籬圜粉垛。我歌君則聽，勿用嘲飯顆。土風閱荏苒，人煙增懡㦬。高立萬松岡，長嘯山月墮。

述懷二首

出處各有尚，詎云吾道非。中素誠靡夷，豈必知者希。秦鞅三術鑽，作法以自威。没没釣玉叟，一日蒼鳥飛。炙手有消息，單寒寧久微。筦以造化樞，萬族聽指揮。至竟誰主尸，爲晦爲光輝。龜策不告猶，况以小智幾。纖士利速化，通識重天機。嚴嚴歲莫霜，卉木凄已腓。亮矣鴟夷子，微君誰與歸。

少小學堂日，解道春華遲。揭來十餘載，去日忽如遺。心迹兩歷歷，回首空齎咨。人生無百歲，百歲將安施。昔聞齊景君，涕爲牛山滋。貴游事刺促，幾不徂年悲。我今守貧賤，僦室城西陲。作苦分則爾，日月若余私。庶云就省曠，亦美芳菲時。被褐何足貴，重以玉自怡。滌蕩放情志，穩居江河麋。

宫保盧制府遺吏人徵寫拙詩述德攄情賦呈四律

儒術能經世，曾欽盧尚書。文孫千載後，邁績八州餘。轉粟蕭丞相，籌兵陸敬輿。清時南顧重，好是護儲胥。公辦西域糧臺，旋平楚匪趙金龍之難。

餘事論風雅，襟懷冰雪清。萬間開厦屋，千卷饋侯鯖。元老謀謨地，諸生絃頌聲。淵源從古數，陶尉繼劉宏。公已未會試，出儀徵相國之門，相繼督粵。著作千秋事，銷沈幾輩才。因公憐鄭璞，引我哭秦灰。嶺嶠扶輿盡，韓蘇風氣開。登峰觀海意，今古一徘徊。

自信潛夫論，難投光範門。龍宮翻索寶，馬磨遽稱尊。古者酬知己，從來勝感恩。海王收萬派，何脉出崑崙。

泛舟至花埭

春人寒涉江，春溜急淙淙。海日樓臺靚，村香花草降。烏鸞殊有偶，白鳥迥無雙。令節宜歌曲，聊聞橫篴腔。

寄舍弟宗琦

老坡於子由，相長三歲强。而我與吾子，其年適與方。始宿懷遠驛，終領汝陰守。至今餘苦語，淒絶此懷舊。子由剛且静，與子前寫真。我亦如阿髯，怒嬉摇吻脣。師古有工拙，子珠我鱗甲。而況奉我謹，直追曩賢及。壬辰我失解，毷氉秋風居。於邑上子顔，吾反爲子娱。旁人覷子色，疑是秋風客。至子失意中，反無此悶默。爾來奇我作，謂當於古求。不計片葉迷，翻云瓣香留。握腕與子別，言竭情靡斷。譬如坐風檣，三日尚神眩。惜別恨情長，憶別嘆神昏。子心知我懷，我夢昧子魂。我行中風走，子居食蓼苦。未逐宦遊人，已失對牀語。念茲反余素，乃恐王路催。急歸反風雨，坡潁一誤來。

兵部何職方文綺坐聞熊鎮幾亡

功名不可爲，齎志即霜露。行道有餘哀，况彼相與素。憐子有天性，了了自童孺。饑羸就舉選，僕遫守章句。文采雖不蜚，紆徐學風度。庶曰遐福徵，取償在來暮。職方今歐陽，養士及貧涸。三年立門下，增益標良悟。奇窮天所阸，一病遂僵仆。雪霰何蕭條，郊原正寒沍。遥想宿草阡，風雲猶鬱怒。與子昔周旋，每以溼相呴。解手幾月日，傷逝一號呼。在耳窮鳥篇，違心脱驂賻。信疏我知過，幹委爾何遽。職方此池館，百事未改故。桂樹修廊陰，是子行歌處。人自接餘光，汝已長不寤。何當訪舊廬，悽薦向期賦。長風知我心，飛挂煙橋樹。煙橋，村名。

春旱答廷光

乙未三月月將闌，不見農事分秧尖。書生賦命苦窮薄，尚有餘痌關閭閻。桔槔無聲斷匏棄，瀦澤出塊枯萍黏。東屯西舍走流汗，嗷譟憯若親炮熸。就中老農眼出血，視天不語兩頰黔。

計絶波臣乞分潤，願與旱魃同焚殲。幾日天氣吁可怪，陰陽錯互交攻砭。寒飆夜入冰谷浴，赫景晝躍崑岡炎。襌袷春衣委重笥，裘襴一卸求輕縑。宵分小雨差强意，油雲幕幕如複幨。熟知呴沫不救涸，聊塞渴目裨毫纖。惱公真欲訟風伯，何因却掃驅飛廉。起窺檐注星接霤，屋角已挂三丈蟾。時乎春及乃束手，何日打稻聞腰鐮。常雩無靈天聽遠，繁露有法神功兼。徙市暴尪古云虐，須資長策詢謀僉。或言龍懶呼不起，抱寶潭洞眠懨懨。此君前春惡作劇，發我廳事一角檐。飛雹掠面過强弩，陰風刻膚如刺鍼。兩年入秋不可説，一霖十日連城淹。人民流尸屋廬盡，至今此地生葭菼。錢塘暴猛信可畏，與汝未有睚眦嫌。年年況享牲玉報，得毋負報馨香嚴。蓋愆補過幸今夕，歡聲可鼓謗可箝。羅羅畦塍龜兆坼，喁喁男婦魚口噞。借汝唇吻尚有愛，肯爲蒼赤攖鋩銛。學堂先生好心事，預傷板屋憂釜鬵。遂及其私亦真摯，長篇遠寄言詹詹。那覓五升太倉米，徒摩三尺書厨籤。饑腸君嘆煮文字，素髮我欲愁鏡匳。憂端澒洞一傾瀉，幾時飯甕豐年占。

丈人

草草送春了，悠悠傷遠思。精神優滿腹，混沌怕書眉。別闊常嗔夢，窮工不到詩。丈人心性好，待我尚蘆碕。

赴李大孝廉鳴韶招飲百韻

樂事每不數，愁來動彌旬。忽如墮煙霧，及此長日辰。入室儼下帷，起屨旋出門。出門無所詣，李生在城闉。李生余汝同，辛苦識字氓。豈不欲汝見，嘔我一寸肝。道逢祈雨人，風翩龍子旛。四人舁明水，披灑楊枝青。泥龍水蜥蜴，瑣細不一形。熏熏煙已霾，叩叩額欲墳。道左頂抵蹠，遠伏塵土昏。人言一月來，公私苦崩奔。亦既省刑纍，亦既疏渠阬。元靈西樵禡，白晝南城闗。都邑止屠殺，鵝鴨羊魚豚。祝詛引方外，于嗟而吟呻。天公眇何許，上呼無時聞。白日徒昭昭，不照千啼痕。難忍見此狀，欲行還逡巡。君適馳尺簡，遥遞急足伻。云有賣文貲，可共消憂觥。我屬采薪告，夙夕始得行。握手一太息，同視蒼蒼冥。遂壓今古愁，遂遺半晌閒。遂酌酃湖酒，勸我醉不醒。熟知徑寸膠，不辨黄河澄。泠泠勺水潤，寧救魚尾赬。且盡知己杯，酣歌聲吐吞。誤及往年事，一瀉不可扃。壬辰冬之孟，公車君有程。我蟄守鄉閈，未得送離轅。風波一失所，反覆難具論。憶惟世難初，舍館於河清。南海縣地名。春時雨暘若，民訛無由興。苗穎何舒舒，條桑復英英。驀報西潦至，五月日在庚。蔽江下浮柹，雜以宋桷椽。趣歸及中夜，荷鍤先黧髡。寐者呼使覺，痿者走駪駪。抗此一綫泥，上與千濤爭。崩波壓我面，其勢如壞山。枯立猶束柴，逆受風雨寒。漭浪兩晝夜，泥髁未有乾。降割方鞠凶，洪口決李村。嗟嗟十二户，地名。盡室爲魚黿。鯨呿以鼇鱥，有水無涯垠。比鄰聞號咷，誰知其死生。我家三百指，乘屋如鴟蹲。膳飲波面炊，雞狗墻頭眠。高漲更未已，減没驚我顔。昏黑扶老稺，一一下破船。室人莫涕泗，我有好弟昆。家明經澄湘兄弟。緣岡亘房廬，足以相援攀。可憐非柁工，尾掉船頭横。千摇并萬兀，寸寸强弓彎。滉瀁涉中流，上有星月明。喜達賢主人，舍我在高閎。色定見憔悴，老親蹙額嘆。弱妻授我食，執箸不下咽。脱我淖中衣，易我犢鼻褌。展視著股處，血痕已朱殷。憐惜不出口，泫睫淚漣漣。摇手使勿聲，吾母腸斷間。民生正摧挫，我敢自求安。願以膚髮勤，易此骨肉完。敝廬忍就棄，旬日還巢橧。相守倏乏匱，乞米來大城。兩地百里强，早夜心凌兢。天乎人何辜，颶雨萬竅鳴。聒甚耳目眩，勢恐玄黄翻。平地有頓撼，豈況衝狂瀾。覔信走且僵，然疑半不真。側聞泛濫中，地塌千山平。心肝墮何所，難狀此際情。聞君鎩羽歸，乃及江海傾。尺咫胥江驛，惡遇風飈獰。詰朝亟拏舟，里門泊墻端。揩目認久别，入室笑語温。我亦得書反，相對疑夢魂。次第訊姻族，兼吊死問存。略舉崩騫流，令我吐舌驚。天子今堯湯，牧伯矧多仁。請命叩閶闔，借帑發倉囷。上有蠲緩詔，悱惻泣王言。下有挹注澤，濡呴勸老慳。匄爾垂盡喘，饘爾以斗升。巡撫江寧公，朱中丞桂楨。萬家頭上雲。携扶先守令，俾張遞薦紳。至今服領南，去思有餘恩。旱魃又煽虐，匝地比惔焚。低田委白草，高田飛黄塵。睽睽龜兆坼，野赤百縣盈。豈無近潮畦，斥鹵齧其根。居人呷無所，闞視井已眢。料知早禾闕，米户解索錢。哀哀中澤鴻，何處謀盤飧。官家定正供，里胥急如煎。大福諒不再，未敢邀痌瘝。我少負郭畝，君非扶耒耕。編摩手口勞，一飽羞儒冠。艱食終見及，況彼塗足民。痞㦗薦三載，瘡痍互仍因。或言俗窳呰，奢麗襍詐諼。蓄戾爲應召，水淫火熱然。或云往必復，五運有凋殘。譬彼月盈魄，終則隕其圓。大造本芒昧，孰能測幽元。我願剖心血，淋漉通天箋。稽首東南風，寄上一掬丹。播穫趁時節，首求逮冬春。次求衵生理，勿使壓溺顛。尚歆郊祀心，亦牖公孤卿。爰暨百有位，同德持鴻鈞。三階正天衢，作息還黎烝。沕穆貴無爲，無懷與大庭。是時泥君飲，一醉三千齡。忼慨陳此辭，吾將待輶軒。

城市一首再寄廷光

城市多囂塵，況逼城中豪。南首望鄉國，百里蒼雲高。下有狎貧士，苦吟時和陶。米貴不果腹，群雛日嗸嗸。種瓜犖确場，引蔓如抽繅。冒熱立草土，剖此二寸毛。黄萎豈汝意，不見時雨膏。近屬良婦病，日夜井臼操。突泠焰不然，虛壁風騷騷。驚波無定鱗，華幕有覆巢。世難未獲已，願汝親憂勞。客遊久不樂，虞奪風翻濤。聞聲略一概，豈況目所遭。我欲如漫郎，江湖刺長篙。投老就魚麥，勝處求其曹。和子孤雲詩，酌我千日醪。

寄蔡瑄文學士司往蔡以鄉闈報罷西行，不通耗兩寒暑矣。客有適粵西者，宛轉寄之

雁飛曾不到，君子乃游遨。况復歲華落，猶聞歸興遥。夜深人鮓泣，月出虎倀驕。海雪風騷首，魂羈何處招。

寶華坊退思別廨早起有述

浪士不舜蹠，五更起孳孳。起踏荒雞音，落月墻頭窺。三丈楊柳風，下捎椶櫚枝。椶櫚葉窸窸，碧暈侵衣肥。此莊腹數家，其外垣四圍。我舍位厥中，屈戍鋪玻瓈。照見幾家門，空梁月篩篩。流雲送殘夢，得知所夢誰。斷角聲栗懰，或夢征人歸。寧識曉行驛，瘦馬銜煙馳。據鞍亦得夢，夢中仍別離。惝怳鄉井是，瞢騰門巷非。是時兩情愫，吁惟明月知。勞生故多慨，局促塵者譏。道塗委容華，千願同一違。咄哉端居客，拊髀空爾爲。

夏日即事

西原宜落日，此亦夕陽亭。海雨魚龍氣，蠻雲鳥獸形。泉新流瀌瀌，花遠去冥冥。可有幽

芳閟，時聞月裏馨。夜雨昏黄裏，濃陰聚井梧。雹知淫潦長，星帶草堂孤。吠蛤譁墻角，流螢到座隅。紞紞譙鼓杳，皬旦偶聞呼。庋書好連屋，日日鑽魚蟫。略展龍威秘，如聽鮫客談。茶煙蓬葉底，硯席水花南。倦讀眠搘卷，新凉我正耽。小住良無悶，長貧祗益詩。斯文騷選後，此事鬼神知。不病容關病，多師是汝師。皇夸群聽瑩，裂篴試雲吹。

半塘晚步

晚食散餘步，風物靄將夕。過雨流潦多，隨意曳幽屐。松凉望不到，爽氣生兩腋。漸漸野水喧，回回市塵隔。孤煙接空暝，一鳥入雲白。泥濘窘前賞，携坐村口石。遠見歸墟人，忙色上面額。軫彼衣食勞，益我山澤適。浦樹鬱其濛，昏鴉啼磔磔。半塘蜑人家，相呼看雞栅。詠歸歸路微，晦月未返魄。何來一笛吟，蕭寥長天碧。

諸子同遊茘支灣作歌

五年不遊唐茘園，聞道池館增沙墩。江山如此坐懶惰，一搨兀作蹲鴟蹲。有客啓我茘火然，饞興忽涌不可捫。投袂未起覺神注，如渴馬脱銜而奔。拉襍素心四三輩，白鵝潭左波濤掀。板橋三折入流水，帶以十頃荷風暄。照眼戎戎春雲熱，落腕的的凉珠翻。色香味盡三百顆，恐一顆一妃子魂。棼䣯不飽亦得醉，高枝恨少穿林猨。軒窗盤迴俯明鏡，畫舸登頓搴花旛。景蘇何人園數椽，白日乃閉閽者閽。那無題詩嘲屋壁，且可拄杖撾衡門。門前行迹如流雲，花天酒地來軒軒。前榮已棲比翼鳥，後從又擁攢頭黿。鶩鴻照波珮玉儺，翠匐珠衱何繽繙。寧識浣紗越溪裏，天寒日莫愁煩冤。人情自私愛所愛，譬寶鄭璞珍紀甗。即如茘子秀遐裔，俊物自比江鰩尊。君謨譜之始興賦，强立疆界編籬藩。閩人袒閩粤袒粤，莊周齊物難平反。何如當場取發興，事有附麗皆情根。江山與我作賓主，簫管且侑開罍尊。眼前行取萬里別，李大鳴韶將以秋盡計偕，馮四炳新再就順天鄉試。此日可惜須臾暾。西蟾東烏莽奔屬，南鴻北燕分伏騫。後頭待得水歸壑，攬鬢恐笑非僧髡。林神川后亦頷首，是何作達爲此言。歸風持贈回檣邊，虛齋落日傾金盆。酒醒前塵杳何處，浩浩煙空吹夢痕。

客中雜憶詩

廣場五情悦，隻坐百慮縣。客去掩我關，忽已弦望遷。精爽戰哀樂，迅入中年先。中年亦已逼，舊物長一氈。貴誠不如賤，向聞向子平。織絇與緯蕭，作達取自然。先世有遺志，敢以家食傳。北堂況頹暮，急雪墮其顛。秋秋桂花落，盼盡西風天。存者能幾時，逝者永黄泉。突梯古有戒，捧檄世亦賢。審知出處誼，固以父母年。壯且不如人，此後空可憐。損益聖師訓，三嘆推遺編。

二月魚兒粟，三月魚兒秧。四月魚眼星，五月魚背蒼。六月魚拍頭，欲競人指長。我里下澤税，藾箔參漁梆。歲歲牧人夢，家家鷗機忘。舍弟苦士最，棄俗如蛣蜣。寧讀種魚經，不入騎馬場。有得閒稱詩，月計無幾章。未知古獨行，肩列誰輩行。阿兄走塵土，處處持虚筐。名翼或拚飛，增口隨謗傷。膏火同烹煎，輸汝雲水鄉。所愧拙生理，家具遺汝將。往憂藜羹糝，兼饋親串糧。懼此百石陂，難可千費當。將毋苦捋荼，病矣嗟子桑。君子道固窮，金石振歌商。近況諒有述，側伫雁翅翔。

友朋豈不好，燕笑時易闌。李生鳴韶。總角舊，有文炳龍鸞。十年耐離合，今年携手歡。旬日必過我，一過三日殫。問君何數數，將著遠遊冠。勿惜相對頻，預償見面難。對面了無語，終勝千書看。亦知十月交，君踏北雪鞍。此後明月輪，兩人頭上圓。亦或風雨聲，兩孤心頭酸。君貧那棲遲，我去愁嫛婗。人靈非鹿豕，胡得一處完。匪不達兹理，數子我所安。徐生台英。近失第，寄食燕雲端。馮子炳新。病早眼，難坐更鼓殘。忽忽獨寤歌，附吾於考槃。吾其泛滄浪，料理秋風竿。

作客不還鄉，蘞蔓傷獨處。不還居者痗，南目亦愁予。將雛苦無成，晨夜改寒暑。晨興視老姑，夜擁鍼神炬。汝得堂上憐，頗謂婦職舉。無以恩私故，恐違長少序。吁嗟百里闊，日月墮深阻。遠注黯秋蛩，孤心怯墜鼠。是汝所生性，弱小易愁緒。尚想吟中閨，教汝歌白紵。一字厄推敲，每及寒雞語。勸我惜宵分，禁我嘔心膂。至今吾眼中，見汝顔色楚。以知此夜腸，迴轉若機杼。機冷無盡聲，碧雲眇何許。投杼望明河，盈盈見牛女。

奴星不偶命，阿橘爾即冤。皆坐我窮薄，速爾入鬼門。自爾叩我堂，去冬除夕昏。豈直糞除潔，兼惟行步奔。我家咸玉之，道其黠且敦。平生江海人，行笈暨朋樽。爾伺醉人色，解領中酒言。文句雖不通，亦能亂書繙。求取百順遂，至竟成我尊。即兹誤爾呼，恐有欲出魂。前滎移鐵樹，其樹今已孫。樹孫爾則槁，爪痕皆淚痕。替人既大謬，事事思爾存。虛無主人惠，慘怛嫠母恩。母恩委如遺，主暫那復論。小物觀大化，牢落容乾坤。

古者士未遇，名公首識拔。惟其心鏡精，是以譽之絶。君看一部史，此類幾人物。奈何庸虛子，老輩多項説。隆隆獸殿材，未合貢株棁。輝輝鴻飛衮，獨蛹云胡綴。高下各在心，詎謂嘲目睫。夙昔千卷庋，往往欠終帙。息影匙交遊，未盡當時傑。浩浩江湖深，悠悠歲月暫。小生顈有泚，群公眼如月。茆齋階基旁，有鸛片影雪。青冥得蹭蹬，仍濯寒泉洌。爾豈愛羽毛，恐孤識者悦。相烏猶若斯，踟躕至明發。

太平門門卒行

太平門下人傔傔，太平門者耆且髯。右髯垂乳左禿頷，其禿貫腦煙煤黔。頻年過翁口頻吒，翁始囁嚅漸傾瀉。一生心事畢秋風，卅載行藏引宵話。自言少卜血氣頑，射生擊劍無不嫺。從軍遂隸鴉兒籍，簡卒時拔騶虞幡。一朝烽火辰州路，王旅嘽焞阻淫霧。鷩心設砦蠻雲高，附翼難飛楚天去。奴僕功勳樹莫由，由來石堡要人收。入穴仲升期取虎，乘城潁叔奮持蝥。五更毳垣響鬌築，雲如車輪月如漆。縛韡從我十猛士，緣上梯衝過猱疾。礮牀似有呼紅衣，瞥慘腥風九人灰。我鷩拊頸頭故在，始聞落面轟崩雷。趁煙直斫守陴首，迴向吾軍亂招手。大師壓入猶壞山，竟使壺頭返吾有。此時顱面攖瘡痍，此時勇氣千人知。共懾河西白袍將，那誇鄴下黃須兒。事平守戍梅鋗廟，掌管北門尚年少。峩冠孔翠一翎風，仕版象屯三品料。無端洋孽橫鮫島，海氛甚惡稽天討。衹應祈父爪牙非，肯信健兒身手好。上書欲効前鋒鏖，群兒謡諑成吹毛。

始知宦海風波險，勝似沙場矢石交。從此失官編士伍，衣食蕭條一環堵。抱關擊柝寄餘生，七十龍鍾仍作苦。話到淒涼言斷續，言不成聲聲欲哭。解衫示我舊戰痕，創瘢釁體斑鱗鱗。磅礴袒衣唐鄂國，激昂束髮漢將軍。我始悲翁爲翁惜，旋睨凶門意還釋。幾得通侯印繫肘，已嘆征夫尸裹革。翁今頭白有孫扶，眼看儕輩多郊墟。禍福難知同塞馬，英雄老去有湖驢。勸翁往恨休回首，與汝作歌傳不朽。吊客青蠅此日來，冠軍金爵他生受。惋我清才愧杜陵，難將文字繼丹青。瀕行徒訂監門約，弊衣吾亦老侯嬴。

蝗蟲嘆

一年決堤砦，齧糠乘屋居。一年内河漲，水宿糠籺無。今春亢暘達夏節，行人泥沙滿唇舌。拜乞天公雲脚雨，難過農夫眼中血。低田十不三四收，高田草土枯成鐵。得雨遥遥盼晚禾，命短心長五中熱。從來蝗旱定相資，斯語吾聞老坡説。果然黑雲西北來，青荄無芒木無櫱。海邦稀疏見此物，相呼鐵蜢驚蹩躃。上游走檄急坑捕，縣官奔蹌力空竭。嗟嗟造物豈不仁，薦至鞠凶坐誰闕。去冬冬盡除夕旁，眼見鄰里愁口糧。衣裝典盡到家具，持匳挽櫝相扶將。市門擠積無人望，日莫歸來涕相向。村墟寂歷煙火微，餞歲不聞爆竹颺。回首仁皇晚季時，不在人間在天上。嗚呼二十四年游食人，三年投足皆荆榛，何況懸耒閉門相對貧。

乙未閏六月初一日夜記夢

天風抱瓊臺，盪作江海聲。手拓西北窗，水遠天峥嶸。階礣石璀璀，浩與鏡面平。明月自出入，雲扉長不扃。起蹙冰絲絃，坐鼓一再行。得非飛龍引，雜以寒雁鳴。聲希月流素，梅朵霏英英。嗅梅得馨逸，有語無聲膺。粲者何人斯，忽與予目成。斧冰持作糜，飲我碧一泓。戰吻吐復嚥，肝肺餘孤清。長揖粲者言，忍寒我則能。

鄭玉樞藏邊壽民畫四首

水鶴

似聞折葦聲，沙水静皛皛。飛墮一點明，青叢窺已了。潮落月黄昏，煙漫江白曉。縱少漁篷過，得食何微渺。忍飢西復東，不見杜陵老。

蟹

昔者王文簡，堂皇治爰書。書有螃蟹名，觸公饞涎濡。遽言津門秋，今年足團臍。僚屬皆胡盧，饕悟真起予。儻遭老邊畫，豈籍逢麴車。

野馬

野馬棄廣漠，日莫散不收。主恩亮云薄，得毋汝愆尤。龍姿自矜寵，嘶齧鞦轡柔。踶趹苟害群，不如服箱牛。慎矣當門枝，勖哉駛風舟。

蜆鴨

蜆鴨原家鳧，厥名能自呼。放逐羶腥久，本性因模糊。豈惟忘爾名，兼樂趨潢污。江湖有稻粱，飲啄未云迂。落日肯回首，久立呼歸奴。

和錢給事儀吉登鎮海樓之作

積雨彌半月，卧榻寒生苔。坐使羈旅人，履綦旬日乖。晴雲吹笑聲，忽落山城隈。公也備九能，健可賦强臺。枝撑出深穽，遂栗層層階。檐危鐵鳳翔，漏盡銅龍催。獨立浩茫茫，用惻曠士懷。越岡亘修蛇，綿絡鵝潭梧。肆江白一髮，飛舞城面來。日月鼇背行，東西墮塵埃。人事何攘攘，日夜聲殷雷。番禺古都會，蕃貨稱奇瑰。闤闠咽歌吹，組練曜輿儓。腴壤帶千里，下與滄溟開。五管茲大府，俯仰增紆徊。民氣比少隘，辛苦告污萊。古者堯湯年，罷人不言灾。實佇春陽惠，嘉聲流海涯。遺愛石可籲，表廉珠可回。憑高集遐喟，勘難思雄才。一翻變徵聲，和入天風哀。

花埭翠林園諸勝

綠樹朱欄碧瓦溝，菊英葵燒坐中浮。何因地主逢迎美，比似星軺謦欬留。園中楹帖，多諸當道往來手迹。舊曲蒼凉花月夜，新波摇盪海天秋。素馨斜外斜陽遠，未許羈人一散愁。

河南張氏園亭贈勞暈

塵熇里門外，夫子自名家。水遠雲常態，秋深月正華。敲鏗聞折竹，窈窕見幽花。問字揚雄酒，侯生何處賒。

三山道中

歸鴉點江光，寒聲散遥野。輕漪溶溶媚，側景亭亭下。柴扉八九家，積稿高隱瓦。下帶獨木橋，瘦樹不盈把。略辨松與杉，落影江面寫。秋原自晼晚，風日正瀟灑。帆檣信波折，勢飽舟如馬。苦逐衆人行，年年去里社。江山豈不懷，貪嗔勝情寡。故居有茅蓬，物役胡爲者。

過關二一（士瑒）兄弟晚食兼簡張梅二生

孤往亦有適，冬心翻浩然。峰嵐低入夜，海雨急成煙。交道狗屠重，詩聲鳳咮圓。拌將二三子，泥醉燭花筵。

桃源里訪關二一書齋即同登正覺寺後山

栖栖欲何爲，坐闕佳日適。意行無深阻，庶遠物態逼。澗岡陰窈窱，阡陌古開塝。枯槎寒未黄，妥竹泫猶滴。颼颼答風泉，潭潭轉雲壁。之子荃蕙芬，洵美花源宅。林塘得幽引，農畝寡塵色。水車哀彘鳴，山吹候蟲寂。枝格曖嶔岑，蘼蕪緣咫尺。層宫眇煙閟，綫路入雲直。觀魚識淵沈，羨鳥泝空歷。谷聲豈虛傳，井渫嗟不食。大堤人正⿸厂彖，流水轂以擊。去住紛有懷，推遷日何極。終當挹希夷，移家邇三益。

典衣四絶句

典衣原不損丰裁，⿱竹盡篋筠籠取次開。我喜他家收拾好，未因金盡降顏來。

思量雜珮拋何所，約略陳書失已多。到底敝裘能戀主，歲寒時節祇饒他。
別久相逢意倍憐，記從何處話前緣。春衣與我同飄蕩，南北東西寄歲年。
綈袍贖得當金貂，恰是梧鶬不寂寥。袖底雨花襟上酒，可能留到上元宵。

守歲與閨人夜話二首

漸漸衣棱凍，娟娟鬢影深。鏡匳今共命，鐙火此愁心。萬態趨殘夜，孤思殿苦吟。高懷吾愧汝，卒歲耻言金。宋真山民詩：貴無可買耻言金。

近恙亦良已，遐憂方缺然。與卿俱省恨，明歲入中年。事往疑尋夢，親衰每禱天。翻憐株守好，說笑展春筵。

卷四　詩

春懷八首

孤生短褐走風塵，偶息蘧廬見在身。抱膝敢言天下事，論心長待眼中人。鐙花耿照聽雞夜，驛柳將縈去馬辰。只有緗梅解娱客，迎年饒放十分春。

贈履投簪迹豈疏，蓬蒿休學閉門居。題詩人日煩常侍，作賦童年擬子虛。近稿叢如牛絪大，遠方書及雁歸初。筆干氣象吾何敢，多事群英載酒車。

悤悤枯燒動陳荄，漸漸飛花落酒桮。有用年華虛攬鏡，不勝今昔强登臺。流連佳日供多病，省識名心愧不才。文字起衰思七發，向來那遽薄鄒枚。

人海波瀾日夜浮，無心我自泛虛舟。飽經憂患豪懷減，吊遍興亡古淚收。讀易正須明損益，著書何必待窮愁。開編好趁花時節，古意今情一闡幽。

從頭歲月去峥嶸，卧看天階轉玉繩。老輩憐才同命鳥，散人羈迹在鞲鷹。大科眇莽知何許，小技吹嘘記得曾。多少捬心辜負處，扁舟江海望觚棱。

月落烏啼昨夢之，舊時高李動相思。天橫古塞雲隨馬，風刮平沙火熠旗。道廣星辰同里聚，氣豪湖海有人知。居游兩地成何事，二鳥吟餘鬢已絲。謂徐佩韋台英。

稽天浮漲倒江河，往歲南雲涕淚多。大澤魚龍爭陸地，中田井稅委盤渦。瘡痍寧免三年艾，禱祀都先九穗禾。今夕語聲含樂愷，元生于蔿緩聞歌。

光風又逗海棠陰，千里韶華一寸心。春日易兼殘夢短，江流難寫別懷深。但遲鶗鴂鳴芳草，何害鷓鴣去故林。不是江南傷宋玉，明時擁鼻本高吟。

廷蔭之廣寧五首

披豁生平事，能狂亦可哀。文章寧造命，飄泊益增才。悴羽嘵音變，華桐爨尾灰。防身有長劍，寂寞拂塵埃。

雨泣麻衣雪，那堪作遠遊。巫咸終古恨，天地此生浮。蠻嶺重重樹，風檣故故舟。寢興頻記取，霜露滿松楸。

壯士行何畏，君行一失聲。小人同有母，何日息勞生。浪迹衣中綫，卑栖舌本耕。月輪應照見，永夜有餘清。

旦旦催明試，侵星戒學徒。艱劬僑衆母，束縛布黔奴。復此傷於別，難知化者樞。倒衣趨執手，三嘆問啼蛄。

擲我驪駒曲，江流應向西。休論百回讀，恐放萬行啼。棄吏惟眈麴，初昏重纚笄。定心齊去住，高卧視天倪。

談太學過六榕寺寓舍三首

垂虹飲城南，南海三日雨。羈人殢不出，坐送日月古。遥識静者意，却迹染花譜。翠墨釃欲滴，庭緑相媚嫵。而我亦掩關，萬卷照愁緒。小屋如鳧鷖，泛泛風水渚。久失蟾窺夜，亦闕雞唱午。午長點茶綱，蓬背擢煙縷。近聞新水活，干睉碧掀舞。豐年已在目，一飽先自許。逕欲覓故人，勞慰倒瓶甒。開門一笑逢，叫絶不能俯。

嵇阮去千載，投分輕鴻毛。寂寞黄公壚，無人繼石交。逴彼陳驚座，陳秀才文瑞。肅客離堂坳。略欠酒家胡，聊分麴户曹。清懽飲文字，俊謔窮詠嘲。坐久落檐花，萬竅號調刁。依人少稱遂，盡此片晌豪。夜禁畏昏黑，晚鼓紞如敲。命輿急油幕，曲折隨低高。眼襭轉燈火，耳鳴過波濤。翹坐有頓撼，況爾舁者勞。已矣付夢痕，静對挑蘭膏。

思君適見君，失喜前相持。見君還别君，對面顔色低。如遺萬金劍，意氣無憑依。我落城北隅，君去城西陲。三月一相見，終歲能幾時。人生無百歲，念此吾將噫。鄙人昨南還，月墮流黄機。入門自芳草，并鏡兹容輝。惜哉春華晏，去若風輪馳。平生意可人，會難苦多離。天地信逆旅，浩浩陰陽移。忘情若草木，吾行元子師。

寄題家明經澄湘秀坡

山半明經宅，溶溶落碧陰。江湖隨地遠，花竹閉門深。雲氣切書幌，詩聲流玉琴。一邱予亦得，昔昔寄遐心。

入月來風雨總至堤圍西漲向釁可憂感書二絶句

萬室郊原稔識灾，連雲堤呰亦堪哀。傷心屋角纖纖柳，三見衝波照影來。

短垛高墻深淺痕，二儀積雨又黄昏。哀鴻病鶴知何限，才説東風總斷魂。潦時東風則漲甚以决，邦人憂之。

和錢給事春思曲

春筍扶釵紅玉香，灑窗茜影朝曦凉。婑媠成妝弄刀尺，裁碎冰綃破春碧。銅鋪呀鎖金葳蕤，黄鳥交交撩夢思。微寒入翦妾先怨，明月墮懷君得知。紅豆飛花應結子，青陽不歸時暮矣。

珂馬丁當天路長，紫乙北游南雁翔。煙縣香銷雪生襭，陳草夢歸花滿堂。堂間蜨懶游絲卷，今時晝長舊宵短。春懷迢殢春波輭，照人斜領亦可憐，淚落空波暮雲遠。

寓齋詠物三首

竹

暑地涎綠陰，如渴覬雪盌。誰割瀟湘雲，清餉蓬萊館。簁簁魚尾垂，兩兩鴉角纂。呼奚急揮土，奈何值乾暵。真作孤生根，其一已枯榦。瑰材苦培護，况乃傷擊斷。負手對微哦，煩吁一蕭散。想當逾歲後，攢濈風柯滿。指爪偶然迹，去去良晤短。夜雨鳴秋堂，誰此搦吟管。

鳳仙花

條苗鳳仙莖，風日華色舒。吐花如玫瑰，浥浥媚我廬。七尺麑眼籬，籬表窺扶疏。匪藿而自致，實恐往歲餘。不然屋山雀，銜子於前除。遂有蜨翅來，嗜瑣眠蘧蘧。野莧不自穢，潛根抵其虛。昔聞害蒿苣，杜老增嘆歔。白苣不甲拆，兹花曾晏如。邀客問元理，兼煮中園蔬。

瓜

我昔請學圃，青碧日照眼。寧似此墻角，瘦藤橛竹綰。是時瓜豆棚，接屋手編刻。吟蜩嘒檐牙，秋蟀切牀版。科頭黄篋底，亦得理積簡。口實良可求，那慕萬金産。自從走塵土，辛苦蟲螾蝂。足趼竟何成，達者爲笑莞。遥遥漢陰甕，惻惻劉瑀限。不食匏繫兹，吾生一嘆赧。

憶弟

恨别殘半月，别懷今故園。桑田豐益歉，梅雨晝長昏。齒弱行藏決，情高笑語尊。有人傳鄭谷，煙柳不開門。

夢讀佩韋近稿即寄懷落第南還二首

東勞西燕兩恖恖，落日無端賦惱公。遠夢警回雞唱後，華年消盡馬蹏中。迷漫京國三書恨，寥亮江城一笛風。猶道文禽同困羽，可能擇木穩春叢。

近計梁鴻出漢關，五噫不唱唱刀鐶。異鄉詩句勞人淚，落日塵沙壯士顔。合出素衣朋舊見，莫催清鏡鬢毛斑。故園尚有冬青樹，歲暮山寒共往還。

寄衣

省識紫薇樹，姍姍近繡幃。日長雞報與，花落鳥銜飛。獨夢悄無力，怨心疲累欹。茂先亦兒女，宛轉寄羅衣。

六月十七日談太學招同陳秀才文瑞家明經澄湘北郭郊游晚集明經秀坡山館四首

海風饒與盡情吹，古院排闥慰所思。地愛小山招隱處，客來佳月尚圓時。悔曾慷慨留詩諾，話到平生易酒悲。獨有言情三五什，邀君塵外一舒眉。

難得樊川笑口開，緩尋延郭問蒿萊。連山莽莽飛濤下，斜日荒荒大野來。天海漸凉秋有信，興亡如夢劫餘灰。騶夷内款龍編伏，莫爲山川惜霸才。

移家申約太區區，苦訊江鄉俵寄租。耽僻客嘲揚子白，望衡吾愛丈人烏。長途疲馬慙筋力，暮雨離猨有嘯呼。知已四明狂監在，因依争不賀家湖。途次太學訂移居之約。

蓊鬱重城萬瓦漧，高齋花竹自㛹娟。澄清夜色天如水，摇盪風聲屋似船。草草栖盤真有味，恩恩詩句澀難仙。勸移且莫嘲逋客，暫妥名山結浄緣。

奉陪山長陳蓮史師登粤秀山至山亭胡太守方朔設樂置酒

到海百川匯，雄觀盡此亭。天空收蜃氣，雨急過龍腥。行幰無空谷，華鐙有落星。從來盧子幹，絲竹亦傳經。

西園郊居

雷暝不到地，遥殷雲際音。雨暘兩無朕，浩然天宇深。交疏反頹景，縣檐停修陰。平阿下來牧，高翼集歸禽。游眄有肆應，會心無獨尋。紛予冀良覿，溽暑力不任。朱炎失炙石，素月方流襟。瀲瀲水荷動，摵摵庭篠吟。正適佳日酌，遲援凉夕琴。迹故切懷曩，情新思自今。居貞北宫悿，抱獨南榮心。願言繼微尚，塵軫謝華簪。

廷蔭到得舍弟宗琦消息作長歌寄之

江鄉暑昃滃煙嵐，七十二峰飛壓檐。雞栖人家帖桑樹，外帶流水山差參。無田亦美山水縣，全家呼吸餘清甘。工愁翠袖寒倚玉，就衰白髮霜纏簪。數齡雛穉嬌養久，弄潮捉影尤跳憨。有家離家走乞米，仰俯何者非詎談。白雲在天花送淚，吾輸安豐董邵南。有弟有弟年少廉，粗穢既盡留清嚴。刪煩汰冗百撙節，入關惟取約法三。百無可詒詒汝肆，念汝辛苦予顏慙。自憐難及葛藟庇，廣厦枉用言炎炎。況聞風戾不稱意，萬家上箔憂僵蠶。愁纏似繭我心痗，命短如絲民氣熸。忽吹佳語逾重緘，此語何自自阿咸。糠籺則窄波瀾恬，凡今之人弟也堪。五柳閉門貧賤足，百花釀蜜中邊甜。我聆頓作雀躍喜，以大嚼塞饞夫貪。解手兩月萬感集，遲子來吐聯牀談。浮雲驚空赴急節，羲和浩浩無停驂。方舟泝江吾未濟，中流底處收風帆。魚函晨發鄉夢澀，雁霜夜入鐙光藍，吟肩明日愁秋衫。

雜題絶句

九衢赫日氣騰騰，三伏塵勞倍鬱蒸。掃地打鐘無箇事，就中輪與柏堂僧。六榕寺丈室。

無多門館自清華，蒲褐風甌白足家。長日如年庭似水，隔墻吹過五楞花。

幽尋一棹翦波行，分飯齋厨分外清。海幢寺圓公房。便汲井華重洗耳，桄榔陰聽畫眉聲。

喜宗琦至二首

乾鵲驚檐喜可知，解衣握手尚迷離。塵容似我吟詩瘦，古調輸君抱筆奇。江海有時龍變化，風波無那燕差池。黃齏紫蟹紅鐙影，且許從容話井眉。

江東誰似阿龍超，世味瞢騰漸不聊。久別叙談疑夢對，佗鄉懷舊倍魂銷。山城壓瓦墟煙重，灌水排風墖影搖。試向天街回首立，元蟬秋葉晚蕭蕭。

俳體戲答友人問

謹案：先生此詩道秋試也。秋試薦卷中用史事，主者不解，以麤棄之，揭曉後，主者發其卷，知先生名，悔自失焉。

譆出聽來事可嗟，矛頭淅米險些些。定知貧賤牛衣債，未了扶風處士家。略減容光滿月痕，壓驚荀令最慇慇。豐容不稱詩人婦，正好環肥瘦二分。風鬟水珮動珊珊，飄瞥氛煙一慘顏。擬抱齊紈同玉碎，爲郎名字在中間。附和隨聲到處皆，遺珠喪貝巧安排。圓明三五如珪月，見否團團在妾懷。拋到俳諧笑不禁，那言鄉土力難任。佗生願化同心藕，補種情絲入地深。來書云：「鄉土無此風致，佳人失扇子，去恐是爲地所囿，云云。」失扇事雖子虛，其言致足感也。

晨起海棠見一花矣詩索舍弟和

雞鳴庭樹白，初日上何遲。碧露悄含凍，幽花明見姿。春華歸晏歲，吟興忘調飢。信口詩篇好，原通以息吹。

過粤秀書院是杭大宗編修舊講地即呈區仁甫先生

槐階晝静陰離離，秋虆滿地凉珠垂。連步堂皇轉深閎，夏屋具與賢者宜。咄此海邦一片席，名公先後常肩差。菫浦老人號儒碩，殿前作賦摩丹墀。學老材鉅載翕受，會希賡拜追龍夔。過雨鄰翁告墻築，初昏新婦陳竈炊。優容便見盛明世，江湖魏闕皆余思。中朝嘆惜南士喜，晝以團扇繡以絲。門下羅元煥陳華封盡才俊，説詩更有何西池。一時推挽此焉盛，韓山蘇海齊等衰。天爲南方洩瑰偉，貸公手筆揚詡之。波羅廟邊峰紫翠，昌華苑外波漣漪。七級金塗鐵鈴語，雙門花漏銅龍噫。盡借登臨寫雄快，百篇在手宫商吹。勝地逋臣兩激發，寧比鬱屈哀湘纍。後來老沈亦耆舊，椒園先生。嵌壁石刻猶葳蕤。訓詞深厚文爾雅，跌宕終遜公風規。嶺南一集在天壤，名山千古欽厜㕒。我思山長匪官職，諸生北面環皋比。有時歌頌士林口，去思勝似良有司。我生繩墨托大匠，曲轅三載歸工倕。大小雅材共劘切，人師不愧寧經師。百年文獻未銷歇，今昔繼照同娥羲。高山堪仰自不朽，安事元凱沈豐碑。

李孟夔鳴韶**明次卿**倫**馮愛之**汝棠**南歸同杜城西寓舍有作兼簡徐佩韋**台英**李愷儔**彪元

湖海收身客，塵纓叩我彈。銜杯霜月皎，聽角晚風酸。斫地悲歌易，登天得第難。到憐空谷榻，幽夢汜崇蘭。

過瀾石追悼劉崧孝廉六首

纔合金華宴，俄悲玉樹沈。煙雲成過眼，貧賤失知心。楚些招何處，越吟傷至今。孝廉疾前詠白蓮句「可憐君子花，飄零墜殘雨」，竟成詩讖。那堪賦懷舊，搖落正秋深。

憂是傷生事，斯人不永年。種情原絳樹，孝廉紅帖及門而生，故小字絳生。齎恨畢黃泉。羽翠留觀美，膏明惜自煎。縣厓今撒手，靈氣想翛然。

風骨平生傲，交余首忽低。集虛名士少，邁往古人齊。逝水齡何促，尋山願已睽。趙嘉無限志，怊悵唱黃雞。

亦解彭殤理，嗟君白髮人。彌留仍子舍，皋復乃慈親。苟偃含猶視，元賓研又陳。屢思牀下拜，哀慰兩逡巡。

記昔憑棺慟，真傷執紼情。誄言應有作，悽斷不成聲。論廣朱公叔，號來范巨卿。得通冥漠否，我亦太癡生。

咫尺過瀾石，歸帆面爾居。生芻徐孺祭，死友秣陵書。哀角清霜裏，寒江落木初。煙蕪瑩草宿，流恨滿郊墟。

贈馮六愛之明二次卿時二君相約假館城西僧舍

一别如風雨，三年閒薜蘿。愛才焚硯得，結客散金多。閱世天如夢，平情井不波。惟餘遲莫感，對酒足高歌。

吾生安逆旅，今日且郊坰。佛火幾星碧，山光無數青。龍蛇有藏蟄，蘭芷合芳馨。頗快聯牀約，幽談到梵經。

六桂山樓望春之作

游鳥檐聲喧，喧聲有餘澀。春陰不到地，羃此西景急。雲膚磨未瑩，石髮泫已溼。波生搖溶溶，葉委凉浥浥。碧草天青冥，望視困遥集。百里墮深阻，煙緜兩城邑。相思負無力，寄遠來靡答。天長夢魂短，知汝芳華泣。屏營面山樓，日夕光景入。煙鬟渺含態，窈窕赴獨立。何當飛朝晴，忘憂拄吾頰。

峽山寺四首

北水奪寒峽，回回千里來。溯流三折入，鑿翠一門開。阮徑蕪隨没，禺祠筠可材。添衣夜多警，猨嗷有餘哀。

一髮尋初地，舊飛來寺。攀行頂抵尻。蠻山入烏鬼，人命颯鴻毛。鸛鶻排風出，鼪鼯得路豪。年來解齊物，未肯置身高。

栖灣古凝碧，題句不能終。照眼此梧水，曾窺蘇長公。蛟鼉寒不睡，松栝遠生風。欲語無生法，收心息梵宫。

拱別應公去，應大師，廣西鬱林州人。纜舟清我心。嘗魚寒具出，談虎夜鐙深。雲合諸峰色，風飈萬壑音。江湖方滿地，滅迹不成陰。

寄宗琦弟正覺寺山居

高齋平割鶴巢居，清簟疏簾夢有餘。人語如潮無意後，松涼潑水未秋初。偶因遠道猶憐我，得住名山合著書。坐客莫須談外事，此間風月最清虛。

韶州曹溪口有制府盧都堂遺碣慨然賦詩

昔年吐氣謁臺端，賓從威儀會漢官。較量尚憐三雅小，論才不覺九州寬。龍門峻極青天遠，鶴羽襹褷白日寒。今獨扁舟緬遺迹，西風吹淚使君灘。公嘗見謂「天下雖大，人才有數」，至今心感其言。

有憶

喇詞敷衽太丁寧，贈别迴腸宛轉傾。禪定可因香破戒，天生何用酒爲名。横塘曉發楊枝膩，芳渚春遊蕙草生。最是憶君鐙欲灺，更堪江上子嶲聲。

古勸酒

今日良宴會，急觴寧復辭。令節易風雨，情人多别離。

寄劉九潭州

行客與秋葉，漂零不轉頭。華年長旅食，湘水接離憂。鼓瑟靈娥怨，投書鵩宦愁。招魂無處所，最是古潭州。

卷五　詩

贈馮四（炳新）復試京闈

雨餘海光闊，載酒送遠離。離多疲怨心，那復歧路悲。子既無營魂，余亦拙言辭。底須折柳歌，而亂人意爲。低昂江上舟，飄褭舟上旗。且盡手中桮，去矣如發機。寧知居者腸，迴轉車輪馳。棖觸平生事，心目來依依。喉吻棘芒刺，吐却理亦宜。兩生總角交，膠漆謂遜之。子才明光玉，表裏無磷緇。言當設九賓，席上呈葳蕤。高歌眼中人，此世舍汝誰。身事有反覆，天乎安可知。風帆入大海，一發收何時。一歲折將離，一歲寄當歸。自此波面萍，各賦長相思。相思厭離合，十有二年兹。失作駏負蟨，輒用蚿憐夔。長風送天衢，今當一鳴飛。一鳴豈不慰，至竟悲無涯。容華閱塵土，未老潛凋虧。昔爲朝華妍，今作秋陽萎。酒紅辭面顏，霜縞尋鬢髭。還家拂不去，其白猶差差。里嫗不敢認，道是誰家兒。是時驀回首，怕汝涕兩頤。差喜北堂萱，留及春風吹。堂前荆樹林，窈窕華其枝。閉户盎然足，遂樂南山飢。以兹强人意，去去從此辭。杜陵遺贈言，更當慎其儀。客途有明月，遠逐征鞭揮。故人指月輪，迢迢溯心期。

感事與馮六汝棠孝廉陳九信民大令夜話大令抵足同寢即追懷尊甫心農先生二首

數百容公輩，其如扞綱終。敗群愁害馬，亂視惱飛蟲。事以心平定，機先目聽聰。不文嗤絳灌，黨論本來空。

舊日梅花帳，丰裁故不高。里豪歸掮背，海盜失如毛。州邑尊王烈，宗風續孔褒。摸牀同不寐，聽徹曉雞號。

山閣夜

集樹昏鴉定，松門夜已分。波光涼似月，人意懶於雲。衣鏡窺來悟，瓶笙靜裏聞。叩關誰剝啄，或有訪論文。

丁酉九月十八日廣州歸村泊甘竹西岸

利涉吾何有，戙船感不勝。海風搖噩夢，潮氣入昏鐙。浪作鮫人泣，終憐龍斷登。師峰迎面立，對酒兩崚嶒。

北邙山行

北邙山顛松柏桐，坐閲人代生悲風。華表荒荒日將落，牧童敲火牛礪角。宰木爲薪事猶可，昨日豐碑今柱礎。誰家發引從如雲，輀車會葬來千人。此千人者衣冠素，丹旐廞旌照衢路。金鐙不爇三泉寒，塵世變滅隨風煙。石人不語語應淚，眼見官人卜穴去。

送屠使君還楚中

使君子身需次來粤近復悼亡。

送暑迎涼過雨天，歸風剡剡促行鞭。自君之出逾三歲，此别無家又一年。駟牡倦遊長路半，孤雄尋夢故巢邊。漢南試問親栽柳，如此長條已泫然。

陳九明府走書借讀二樵山人集却題

一盞寒泉供養來，楚騷餘裔亦仙才。我師昌谷《頗能仙集》中句。前身合是梅花骨，流水空山獨立開。

南漢宫詞效李義山隋宫

紅雲宴罷火城回，丹藥方嚴水殿開。五色羊珠收寶去，四門魚鑰斂錢來。朝中巵酒恩猶渥，海上樓船事可哀。豈獨花田吊陳迹，鷓鴣飛遍越王臺。

憫潦詩呈愛之次卿兩孝廉四首

連宵發奇凍，中人毛髮灑。預憂水氣盛，西潦驚里社。數日聞訛言，滿耳雜侈哆。忽傳高漲及，羚峽三丈瀉。倒屣往視之，駭目汗盈把。激盪風雷鳴，渾濁天日赭。古潭梟窞户，滅没出寸瓦。一漲三日期，一日百憂寫。幾時誓安瀾，刑牲斬白馬。

急流既呼洶，長風復蕭颾。大堤如堅城，浮脆同輶毛。延緣一綫泥，障壅千丈濤。是時萬家命，呼吸人鬼交。鵂鶹爾何物，白日聲鳴驕。得無鬼伯使，作此絶命妖。野人聽其聲，一寸魂摇摇。有飯不暇炊，有機不得繅。重憶癸巳歲，淚落連珠抛。

中夜鼓柝來，告急踵相貫。既潰曲争頭，磯名。又報河清岸。賢哉兩孝廉，吉凶與同患。肩輿弗及待，僵走泥至骭。武力來什伯，樁掃亦億萬。一夫抱其根，投没奔湍半。一夫椓其頂，飛空奮椎健。剽疾過竿戲，勢上切雲漢。畚挶各就理，出險發深嘆。覆巢與完卵，其間不以寸。

去時五更霜，歸時二更飯。

壤地各有疆，護助亦有盟。吁惟此邦人，真不可與明。不自有其土，樂禍如佳兵。費我借箸籌，曾無簞犒情。是地豈閒田，虞芮兩勿爭。不爭事猶可，不救瘡痏成。三五垂白叟，叩頭厥角崩。藉非明公惠，百室魚頭生。揮手謝父老，我亦識字氓。内食從古爾，請勉秋稼耕。

象山社緣麓行至鬱水上沙溪乃反夜已嚮殘

水國森夜凉，明河落華甸。群動淒已寂，萬象悄彌蒨。村舂晚淩厲，戍火寒隱見。行野忻有適，發興乃忘倦。高塍石切額，迴溪路彎綫。仰登屢蹉局，俯繞乍蟲緣。浦潊漁家艇，松根綱絲罥。趁樹約鄰多，吹萍行汲便。晚食瓦盤酒，兒女雜嗔忭。世態苦喧卑，此樂讓汝先。席草接輭語，月破川浮練。落葉散魚背，清霜厲人面。更永不可留，回蹤殢幽眷。

門人老上舍鶴年送酒二首

初日上檐聞鵲喜，開函起舞動比鄰。便思説劍邀豪士，大好攤書對古人。蘿月凉添江上夢，花枝紅入鏡中春。即看臭味從同處，交道文章信有神。

平生快意説堯鍾，荏苒中年百慮空。世態漸飛言似雨，《易林》：尊空无酒，飛言似雨。懽場銷盡氣如虹。灑沈力困華離國，珮璲人憐大小東。最擬中山千日醉，嗚咨四野正哀鴻。

諸子同遊海目山還舟沙口關四兄弟留宴作詩

僂身出風檐，去去不留行。從容理襟帶，洗面塵一升。始覺天宇高，又見星日晶。交親喜我歸，提挈觴榼盈。餖飣雜軒裁，進辱儐退榮。三子益標勝，把臂山水程。入耳顏忸怩，我囊何所營。得無巖隴笑，亦教猨鶴憎。誨我達者言，合軌匪逕庭。古有占利涉，亦有不字貞。鳥還與雲出，兩兩無虧成。促袖出青蚨，買舟千丈泓。如浮博望查，去問牛斗星。隔波望松翠，頓豁雙眼明。兩崖如斷玦，後者窪以平。綫路達前崖，漸漸生圭棱。前崖兀然高，回顧若有情。平吸萬里江，削立一點青。終古流不去，永屹滄洲城。崖趾穴龍淵，牙角實崚嶒。難測支祁鏁，屢通雷電靈。至今鼓角夜，髣髴疑出聽。緣崖徑寸樹，盡作蟠虬形。尚想區中允，有誓留元扃。明區用孺先生大相愛其地，謀歸老焉。集名海目以此。鷁路失退飛，山僨亦已增。君正健腰脚，我又老笠簦。曷不此誅茆，來結江面亭。海風中人猛，五兩難久停。回頭數行迹，步步鐫心銘。重邀主人惠，一遏饑腸鳴。沈飲自展放，談諧四坐傾。昨者何局束，蚓竅鳴蒼蠅。今茲何勇鋭，膽犯蛟龍腥。乃知人一生，位置非有恒。譬彼手鏡照，愠喜本自呈。先迷不可諫，後得庶有徵。行編海目集，兼訂鄺元經。

宿鄭中書景祚西郭書莊

柳絲容裔碧波紋，繫榜撾門犬吠雲。詩倣柴桑陶處士，人呼齏菜孟嘗君。秋蟬翳樹風初定，老牸眠花日欲曛。慚愧鄭莊頻置驛，賦閒堂上息勞筋。

何兵部丈柱過寓齋言懷有述

望見須眉一灑然，得從冠蓋儼神仙。追懽我憶重三節，好士公如六一賢。神物久慚金躍冶，名山敢怨玉生煙。五湖三畝皆臣志，恨少貧家負郭田。

借居正覺寺蘭若雜詠十四首

松逕

一行松吹中，百體共淒警。羨爾鶴巢安，罡風吹不醒。

榕社

不見象山人，空餘象山社。合抱榕蔽牛，曾識吟詩者。前明黃觀察、應秀岑、司馬昌蓮等，及先叔祖烈愍公，結社於此，陳文忠子壯亦時與會。

月臺

減睡立文階，偎來石闌滑。不爲秋夜凉，惜此故山月。

山塘

夾澗松濤瀉，方塘一鑒明。勿爲泉水出，終保在山清。

藏碑亭

宋桷未崩摧，污萊何蹇澀。披莎展殘碑，野鼠作人立。

南國祇園

西士來南國，聞根兩不居。菩提本無樹，何處覓精廬。

佛堂

帝釋只垂手，修羅徒奮兵。詩家自在慧，吾服古先生。

讀書齋

水國愁潮蒸，山居信塏爽。開函索蠹魚，初旭照書幌。

西閣

拾級孤響膺，鉤簾遠原集。日落未落時，隱見征帆急。

南窗

對宇桃源里，推窗雲樹涼。但能忘魏晉，白日到羲皇。用杜句。

藕花池

風林纖月墜，煙靄浩茫茫。童子搴簾入，微聞風露香。

香積厨

僧去灑葷腥，我來潔罍卣。儒墨兩可忘，也共真一酒。

霏蕤室

誰抱冰絲絃，猗蘭調重按。美人遲不來，彈出瀟湘怨。

山静堂閒處

悄悄無人語，平檐日未西。晝長煙縷直，時有竹雞啼。

與廷光小飲懷馮四北行未還即事四首

棐几團欒對，松堂笑語新。子諒人似玉，瀲灩酒如春。事去謀生拙，心閒得句真。杖藜能數過，觴詠不知貧。

歲晏寒凄緊，庭空夜渺漫。有人當短至，罷酒憶長安。白日中原盡，青山一髮看。離亭舊楊柳，摇落角聲殘。

秋風動關塞，之子悵何依。已閱炎凉候，應隨鴻雁歸。新霜凋旅鬢，落葉滿征衣。晚卧滄江者，憐君一累欷。

翳盡初三月，霑衣細雨塵。梅花村僻路，竹炬夜歸人。故舊多行笈，平生一岸巾。回頭山院閉，煙樹鬱嶙峋。

晚出歸山館有作

掩關歲云莫，乃息輪鞅聒。夕陰藹已繁，放歌出叢樾。冒徑饑鼯竄，投林蒼鶻没。松凉落衣襦，灑潤及膚髮。何必入山深，芳華無時竭。古甃一矢遠，渟泓乳湩活。傳聞老頭陀，布金搜井渫。闢此甘露門，衆生飫瓶鉢。至今風雨昏，僧真見泉穴。事往陵谷遷，緣來香火結。我出尋素交，歸步夜光闊。慮澹追古懽，趣超得新悦。久立寒杵沈，西指銜山月。桃源井事見《九江鄉志》。

小除夜書懷四首

天高醉後欲橫參，人事侵尋感不禁。名士本來如畫餅，窮交從古重分金。一鐙促席殘年飯，孤枕空山此夜心。息盡塵機皈净土，明春相憶薜蘿深。

不及高柔少宦情，紛争雞鶩太營營。拈毫我自無中壘，擁鼻人多效洛生。蘇季陰符成底事，孫宏經術各知名。翻身且詣和神國，料理魫船待麴卿。

平原嘆逝賦何多，短夢輕塵迹漸磨。感舊情懷如中酒，遣愁詩句比降魔。門前風日都無賴，眼底山邱唤奈何。莫使流離怨充耳，東來長葛恐聞歌。

巖栖此夕稱閒身，誰憶平生漫浪人。青鳥不歸前日使，蒼龍空轉隔年春。唐花欲放先容折，魯酒能賒且未貧。差勝爾時逢臘尾，雁行債客惱比鄰。

張太學饋歲有水仙花普洱茶二種詩屬諸子和水仙花用黄山谷詩韻

一錢取看鴉頭韈，腸斷千秋馬嵬月。何如招得洛川魂，賦就微波嘆情絶。清泉手瀹煩傾城，膽缾襯帖參梅兄。湘簾不開水沈暖，修眉淡對遠山横。

普洱茶用水仙花詩韻

鄧林狂夫脚不韈，渴日急如牛喘月。癡魂忽落天西頭，矢與衆生解煩絶。誰困吟壘兼愁城，探囊欲致愁方兄。海雲墮砌春風笑，穩待今宵斗柄横。

塵沙行 德州苦水鋪作。

北行之苦莫如熱，北行之熱與南别。熱惱酷矣塵擁人，眼耳牙須喉鼻舌。乘竅而入達肺肝，欲吐不能類癥結。此塵乃若煙非煙，溯所從來不忍説。牛溲馬矢委路壖，攙入灰土吹平田。輪蹏日日蹴成屑，乾風一簸腥聞天。炎天不雨地欲赤，輿夫汗垢膠如涎。和塵一揮落焦土，雜葱蒜臭爲臊羶。車中屏氣不敢息，擁鼻分作僵蠶眠。日光炤炤眼火爍，渴望赫景低虞淵。千辛萬苦歷站遍，投肆日昳期息肩。覆面積埃厚一寸，茶鐺飯甑皆平填。舉甌吹沫勉一呷，黄沙礪齒聲鏗然。槃盂渾濁匕箸怯，翻思家食安鬻饘。仰面青冥向天訴，何當夜雨鳴潺湲。謂天蓋高聞不徹，得聞天亦厭其聒。意東而東西而西，且聽行人自回轍。古來回轍知幾人，可憐滚滚塵隨身。百千萬億恒河數，一綫蟻逐窮昏晨。八紘砥矢歸皇極，暑不停趨寒不息。大賈營貲士策名，下吏高官各于役。故人下澤愁且吁，栖栖謂我何爲與。有田可耕館可假，何因蕩析長離居。

未能免俗我亦耻，宦情何日銷塵滓。北窗高卧羲皇人，此際黑甜酣未起。

良鄉題壁

憧憧塵躅幾時删，荳店蘆溝十往還。贏得泥沙添面頰，年年馬上看西山。

卷六　文

代兆撫軍請襄陵臨汾水田毋照東南升科摺

謹案：摺稿今未蒐得，當待補刊。其未蒐得而待補者，又有《檄西山神驅狼文》《晉聯關隴禦賊三難五易十可守八可征奏記》《兆氏功臣三世家傳》《黄木灣觀海詩》。今特録摺題者，舉所尊以見其餘也。

擬請復漢儒盧植從祀摺

奏爲漢儒，功存聖籍，道備人倫，請旨准復從祀，以光大典，恭摺仰祈聖鑒事。竊聞禮有五經，蓋注疏之功大；士有百行，惟忠孝之道光。尋墜緒，愈景遺徽；表人彝，斯隆祀典。伏考漢儒盧植，涿郡涿縣人，剛毅有大節，與鄭康成同師。撰《尚書章句》《三禮解詁》，而所注《禮記》與鄭注并行後代。謹按：《禮記》一書爲群經總匯，其間兼言三代之制，不無純駁之分，而後儒立解，大約推尋義理則易，考釋名物則難，惟後漢鄭康成、盧植二人，得師説於不傳之餘，深文奥解，迥絶拔躋，誠經學之大師、聖門之宗子也。有唐貞觀二十一年，增定孔廟從祀二十二人，植與康成實在其列。當時敕撰《五經正義》，前儒傳注，何啻百家，諸臣考訂異同，至詳至晰，從祀之典，獨取此二十二人，亦可謂是非之公矣。代歷千年，未之有改。至明嘉靖九年，從輔臣張璁之議，以盧植、鄭康成學未顯著，改祀於鄉。我朝崇重經學，雍正二年，世宗憲皇帝詔，復鄭康成從祀。迨乾隆中，儒臣杭世駿著議請復植祀，與康成一體，議未果上，士論惜之。夫植書今雖不存，據《鄭志》答炅模云："注記時執就盧君。"則康成注禮，亦嘗就問於植矣。孔穎達，唐代通儒，其撰《正義》自蕭望之、許慎、賀循而外，南北諸儒，若庾蔚、賀瑒、皇甫侃、熊安生諸人，莫不抉其疵謬，疏其結轖，而《禮記疏》中所根據於植者，凡二十九條，皆與康成顯然爲異，而不敢少加評駁，至《詩疏》《續漢書·禮儀志注》《通典》諸書，均多援引植注，而有宋朱子，亦亟稱之，則植之於禮純矣粹矣，焉得以學未顯著少之也。夫康成閉户釋經，其節概在逃何進之辟，避董卓之徵；而植當漢祚式微，中人構禍，抽白刃嚴閣之下，追幼主河津之間，造次必於忠義，爲東漢宗臣第一。暨乎卓議廢立，楊彪、袁隗之徒，皆喬木世臣，坐而結舌，植獨抗論不回，抵觸凶焰，僅以人望獲免，此非服膺聖教，博習經訓，能若是其見危不奪乎？是故荀爽推九家之《易》，僶墨而就三公，蔡邕正七經之文，依佪而參末議，未有若植之勁節彪炳，炤燿史册者也。推其經術則如彼，條其行誼又如此，當復從祀，似無可疑。查自咸豐、同治以來，漢儒毛亨、宋儒陸秀夫、明儒方孝孺等，或以傳經，或以仗節，先後列入從祀，况植專家之學足範千秋，徇國之誠亦風百世，所謂隆禮由禮，經師人師，切應請旨准復從祀，以光大典，於以還千載崇德報功之舊，於以正前朝懷私變古之愆。風聲所樹，士類奮興，使天下儒紳之徒，皆知遺經之可尋、大節之當立矣。所有請復漢儒從祀緣由，繕摺陳明，伏乞皇太后、皇上聖鑒，敕部詳議施行，謹奏。

論馬加利事

案：馬加利之事，何難答之？應云：差官命吏中途遇寇之事，中國向來恒有。滇撫鄧爾恒入覲爲盜所害，咸豐初事也。江督馬新貽閱操爲賊所刺，同治初事也。當時不過命該省查辦，必責以罪人斯得而已。馬加利於雲南、緬甸交界處，所勘實非雲南地，突爲山苗戕殺，朝廷震怒，不特嚴飭該省督撫急辦，且特命湖督李瀚章馳往嚴詰真凶，盡法懲治，以慰馬加利等枉死幽魂，此正朝廷壹視同仁，視英使過於己使處，亦足見我皇太后、皇上至仁大公，不以遠近異心也。假如英國境内或有此事，試問舍戢盜正誅，更有何法乎云云。果如此説，彼雖化外獷頑，亦復何辭以應？夷〔二〕情無厭，得寸入尺，我既輭弱如此，彼之要求將來何可復問？《易》所謂：「自我致戎，又誰咎也。」見所索七款中之第二款，「欲由紫禁城出入」一條尤堪髮指。

〔二〕「夷」，原缺，據張啓煌《朱九江先生集注》補。

論派員往英事

派員往英之事，何辱國至此。舉朝[一]可謂無人，李相[二]身繫安危，先自屈辱，損中國之威，長夷虜[三]之氣，天下何望矣。回憶咸豐之事，喋血郊園，盟於城下，乘輿出遜，晏駕不還，《公羊》所謂「百世之讐」，無時焉而可與通也。今重有此大辱之事，此志義之士所以言念國耻，當食而嘆，中夜憤悱，誓心長往，終已不顧者也。

格物説跋

《格物説》三篇，定古經之正詮，屏群言之底滯，匡謬正俗，辨僞得真，使程朱確詁，復明天壤，泰山可移，此案不動矣。中明陽明王氏倡致良知之説，不求諸事而求諸心，由是心學盛興，波蕩天下三四百年，餘風未殄，可謂烈矣。謹案：《漢書》注，良，實也。孟子良能良知，不過與

[一]「舉朝」，原缺，據張啓煌《朱九江先生集注》補。

[二]「李相」，原缺，據張啓煌《朱九江先生集注》補。

[三]「夷虜」，原缺，據張啓煌《朱九江先生集注》補。

良貴之良同義，本無深解，不聞以此爲七篇宗旨也。况摘去良能，專稱良知，謂千古聖賢傳心之秘在是乎。大約王氏言：吾人爲學，不資外求。良知之體，皦如明鏡，妍蚩之來，隨物見形，而明鏡曾無留染。「無所住以生其心」，佛氏曾有是言，未爲失也。明鏡之應，一照皆真，是「生其心」處，妍者妍，蚩者蚩，一過而不留，即「無所住」處。其平日論學指歸，往往如是。然試問：良知作此解説，果有當於孟子論孩提愛親之仁否？蕭梁之世，達摩西來，始厭棄經梵，直指本心，不立文字。陽明祖述其説，并稱佛氏之言，亦不之諱，欲使儒釋相附，害道甚矣。此説中篇歷剖心學之誤，條辨如稼書、桴亭，而出以名通證明如清瀾、北海，而去其憍激。儒者有用之言，所謂闡道樹教，縣日月而不刊者也。

澹泊齋記

果堂衙齋，顔以「澹泊」二字，蓋取諸葛武侯《誡子書》「澹泊明志」之語。或曰志儉也，或曰漢人喜黄老。武侯之云，殆亦無爲無欲之旨，是故取之也。次琦曰：非也。嗜欲之熏心，如水之浸種，萌動坼溢，致無窮已，不自抑制，則起居服食、聲色玩好之緣雜然而至，於是夤緣機巧，果其貪饕而肆其求取。其在内也，干國之紀而恣睢；其在外也，形民之力而醉飽，而惡可至於滔天。故自來名臣德行，建豎不必一途，要無不本於澹泊者。謝太傅功高百辟，心在一邱；范希文斷齏畫鬻，先憂後樂。王伯安日與門生對食，孫高陽飯麤糲、忍饑勞，至於我朝圖文襄之啜豆屑、粥一盂，湯文正之莅江南未嘗食雞臛，張文貞之白果數枚、山藥三數片，高文良之紙帳蘆簾却掃一室，終日若無人，皆此志也。吾聞果堂秩滿朝京師，公子友有饋食者，值錢萬。君不懌曰：「饋食費萬錢，禮食當何如？觀若材地，故出彼人上，平昔相餉饋，亦有逾此者乎？我家餉饋若此，進而郎署，而卿貳，而宰執宗藩，何以行禮乎？」公子愯然領訓退。兄子某官某部堂主事衣弋綈謁君，袂袛且敝矣。君詰之曰：「若居要地，接要人，顧被服如此，安之乎？將以爲名也？」兄子跪謝曰：「非敢然也，兒旦旦趨公無暇晷，偶忘焉耳。」君則大喜曰：「是吾志也。」賚袍褂一襲。嗚呼！觀君之庭誥，可以知君矣。抑昔人有言，聞人譽之以卿相則喜，必非喜其鞠躬盡瘁可知也。嗚呼！果堂其同此感也哉。

卷七　文

寄馮孝廉爲陳九籌恤書

愛之足下：舟車無恙？邇者陳九梅坪，悲於臘月丙午遘疾，越七日癸丑溘隨運往。身後無子，寡妻弱女，慘慟嗚號，近識遠交，異聲同嘆。至乃里父村傖，竈姬走卒，亦用惘然。昔一國輟音，舂者解哀五羖；百身可贖，詩人以痛三良。以古方今，伊其信矣，吾兄儻亦有聞而心惻者邪。乃者繐帷虛掩，四壁風飈，食蓼捋荼，不言而喻。竊意渠同年世舊，官京朝赴上計者，咸萃都下，得否會知賵賻，遲速叨收。嗟乎！東里西華，有後遜任君之殉；素車白馬，舉喪遲范叔之來。

北行抵清遠縣與季弟宜城書〔一〕

五弟無恙？征舠既邁，遽逾十晨，顧言之懷。昔人所喟，愛而不見，如何如何！吾弟内娱讌

〔一〕《朱氏傳芳集》亦收録《北行抵清遠縣與季弟宜城書》，作者爲朱士琦。詳見後文《朱氏傳芳集》卷一。

背，外隆德聲，雖曾輿謦指而動操，召南樵山而振稱，絜其勤勞，無以喻之也。歸束裝後，待友佛山鎮兩日，乃得成行。舟師謳棹，泛若鳧鷖。游子寄音，眇望魚雁。是夜宵半，衝風驟激，頽波彌厲，玄雲靄空，夙夕不解，雨雪告零，先集爲霰，曙發盧包之汛，莫宿黄巢之磯。嚴霜隕而葭菼凄，玄冥深而若英晏。鼇頸之灘，迷茫乎津逮；龜手之藥，嘆惻乎水工。行路之難，諗我端倪矣。家累凡百，弟克當之。回睨舊鄉，心魂慰藉。惟吾弟續昏一事，軫結未忘。上有黄髮，罷勞晨夜；下有雛稚，噢咻啼笑。兹事之亟，豈煩覼縷，顧鄉土是諮，亦云省便。而此邦之人，内教陁壞，習錮既久，庸計門户。宛宛處子，或有季蘭之好；悠悠靡俗，恐入齊咻之教。天下多美，何必是求。權輿弗戒，後懊焉集。行子過計，是用慺慺。風水蹇逆，行郵遂淹。以今二十七日到清遠縣，兄弟健好，餐飯猶昔，兼多徒侶，解誨憂虞，誥誡家人，勿我爲念。從兹渡嶺，浮泭西下。楚歌千峕，湘波萬重。背湖涉江，釋舟趣陸。更復馬首斷雲，千里隨夢。雁足飛雪，崇朝灑襟。七聖皆迷之野，惘惘而驅車；耦耕不輟之鄉，栖栖而問道。山川合沓，息影何時。静言思之，百憂集矣。夫人情迹接則多忘，景逝則恒憶，歲華不居，游宴未極。往時家衖，群從如龍，齋居盤盤，言笑晏晏。東方未明，已對牀相語；西柄之揭，猶露坐未眠。論難紛起，聲與百舌競鑾；觴詠横飛，酒微一斗亦醉。魏文有言：「當此之時，忽不自知其樂也。」繇今以思，曠若星漢。擬諸形容，尚繪心目。每當落帆江滸，擁衾無寐。清角朝厲，游鴻夜吟。我懷云勞，不可説也。自惟寡薄，豈辦任官。此行邀福，或叨一第。思遂南歸，寄迹丙舍。將吾叔仲，長奉板輿。對鵲占門，徙魚築宅。陸機之屋，不間乎東西；何點之山，略分乎大小。時及霜露，言羅雞豚。祀先之餘，兼以速客。雖甑生塵而日晏，風吹蘀而歲寒。而風詩教睦，取鹿食之相呼；金石歌商，結鶉衣而不恥。明明如月，長照其素風；温温恭人，永垂爲家法。閉門養親，至於没齒。雖三公上衮，百城南面，何以易此哉？其許我乎，非敢望也。有問訊者，達此蹇言。音塵未積，風雲逾闊。家食餘閑，幸勖光采。勞人草草，筆不抒心。

癸卯在南沙陳氏賓館有勸以遷教都會者因布家人書

以周公之上聖，日讀百篇；以孔父之多能，韋編三絶。學者殖也，不殖將落，况庸虚如某者乎。某非不知遷地爲良，或可多出儋石，然學子百輩，終日卒卒，豈復有須臾暇邪？今孝廉船便，冬杪復擬計偕，萬一僥幸，此身遂非己有，爾時雖欲假片刻餘閑，補平生所未及，那可復得。昔范希文以先憂後樂爲己任，讀書長白寺垂十年，畫鬻而餐，斷齏而食，雪案無寐，燔敗葉自温；孫高陽作諸生，授書關外，年四十矣，布衣徒步，往來飛狐倒馬間，數從塞下老兵，問阨塞險易士馬强弱之數。是二君子者，伏則泥潛，出則霆震，發皇耳目，驚爆天下，非偶然也。某雖無似，志事豈後於古人，是用辭富居貧，使故業可理。然且廣厦細旃，峩冠坐論，供養過二公遠甚，恐將來藉手不中，與二公作厮養僕耳。凡此慺慺，不足爲外人道也。

抵山西寄兄弟書

隱石三兄，宜城五弟，鈔得鄉録，知吾弟强臺又蹎，垂翅秋風，怊惋何如也。雖然，君子藏器於身，俟時而動，艱貞之志，有待而行，究亦無所容心耳。嚮者次琦毦毴廿年，曾無一日之戚，吾弟所親見也，匪曰冲襟獨遠，亦見夫天下事，苟非我所能自主，憂焉無益，即亦任之而已。昨九月十五日，在漢鎮上車，擬取道汴梁，卒亦不果。蓋次琦之繞行之汴也，亦以睽違函丈，垂近十年，且江寧公在晋日久，可以慰謁恩門，可以諮請地方所急耳，而世俗遂以爲持之有故，竊從旁相稱促。在臨湘時，夏憩亭太守迎謂曰：「君到汴梁甚好，貴師木君先生與新晋撫季公同鄉同年，素稱契密，首府郭公亦潘公同年也，得潘公爲君先容，賢於十部從事矣。」洎過湖北訪謁宦楚同鄉諸公，議論與夏太守無異，或且羡師門得力，嘖嘖稱嘆者有之。昔晋人欲加禮於王丞相，馮懷以問顔含，含不答，退而有憂色，家人問之，曰：「吾聞伐國不問仁人，曩者馮祖思問佞於我，我豈有遺行與？」今兹之事，次琦不敢薄今人也，惟愧省身克己根氣淺薄，使別嫌明微之操，未能卒白於天下，皆次琦之罪也。君子立身行事，當昭昭如日月之明，離離若星辰之行，微特較然不欺其志而已。安能隨波靡、犯笑侮、招逆億，以察察之躬，爲當世所指目邪？且即不敢自作身分，而世既未能免俗，一概以相量矣，將或枋柄在手，又安能昌言正色、直己而直人邪？十一月初三日恭領部照，十八日到省，廿三日禀到。目下晋省人員冗塞，候補知縣積至八十餘員。内即用班，亦多至十五員未補，連次琦在内。彼中人僉謂捐遇缺者多，故各班俱壓，捐指省者衆，故候補日繁，積壓甚即補缺難，候補多故，署事亦不易，大約署事總要年餘兩年，補官則三四年不等，然祇據目下情形而論，將來捐輸花樣無窮，即亦不能懸斷也。并州之域，少燠多寒，舟檝不通，物産騰貴，需次其間，器服薪水之資，芻馬僕賃之費，居大不易。總之君父之身，既不敢自屏寬閑，偷安於昕夕，平生之學，又不敢苟圖徼幸，自隳其廉隅。去留久暫之間，必稍需時日，乃能自擇，此際政難臆決耳。有訊予者，爲我謝之。一官萬里，嵯峨太行。身遠目窮，白雲何處。家食餘閑，幸勖光采。己酉十二月十四日，次琦頓首。

寄伯兄書

弟到晋以來，涉歷吏事，深知此事之難，且暗悼邇來講究此事之人之鮮，人人以一官樣作官，民生何賴焉。又竊見邊方日皺，時事多故，實不勝杞人漆室之憂，恐將來謬當事任，喪所懷來。故於武備、倉儲、河渠、地利諸書，不得不重加搜索，有可借者，無不往借，至無可借處，猶出候補勉强之錢購之也。次琦謹禀。

答康述之書

弟晉中需次補缺，尚無其期。然自省庸虛，正須閱歷，即稍稽時日，爲將來逭虛筐之誚，固可以少安無躁耳。兄知我者，以爲何如？弟見住山西省城浙江會館，館後室爲典守僧禪堂，西偏屋數間，即其出息，弟賃居之。出則徒步，入則齏鹽，作官是何物事，不過與和尚們隔壁耳。昔魏敏果官京師時，不携眷屬，王漁洋尚書作戲詩嘲之云：「三間無佛殿，一個有毛僧。」弟今有佛，勝環翁遠矣，一笑。

答明同年書

珠江别袖，握手無温，鱗羽既沈，羲望遂積，願言之懷。古人所喟，愛而不見，如何如何！接二月廿四日書，知與南邨、璞軒、硯農共賦北征，群雄振羽，各吐鏗鏘。前唱歸仁，後賡賀世，快慰何如也。足下外振國華，内嚴庭誥，展采錯事，正在此時，興滅之云，良所未喻。碧海四丈及愛之、棠邨兩公就官有期，暫作六月之息，原不爲過。我家小阮，往爲波臣所窘，驚魂未定，假歸殆亦人情。社中諸君子，鄉書輒復報罷，玉三獻而遭刖，博十擲而得韃，才不偶遇，足堪於邑。然得南邨、璞軒爲吾黨吐氣，駏負則蟨趨，蟲鳴則螽躍，鬱鬱久居，諸君子當不其然。獨君族次卿，溘隨運往。竟弱一个，敕目將除。潛舟遽悼，悲夫悲夫，無祿至此乎？去秋聞耗，爲位以哭。中間惘惘，愴焉彌月。自惟寡薄，百不稱遂。平生愉懌，乃在人倫。歘去交親，徘徊歧路。曷日曷月，孤僨獨居。繾綣良辰，則停觴靡樂；惓言夙契，則采葛憂吟。猶復遘閔人琴，慟傷哀樂。知己之言在耳，泣瓊之淚盈懷。他日逝水知歸，會言近止，過斛斯之居，聆山陽之笛，朋酒滿目，獨闕斯人，能不憒結喉衿、惻剥肝肺也哉。僕留滯晋陽，抗塵走俗，準之道素，彌益慚顔。此地人員，積薪之故，足下應具知之，仍歲勞忉，家兄畹亭在都，自皆詢悉。選人恒患，每在憂貧。歷相九州，此邦爲甚。僕往者家食屢空，鄰於殆庶，今云釋褐代匱，合於曩編，東坡云：「獨有羈旅人，天窮無所逃。」僕之謂矣。出接人事，車馬如龍。言笑掀豗，飆發雲會。宛其入室，無與爲驩。鐙火蕭然，便同蘭若。涼風振闥，秋蟲鳴階。聊復循除，咄咄自語。參横斗仄，匏瓜在天。悵然不覺遠道之增欷，繁憂之易入也。雖然，晋國亦仕國也，君子之難仕，伊古已然，何況今日。莊生謂：「知其無可奈何而安之若命。」況其實有命者邪？安之而已。足下得意留都，看花多暇，時復賜裁牋問，敷衽論心，或嗤慕賢愚，或銓衡雅俗，旁及政術，兼詳文藝，藉以藻暢襟靈，蠲祛首疾於萬里之外，獲一隅之益，亦索居之一快也。縈鬱既久，芬響自殊。洗光咸池，擢秀蓬閬。亦其理也，諸君勉之矣。欲言千萬，臨筆翳如。報謁起居，心泝何極。

赴襄陵寄兄弟書

伯兄大人，仲兄大人，宜城老弟鈞喜。次琦差旋反寓，得宜城來札，家事種種，曉悉一是。來札云：「兄弟各人，都已窮慣，米薪麤給，支詘亦所不辭。遠道加餐，勿煩南顧。」至哉此言，澹而彌旨，非吾兄弟守分敬身，各安義命，吾弟積年見道，漸近自然，何以有此雄雉之詩，聖者嘆之矣。真令歷碌勞薪，軒渠一笑也。次琦奉檄訪緝郭志一案，該犯旋在通州被獲，此役便可銷差。因續委查辦關外事件，以致留連。六月十三日輪委到班，於口外和林格爾地方，接署理汾州府孝義縣之檄，星馳回省，收拾起身。廿七日又奉委署平陽府襄陵縣告病遺缺。兩缺長短優詘，不甚相懸，更替之由，具有緣故，俟到家面陳。然默驗平生，事皆前定。守素之士，愈知天命之有權，而人謀之不能以豪髮參者，即此一事，倍畏天明。次琦於廿九年出山，本鄉陳兆康兄送行詩中有「孝義似君名易副，詩書供我債難償」之句；羅蘿川侍郎亦有贈别詩，末云：「平陽古帝都，俗有堯民雍。君來續干羽，我將播笙鏞。」二詩見藏篋篋，又可詢兩家而得。數年之事，萬里之遥，何機關之示見乃爾邪，然則人謀又何爲邪？此事竟可補入唐鍾輅《前定録》中。見擬七月十二日起程，二十日接印，即天雨泥濘，不能寬期數日，祈代爲昭告祖宗父母，俾在天之靈，庶幾一慰，且藉以默相顓愚，使無隕越，幸甚幸甚。是地土沃民醇，尚稱易治，且水泉疏衍，人物秀良，有秔稻，有蓮菱，有魚鰕，最近南中風景。卸事大概在冬臘之間。無具之身，初膺民社，雖加勖勤慎，未知將來能勝任否，勉之而已。七月十一日，次琦謹啓。

答王菉友書

菉友先生閣下：人來辱賜手函，感悚無似。重讀前翰，知數月來眷矚鄙人，甚殷甚亟，且復勤勤懇懇，若許爲可與語、可與道古者然，耆舊之推誠，大賢之善誘，固如是其無町畦也！循誦再四，至於涕零。僕少無宦情，又不習吏事，州縣之任，非所克堪，此出蓋爲親知逼迫，勉强一行。待罪來襄，奉職無狀，瓜及便當棄去。進惟周任陳力之義，退奉柱史止足之誡，不如是固不可也。自惟寡薄，童牙未萎，猥已接迹通人，恭承大雅，中間浪迹，若驟若馳，若謬若迷，而終無所泊棲，四十之年，忽焉至矣，誠甚愧，誠甚懼也。思欲屏迹幽遐，追平生所不逮，古人已遠，來者難誣，歲月侵尋，未知果有成否。先生超超出處，行與道俱，洨長晋城，差堪比匹。末學仰之，政如濱海蜑人，持蠡飲渤，不過取飫口腹而止，莫能測其際涯也。大著鄂宰四稿，謹已登領，撰述日新，實事求是，尚冀源源寄讀，開我見聞。方今士習日灕，根柢侻薄，不知伊於胡底，人材陁壞，職此之由。天不憖遺，海内耆髦碩生，翳然將盡，後生不見老成，即聾從昧，將謂讀書學仕，不過爾爾，甚可悼嘆。仰繼前良，下覺來裔，以續百年來經師之緒，非先生而誰。伏惟頤性嗇勞，爲道自愛，欲言千萬，紀綱遄發，使平昔蓋闕之疑，未及貢諸左右，獨恃厚愛，吐罄肝鬲，輒復頓盡，惟矜其直，不責其狂愚，幸甚幸甚。壬子重九後十日，琦頓首。

又答王菉友書

菉友先生閣下：別後刻欲走謁霽除，飫承德範，不意後政劉君，延至二月上旬，始行接篆。卸署後，又爲交代一節，絮絮至今，屑瑣凡猥，最不堪爲長者告。日來乃漸有成議，一得蕆事，便如脱鞲之鷹，不復能暫羈此地矣。僕南歸之議，往復自決，然江楚阻兵，竟未卜戒塗何日。意兩人繼見之緣，蒼蒼者尚猶未靳，故遲遲我行邪。句讀鏤板，一兩月想可告竣，大著中有未刻，望分録給，若行篋携有家集及鄉先正名集，亦分數種，拙輯《國朝名臣言行録》所取資也。此書成後，尚欲仿黄梨洲《明儒學案》，輯一書以著我朝一代儒宗，顧不欲分漢學、宋學，如江鄭堂《師承記》云也。見聞隘陋，未知果有成否。其例略容寫録就正。大約月終乃到，山川回洑，我勞如何。復啓不盡慺慺。二月九日，琦再拜。

去襄陵後答王菉友書

菉友先生閣下：歲月易得，違侍遂已一年。孑孑行路，間以兵荒，牋訊遂希。同此邦域，輒已如是，異時東海南海，津涉萬里，其爲契闊，可勝道邪？比奉五月十六日惠書，勞問甚厚，益用惶愧。又省知動静多豫，且浩然決引身之舉，甚慰甚慰。昔人所謂其出也若雲，其處也介于石，恢恢乎自我詘信，與道圜方者也，瞻佩無任。僕去夏反自襄陵，即以不才自棄，申請往復，歲盡乃獲給咨，而江楚兩路，均已不可行矣。中間曾肅手書，具述歸里後，當仿温公、蜀公故事，僭爲閣下撰傳，以貽學者。并陳屬草雌槐癭賦，僕遬寡韻，尚須潤飾。今承督促，則知此簡未達籤幨，不審何處洪喬，竟爾沈置，奈何。平陽陷没，公私塗炭，其爲酷毒，如何可言。方春衙覲，風日正繁，冠纓之徒，魚鱗雜集，大守留髡送客，接梧舉觴，竹肉紛流，譚諧間作，白日既匿，繼以脂燭。當斯之時，都市如故也，士女如故也。春容愉夷，昌丰潤澤，何圖數日之間，陵谷遷貿，府主寅僚，溘焉頓盡，甚可痛哉。以此忽忽，怳若有亡，加以宿食東西，車不絶軌，鞭轡稍休，頗欲修理故業，而憂從中來，停簡輟毫，感舊傷懷，潸然流灕，誠不復能措意文字間矣。近雖栖尋舊宇，譬如池魚籠鳥，時有山藪江湖之思。設秋後内地仍不可通，決意道津門航海歸矣。幼安危坐，巢父掉歌，古之人有行之者，丈人聞此，必謂生好勇，過矣過矣，哂之邪？悲之邪？大著《釋例補正》，益復精博無餘憾，《説文句讀》刻成，幸更覓便惠致。世難方殷，靡知所底。項領之嘆，詩雅以嗟。然竊惟自古泯棼之會，玄黃戈馬之秋，天命民彝，必不可以一朝絶。不絶則宜有所寄，寄斯鉅者，宜在修學好古之儒，秦氏以還，如伏勝、申公、許鄭、二劉、熊安生之倫是也。閣下勉旃，自愛而已，頃何以爲娱，頗復有所造述不。僕既不作河東之行，無緣復詣大治，悠悠之别，道阻且長，知復何時，更得一面，能重奉皋比，開吾扺殢不？南望於邑，辭不叙心。六月廿有八日，琦再拜。

答徐次功書

伻來承惠教函，驚聞賢郎紅蘭委露，行道傷心，弟緬邈關河，有疏奉慰，悚仄何如。捧誦明示，謂「既已視事，不得不忍痛辦公」，大哉斯言，令人欽服無地。方今天步屯邅，時艱孔棘，政使居父母之憂，猶當墨縗視戎，金革無避，豈况兒女之私。劉越石不爲一兒，富鄭公未嘗哭女，純臣之誼，烈士之胸，與閤下而三矣。區區跳梁，竟釀作門庭之寇，時事如此，可勝憤嘆。然韓侯嶺爲省城第一重厄塞，得閤下守之，正如老羆卧道，太原自可恃以無恐。昔傅修期上馬擊賊，下馬作露布，自言年六十九；張東之年七十舉賢良，便建擎天之勳。少陵云：「男兒功名遂，亦在老大時。」閤下勉之矣。閤下辦理防堵，軍資礮械，一一齎備，往後更可源源接濟，日來想籌畫有緒，小醜未必能來。萬一其來，則我以逸待勞，以主待客，以險待夷，以精鋭待疲乏，彼直來送死而已。

復郭中丞書

某於月之二日，接奉由縣專人發到賜書，仰叨慈注。捧函祗誦，光動里閭。所以委曲而誘進之者，至周極渥。猶復導之以舊遊之懽，示之以式廬之雅，雖盧毓之禮張琦，主簿奉書，信陵之迎侯生，市人增色，以今況古，光寵爲多。聞命兢慙，心顔罔播；敬諗大人體國公忠，受天庥命。旉惠於三山五嶺，通道於九夷八蠻，夙隸帡幪，靡不喁戴，矧依譜末，尤願趨風。旌節甫臨，即擬晉瀆尊嚴，貢誠左右，病軀偃蹇，事阻從心。伏念某海濱之鄙人也，世守一經，家徒四壁。疇昔苟圖禄仕，亦有歲年，遯尾蠱上，豈伊素懷，巢林鑿坏，與之殊轍。屬以身嬰痼疾，緜歷十載，肝氣失調，脾風頻動，每遇顫發，涉旬逾序。加以入秋痁作，乍冰乍火，昌黎譴瘧，文字無靈；潘岳閒居，聰明彌拙。匪云離棼遠俗，保其幽素，聊欲蠲疴導和，就成省曠，不交人事，職此之由。若謂膏肓泉石以爲名高，其於乃心，翩其翻矣。脱獲刀圭少效，氣力稍充，分即鞠跽鈴轅，恭承榘訓。鈞諭乃云：「當以小隊過訪深山。」此誠古大臣忘分下交之至懷，發潛顯幽之盛節也。若某者文義不豐，行能無算，曾持吏版，自異幽貞，大人任方國之重，時事方殷，日不暇給，一旦勤大府之高牙，就空山之小草，人聽惶惑，衆論紛呶，縱不疑大君子偏嗜之奇，必且重山中人虛聲之誚，弗敢承也，亦非所望也，願垂意而深察焉。

又復郭中丞書

次琦於前月月晦接奉廿八日賜書，渥叨垂注，仰見大人虚己念舊之殷，有加無已，下懷感激，莫罄言宣。伏讀頒到淺語十六條，鐫砥物情，而肝膈迸露，語語載隆人正俗之思以出，陳承祚所謂公誠之心，形於文墨，足以知其人之意理而有補於當世者，庶幾近之，敬當與父老子弟誦服而訓行之也。政成化光，拭目竢之，爾而鈞論，猶以謂苦心焦思，莫知所從，則誠鉅人君子欿然不自憙之深衷也。古大臣昭融契合，功施而澤究，名成而道昌，良亦發皇耳目矣，而獨其殷憂痻嘆之私，時若有不釋然者，流示於語言文字之表，何者？魁閎之士，慷慨豎立之才，其許身至伉，而待物至厚，其憂時至深，而望治至迫，天時人事，或不能驟副所期，則鬱伊之感易作。閒讀古人著作，若高平涑水遺文，暨近世王陽明、盧九台諸公文集，輒低佪想見之，蓋非獨一世然也。次琦少無學術，長益迂愚，不幸仕學無成，又以病廢。大人過聽浮虚，獎稱高躅，誠許與之意厚也，而實事則竊未然。昔孟陋見禮於桓公，人謂陋學爲儒宗，宜參府事。公嘆曰：「會稽王尚不能屈，未敢擬議也。」陋聞之曰：「桓公正當以我不往故耳。」億兆之人，無官者十居其九，豈皆高士哉！我自疾困，不堪羈命耳，非敢爲高也。古人成言，特符鄙事，比益沈緜，至乃不任拜起，有孤延擥，速戾何極，瞻望崇轅，踧踖而已。伏惟含宏之度，原其簡侻而不責其狂疏，幸甚幸甚。

與老爲謙書

爲謙足下：良久不面，比想讀禮興起，慎攝爲慰。僕前在鄉，時得明君次卿書，中及足下中闈違言至欲離逷一事，僕殊駭眙。足下天性温良，湛深名理，突有此事，諒非無故而然。雖然，不可不善處也。足下在鄉黨中，雅負清望，望之者衆，即求之者深，况庸俗之情，望風逐影。方今尊堂棄養，大婦持家，而足下適有此舉，形迹交關，易滋多口，即喙長三尺，誰能家至而户説之。語曰：「非常之原，黎民所懼。」又曰：「君子防未然，不處嫌疑間。」今至戚如次卿，且不見諒，况悠悠行路之人哉。僕與足下，情均骨肉，人議足下，是議我也。聞此以來，如芒刺在喉，吐却始快。少年作事爽直，境過時遷，每留後悔。《晋書·王獻之傳》稱其遇疾，家人上章禮神，法當首過。問其有何得失，對曰：「不覺餘事，惟憶與郗家離昏。」獻之前妻，郗曇女也。又陸放翁棄唐氏後，終身嘆惋。所賦《釵頭鳳》詞及《沈氏小園》諸詩屢訟其事，至今讀者，輒爲心惻。賢達且然，何况我輩。聊舉一二，以見覆車。知愛有年，心腑相照，必不以歡歡取罪。次琦頓首。

答吴澄溥同年書

不見遂三十年，一昨枉過高軒。相視須麋，都非疇昔，爲之憮然。然此三十年中，閣下讜論在朝廷，仁恩在畎庶，蚤晚卿雲重麗，高掌遠蹠，建樹更無窮期。以視弟之學仕無成，知難先退，牛宮馬磨，中爲鄉人没齒，其度越可涯量邪？辱書獎飾逾恒，使寒窗偃蹇，人不衣而暖。適窗外有霜菊數叢，菉萼蚤梅一本，對之展讀，覺晚香幽韻，同入襟懷，快何如也。伏省莊居多豫，風雨閉門，日與古人相對，尋見在可行之樂，補平生未讀之書，甚矣閣下之嗜學也。閣下自笑耽此是平生痼習痼病也，痼於書，所謂不病病也。昔伊川程子還自涪州，貌加豐睟，門人問故，程子曰：「力學之功也。人不學，便老而衰。」每省斯言，爲之惕息。頃見閣下酒栝譚笑，雖辭氣雍容，議論猶復英發，衮衮千言，夜分忘勸。李延平涵養服人，錢世儀精神滿腹，殆兼有之與。卅年前促膝三館時，意興初無少異，則是無故，則能取求於學，故東坡云：「嗟余老矣百事廢，却尋舊學心茫然。」弟輩坐擁皋比，真令慙顔無地矣。歲暮懷人，往往增劇，盼閣下春融再到，情在於斯。子貢言：「盟可尋也，亦可寒也。」弟則謂：「盟可尋也，不可寒也。」蓋望公如望歲矣，敬書此以當息壤，謹復大安，惟鑒不盡。

南朝人物如蔡興宗者，較之同時諸人，才識亦頗可稱述。始終宋代，亦無一身二姓之嫌，惟其濡迹逆劭之朝，受其太子中庶子之秩，此李充所謂不及寧生之如愚伯玉之可卷者也。毁方喪節之誚，夫復何辭。來教斥爲五代馮道一流，誠確論也。謹按：魏晋以下，理道不明，恥尚失所，常有號稱名臣，智勇超出，而委贄累朝，靦顔陳力者，時論亦恬然不以爲怪。顧亭林《日知録》正始兩段，見卷十三。趙甌北《陔餘叢考》六朝忠臣無殉節者一段，見卷十七。言之最悉。嗚呼！此程朱講明性道之功，所以扶天綱，立人紀，追配孔孟，而與天地無終極也。閣下以爲然乎？

答求書者書

鄙人惡札自嫌，罕嘗捉筆，賢契所知也。近益頽唐，日滋嬾鄙，就以書法論，堪與碧玉老人充厮養役乎？伏惟善辭，免留笑柄，即愛人以德之事耳，惟照不莊。

答李鞠圃太守書

鞠圃先生、公祖大人棨下：　福星指粤，皓首黄童，一𠫤額手稱慶，洵兮人願天從也。南交草木，舊日皆知公名，西漢循良，此日樂觀公治。行縣一郡以暨一方，縣一方以覃四遠，杜子美所謂得結輩十數。公落落然參錯天下，爲邦伯萬物吐氣，天下乂安，可待者也。其爲殷祝，可勝道邪。方生回，拜手書及燒春之賜，恭悉五馬遄臨，吉祥止止，而弟竟不獲一叩行幰，修部民之敬，禮失則愆，于心有忡矣。弟自送別後，都無好懷，五月家弟不禄，人倫之威，不言可知。涉秋以後，困于瘍瘡，卧閤十旬，杖而後起。小人薄祜，福過灾生，《周易》以消息盈虚爲天行，物理自當如是。自今以往，惟有退藏加密，思日孜孜以畢餘年而已。莅郡何時，報政時來，不無公暇，老眼未枯，接梧舉觴，尚能信眉一笑，特未知天假之緣否耳。祇復恭賀大喜，兼請勛安，惟鑒不備。

治愚弟朱次琦頓首。

卷八　文

南海九江朱氏家譜序

譜牒之學，史學也。《周官》奠繫世，辨昭穆，掌於小史。《史記》紀五帝，汔夏、殷、周、秦，并詳其子孫氏姓。而《世本》一書，《漢志》隸《春秋》家。蓋先王譜學之設，實與宗法相維，而表裏乎國史。宗法立，而士大夫家收族合，食至於百世不遷。而奠其繫世，辨其昭穆，朝廷且爲之庀官司、藏册府，是故黄農虞夏之胄，閲數千祀而可知也。世禄廢，宗法亡，譜學乃曠絶不可考。漢興，天子奮於草茅，將相出於屠牧，率罔知本系所由來。魏晋至唐，仕宦重門閥，百家之譜，上於吏部。維時官之選舉，必稽簿狀，家之昏姻，必等門第，而譜學復興，歐陽氏修《唐書》，有宰相世系之表，隱示國史家牒相爲表裏，且謂世族之盛，諸臣克修家法致然。迹其編纂論述，若創前史所無，然通人碩儒，咸許其湛深古誼，能探先王制作精意，蓋創而實因也。五季喪亂，圖牒盡湮，一二儒生，乃欲掇拾補苴，冀存古宗法一綫。及夸者爲之扳附華腴，虚張勳伐，或至不可究詰，譜録一家，遂爲識者厭薄而去史益遠矣。吾族之有譜也，自明萬曆丁丑文學公學懋始也。

文學溯始祖勵七世，當是時也，子姓服屬未遠，恩義緜結，風氣醇龐，其仕者精白一心以從王事而不有其家。其父老教讓教謙，敦長者之行；其子弟以讀以耕，鮮諺誕之失。即一二宦裔貴游，徙宅省垣，號稱豪宕，然日散千金，親故多待以舉火。一時數播紳家法，以吾族爲優，微特家乘之先立也。厥後一修於處士公昌瑶，在國朝康熙丙申。康熙以來，無踵事者。道光丁未，次琦歸自京師，之官山右，父老祖予，酒次及之，異聲同嘆。咸豐初元，亟加討論，以寇亂中輟。亂已，次琦亦假還，共申前議。於是宗人朝議大夫奎元兄弟，慨然願任脯糒剞劂之費。乃會推吾弟明經宗琦主稿，而宗人上舍士仁、士報、景熙佐之。次琦不揣檮昧，斟酌今古，成序例一篇，授以從事。是役也，置局於己未之春，斷限於辛酉之臘，以今年正月鐫竣，刊易再三，編摩况瘁，歷十一寒暑而書成，實費白金二千三百兩有奇。夫然後十有二卷之書，繫世之源流，昭穆之近遠，恩榮之覃被，祠廟之宗禋，墳瘞之阡原，藝文之津逮，孅惡之登削，遺軼之甄尋，直而不汚，信而有徵，不侈前人，勿廢後觀，敢云美備，要其規模亦略具矣。次琦行四方久，竊慨風俗日益以敝，而親情日益衰，不啻漢史所稱「斗粟尺布而骨肉不相容」者。朝議兄弟獨能推鉅貲不色吝，近又增置祠，嘗捐白金三千兩，而宗人翰林待詔銜國恩亦捐千兩，其諸義重千鈞，利輕一羽者，與於以見吾先人之遺澤長也。《詩》不云乎：「戚戚兄弟，莫遠具邇。」又曰：「豈無它人，不如我同姓。」自兹以往，願我族衆，咸喻於古者宗譜相維遺意，而使内外有別，長幼親疏有序，有無相賙，吉凶患難相恤，膢臘祭饗飲食相周旋，毋以財失義，毋以忿廢親，則吾家世德作求，安見不如浦江鄭氏、江州陳氏諸義門書之國史以爲美譚者？《宰相世系表序》曰：「門祚之盛衰，雖視功德厚薄，亦在其子孫。」烏乎！可不勖哉！可不勖哉！

南海九江朱氏家譜序例

古者譜系之書，天子曰《帝繫》，諸侯曰《世本》，《周禮·小史疏》。而通上下而言，均謂之譜。桓譚謂太史公作《世表》，并效《周譜》是也。《梁書·劉杳傳》。魏晋代降，初曰某氏譜，《世説》劉孝標注引王氏、謝氏、吴氏、孔氏諸譜，止稱某氏譜，又屢引王氏譜，獨王倫一條稱《王氏家譜》。紀尚書昀疑「家」字爲羨文。後曰某氏家譜。《隋書·經籍志》有《楊氏家譜》，《唐書·藝文志》有謝氏、吕氏等家譜。又有别撰稱名者如《摯氏世本》、《世説》注。《裴氏家牒》、裴守真撰。《劉氏家史》、劉子元撰。《范陽家志》之類。盧藏用撰。以上俱見《唐志》。《文心雕龍》曰，譜者，普也。注序世統，事資周普。則譜乃紀世之正名，古所命也，故不從其異也。繫以其地，稱南海九江，志别也，有同姓而異望，同壤而異族者也。趙郡東祖《李氏家譜》，《唐志》。四明槎湖《張氏族譜》，《國史經籍志》。是其例也。右序名譜之例。

譜以合宗，且有世系支派，然後諸譜中諱字有可稽，昭穆有可考，故首列《宗支譜》。鄭漁仲謂三代之後，氏族合而爲一，則以地望明貴賤，使貴有常尊，賤有等威。《通志·氏族略》。漢有《鄧氏官譜》，《隋志》。唐有《衣冠譜》，又有《官族傳》，《唐志》。氏族書第門閥，有自來矣，故《恩榮譜》次之。譜所以明孝愛，作一本之思也，故《祠宇譜》《墳塋譜》次之。譜所以守文獻，備一家之故也，故《藝文譜》《家傳譜》次之。其餘遺聞逸事，不列於諸譜者，散碎爬羅，亦述家風，修世録者所不廢，潘岳有述《家風詩》，明粲有《明氏世録》。故以《雜録譜》終之也。右序分編之例。

古人自序，如屈子《離騷》，馬、班二史，罔不上溯姓原，譜牒亦然。見《漢書·揚雄傳》注引揚雄自叙譜牒，《世説》注引《温氏譜序》。《唐書·宰相世系表》，盧陵《歐陽氏譜》，老泉《蘇氏譜》，并沿其例，乃古法也。宋朱長文《朱氏世譜》，《絳雲樓書目》《述古堂書目》。明朱右《邾子世家》，《明史·藝文志》。今固未見，然姓族源流不可不考也。近時諸城《劉氏譜》，景城《紀氏譜》，均以不著族姓源流爲慎，蓋非古義。譜必有圖，旁行邪上，《周譜》例也。《劉杳傳》。《後漢書·盧植傳》所謂同宗相後，披圖按牒以次可知也。《通志略》有《錢氏慶系譜》，復有《錢氏慶系圖》。《國史經籍志》有《仙源類譜》，復有《仙源積慶圖》。王介甫作《許氏世譜》不爲圖，歸熙甫自作《歸氏世譜》亦無圖，非是。圖必分房，《唐書·世系表》例也。始祖下定著三房，不曰門，《通志略》有崔氏五門家傳。不曰派，《絳雲樓書目》有吴越錢氏分派略。不曰眷，不曰枝，《唐表》裴氏分西眷、中眷、東眷；陸氏分魚圻枝、丹徒枝、太尉枝、侍郎枝。僻也，故仍稱顒觀房、存著房、繹思房也。圖以四世爲一部，服窮於四世也。膠州法坤宏撰《法氏譜》，以四世爲一部，謂服窮於四世。格盡別起者，重書一世，明有所承也。《歐陽氏譜》詢書第一譜之末，又書第二譜之首。圖皆書名，臨文不諱也。《蘇氏譜》於祖父之名加諱字，《歐陽氏譜》從其同譜者，今從歐譜，一族之公非一人之私也。名記原名，更名一名別微，使後有考也。《唐書·世系表》《宗室表》栻初名橦，《劉氏表》齊賢更名景先，《裴氏表》遂一名從，《鄭氏表》珏一名綺。名闕者，唐表易稱某，《宗室表》富陽令某，《柳氏表》某朔方營田副使。今代以方空，古義也，《逸周書·穆天子傳》闕字代以方空也。名後書字與爵，古譜類然也，見《世説》注引諸家譜。雖別字亦載也。見《後漢書·虞詡傳》注。無爵者，《魏氏譜》稱處士，《世説》注引《魏氏譜》曰：顗字長齊祖允處士。又引陸士衡《薦戴若思表》曰：伏見處士。沛國戴淵盜賊亦稱處士，不可從。今不從，惡飾也。漢代碑陰，民與處士別也。《蘇氏譜》注，不仕今不注，無庸注也。妻前後娶，必書妾，亦書正家也。庶子不書所生母，統於嫡也。異出之子，不分書，統於父也。《景城紀氏譜》之例。立繼者，所生所後必互書，責爲人後，且不替本生也。湯敬升《族譜議》之例。居址必書，聚族也。《唐表》居成紀居解縣洗馬川之例。僑它境必書，重出疆也。《唐表》徙河中、徙聞喜之例。異姓抱養削不書，干犯刑辟削不書，棄親出家削不書，防亂宗也。《膠州法氏譜》之例。若夫支派失傳者附書，《荀氏家傳》例也。《世説》注引《荀氏家傳》曰：巨伯，漢桓帝時人也，亦出潁川，未詳其始末。故登閣嘴房，列於譜也。後裔無考者附書，七房鄭氏表例也。《唐表》七房，鄭氏大房白麟後絶，第三房叔夜後無聞。故世絶無屬，列於譜也。附居址圖，從類也。右序《宗支譜》之例。

唐許敬宗李義府等奏請刪定《氏族志》，以仕唐官五品以上皆升士流，於是兵卒以軍功進者，亦得入，搢紳嗤之，號爲勳格，《唐書》許敬宗以貞觀所定《氏族志》不載武后，本望李義府亦以其先世不見叙，更奏删正。是知氏族重清門，不徒侈膏粱華腴也。郡姓中三世有三公者曰膏粱、有令、僕者曰華腴，見《唐書》。然《世説》注歷引諸家譜，凡著録之人，靡不詳其起家歷官者，即舉孝廉不行亦具於牒。王倫一條注，引《王氏家譜》曰：倫，字太冲，司空穆侯中子，司徒渾弟也，年二十餘舉孝廉不行。而《唐史》括《氏族書》爲《世系表》，則凡中外顯僚，降至簿尉、執仗、挽郎無弗具載。其階資則自孝廉有道及第明經，以逮陪位出身吏部常選、兵部常選胥録焉。可知有一官者無弗書官，有一資者無弗書資，正古法也，故都録之爲恩榮譜也。若夫制詔璽書，古錫命體也。旌節孝旌耆壽，古表宅制也，是恩榮之鉅者，故以起訖斯篇也。右序《恩榮譜》之例。

世守祠墓，孝子孝孫之心也。然晋博士傅純議曰：冢椁以藏形，而事之以凶；廟祧以安神，而奉之以吉。送形而往，迎精而還，此廟墓之大，分形神之異制。祭者求神之道至多，而獨不祭墓，《晋書·東海王越傳》。固知祠墓有先後也。朱子家禮謂古之廟制，不見於經，且今士庶之賤，亦有所不得爲者，當先立祠堂。今考祠堂之稱，名義最古。王逸序《楚辭·天問篇》云屈原見楚先王之廟，及公卿祠堂，畫天地山川神靈奇詭之狀，因書而呵問之。據此則祠堂蓋起於周代。我家祖祠建於明嘉靖，時當夏言奏請士庶得通祀始祖之後，見王圻《續文獻通考》。蓋非直無僭古經，正善承朝廷德意爲之。江陰楊尚書名時曰：「祀始祖則族有所統，足與譜系相維。然則祠廟譜，系義相成也。附以坊表第宅園亭樓閣之屬，禮營宫室，宗廟爲先，居室爲後，序也。」右序《祠宇譜》之例。

記云：大夫士去國，曰奈何去墳墓。宗子出疆，則庶子望墓而祭。古人重墓，故墓亦載於譜。《隋志》有《楊氏家譜》狀并墓記一卷。元戴表亦有《小方門戴氏居葬記》。譜塋墓，非創也。紀氏譜并仿金石例爲圖，潘昂霄《金石例》引《古金石例》云：墓圖作方石碑，先畫墓圖，有作員象者，内畫墓樣，各標其穴某人，其石嵌之祭堂壁上，無祭堂則嵌於圍墻上。今不從，族蕃不勝圖也。圖以嵌諸墓，非以橅諸譜也。譜墓用羅經甲乙，分正隅，非徇形家言，辨方也。子謂防墓不可以不識，辨方所以識也。右序《墳塋譜》之例。

《裴氏家傳》曰：榮，字榮期，河東人，撰《語林》數卷，號曰裴子。《世説》注。是爲家牒詳著述之始。今載著述，區分四部，存佚俱收，隋唐二志例也。《隋志》注亡篇，《唐志》不復識別，明焦竑志《國史》經籍從《唐書》注者，紀其實，不注者昭其慎也，今亦不復注也。標目後揭原書序跋，《文獻通考》例也，或附騭評，亦《通考》例。《通考》又本之晁氏《郡齋讀書志》、陳氏《直齋書録》解題也。右序《藝文譜》之例。

有家譜，有家傳，魏晋間各自爲書。《世説》注有《李氏譜》，又有《李氏家傳》，有《袁氏譜》，又有《袁氏家傳》，有《王氏譜》，又有《王氏世家傳》。隋唐兩志家傳入傳記，家譜入譜系，惟《舊唐書·經籍志》合爲一類。然《唐志》譜系類，有《官族傳》，有《孔子系葉傳》，則傳亦譜也。傳稱世傳，按世爲傳，據范汪范氏世傳文也。序述之文，歐陽氏、蘇氏皆名，蘇氏乃至名祖父，族譜後録，稱吾祖杲，吾父序。今不從，惡斥也。禮，子孫得稱祖父字也。《儀禮》祔祭之祝曰「適爾皇祖某甫」，以隮附爾孫，某甫是也。又周公稱其祖曰王季，屈原稱其考曰伯庸。曰某公，據白香山家狀、柳子厚叔父墓版文也。其無官者亦稱公，據吴仲山碑文也。漢故民吴仲山碑稱吴公仲山，洪适謂故民者物故之民也，見《隸釋》。婦必繫某公配，妻以夫爲綱，即以夫爲名也，傳稱武王邑姜，史稱周公阿杜是也。《左傳》昭元年，當武王邑姜方震大叔。《南齊書·周盤龍傳》盤龍愛妾杜氏，上送金釵鑷二十枚，手敕曰：餉周公阿杜。《歐陽氏譜》亦曰睦夫人、欽夫人也。有封者稱封，無封者通曰安人，從時稱，亦沿語類稱夫人例也。《朱子語類》無爵者曰府君夫人。漢人碑已有，只是尊神之辭。曰原配，據《晋書·禮志》文也。《禮志》前妻曰原配。曰繼配，據王介甫《葛源墓志文》，介甫又據《儀禮》也。《儀禮·喪服傳》繼母之配父。不曰繼室，古之繼室，非妻也。説詳《左傳·隱元年》杜氏注及孔氏《正義》。不曰中娶，中娶見《世説》注引《温氏譜》。不曰次配，次配見《韓文昭武將軍李公墓志》。皆僻也。婦詳祖父族里并及親串，《世説》注引諸姓譜類，然《碩人》首章之義也。傳中年壽可考必書，卒年可考必書，史家例，亦譜系法也。《世説》注引《周氏譜》曰：翼年六十四卒。《三國志·管寧傳》注引《先賢行狀》曰：王烈以建安二十三年寢疾而終。女可紀者，未嫁已嫁，内外得并書，《唐志》王方慶王氏女記例也。在室者章女美，出適者爲家榮也。傳中事行要在不誣，湯氏所謂弗録有善，録而冒，皆不敢也。《族譜議》。傳末必注所據書，示信也，遠法歐氏《百越先賢志》，近本阮氏《國史儒林傳稿》也。右序家傳譜之例。

錢易記吴越世家事迹，撰《錢氏家話》一卷。《通志·藝文略》。胡元吉記其家世遺事，著《桐陰舊話》十卷，《國史·經籍志》。所謂數典不忘也。或資誦法，或系掌故，或備譚諧，括之曰雜録，以《唐志》孔至姓氏雜録名之也。右序雜録譜之例。

歐、蘇二譜，以其所及知者列爲譜圖，其疏遠者不紀。蘇氏止録本支四世，而令族人各自爲譜，謂各詳其宗，合之則至於無窮。夫惟族人不知爲譜，故仁人孝子，慨然思作譜以合之，而又令其自爲族，不仍歸於散乎？歸氏有光謂：「爲譜者載其族之世次名諱，其所不可知者無如何其，可知者無不載也。」王氏元啓曰：「既舉族而謀之爲之譜，以合之大體，自當畢載，無閒於遠近親疏。」今不從，存收族之遺也。

史兼勸懲，美惡并書。譜言勸不言懲，故稱美不稱惡。《春秋》爲親者諱，厚之至也。《唐表》於張氏上官氏世系，美惡不諱，張氏世系稱通儒仕安禄山，上官氏世系稱漢右將軍安陽侯桀生、安車騎將軍桑樂侯以反伏誅。今不從，不欲以先人愧子孫也。婦改適，舊譜皆書，庶氏之母，孔門不諱，經義也。晋《王氏譜》，并離昏不諱也。《世説》注引《王氏譜》曰：獻之娶高平郗曇女名道茂，後離昏。今不從隱。夫《凱風》，孝子抱無言之恫者也。

儒者泥於古經，動謂大宗無子則立後，小宗無子則不立後，無後者，古有從祖祔食之禮。明儒田汝成、羅虞臣，國朝諸儒柴紹炳、汪琬、徐乾學，俱據此立論。新會湯氏、高安朱氏之爲譜，且齗齗争之，以謂夫人皆爲立後，不協於古。湯敬升《族譜議》，朱軾《族譜解惑》。是惡知古者大宗，諸侯世國，卿大夫世禄，宗人莫不恃以收族合食，是以百世不遷。今則井田世禄之制絶而宗法廢，人人可以爲卿大夫，則人人可以爲別子之祖，《禮記大傳》別子爲祖，繼別爲宗。注：別子謂公子，若始來在此國者，後世以爲祖也。繼別謂別子之世適也。族人尊之，謂之大宗。陳氏祥道曰：諸侯之適子孫，則繼世爲君，而支子之爲卿大夫者，謂之別子。有自它國而來於此者，亦謂之別子。有起自民庶而致位卿大夫，亦從別子之義。此三者各立宗而爲大宗，所謂繼別者也。陳氏澔曰：別子有三，一是諸侯適子之弟別於正室，二是異姓公子來自它國別於本國不來者，三是庶姓之起於是邦爲卿大夫而別於不仕者，皆稱別子也。爲祖者，別與後世爲始祖也。別子未必非支庶也，而謂支庶不立後可乎，而况小宗乎？宗法既廢，所謂世適而號爲宗子者，或貧且賤，無廟與祭，彼小宗支庶之無後者，祔於何所，食於何人，何以使之有所歸而不爲厲乎？金匱秦尚書蕙田著論非之，是也。詳見《五禮通考》。今不從，禮貴從宜，亦以義起也。

自廬陵歐陽氏爲譜，本出於渤海，而必兼載千乘之族。眉山蘇氏，本出於眉州刺史味道，而必兼載趙郡扶風、河南、河内之蘇。爾後爲譜者，往往兼及它郡之賢，以著族姓人才之盛。歸氏有光爲《夏氏世譜》，黄氏宗羲爲《黄氏世録》，則雖其并時，而異派者亦列之。歸熙甫爲夏太常昶作《世譜》，録夏元吉，湘陰人，輔相五朝，蓋與太常并時而異派者。黄梨洲自爲《世録》，《雜記》先世行事之可考者，及它處黄氏之賢者，如石齋黄道周，漳浦人，與其父御史尊素并時亦載於録。其尤異者，馮氏元颺爲《馮氏譜》四篇，其第三篇臚列異姓戚鄙諸顯人以表門閥，今皆不從，惡扳附之嫌也。

朱子注《論語》《孟子》，正文遇國諱則缺筆而不改字，注則無弗避者，其注《易》亦然。錢氏

《十駕齋養新録》云：見趙順孫《四書纂疏》及吳革所刊《易本義》，班班可考。洪氏《隸釋》謂漢人作文不避國諱，《樊毅碑》「命守斯邦」、《劉熊碑》「來臻我邦」之類，未嘗爲高祖諱也。石經「邦君爲兩君之好」與「何必去父母之邦」，皆書邦作國，疑漢人所傳如此，不爲避諱而然。謹按：洪氏之説非也。石經奉詔刊樹鴻都門，豈樊毅等私碑可比，馬、班二史，及漢人著作，多避邦字，即所引述《論語》文亦然。如夫子至於是邦、善人爲邦百年、一言而喪邦、雖蠻貊之邦、懷其寶而迷其邦、邦君之妻、危邦不入、在邦必聞、邦有道不廢、邦有道則知、邦有道貧且賤焉、邦有道穀之類，多改邦爲國。使石經全文尚存，其悉避可知。譜中凡遇應行改寫、應行缺筆等字，俱欽遵累朝聖旨所有新刊書籍照頒行恭避字樣書寫之諭。應行改寫、應行缺筆字樣，詳載《欽定科場條例》《欽定學政全書》。雖易舊譜無嫌也，所以嚴功令也。又順治七年以前，廣中用故明隆武、永曆年號。伏讀御批《通鑒輯覽》，唐、桂二王年號，欽奉革除。故譜中記載，但書唐王、桂王某年，不復題其年號。雖易舊譜，無嫌也，亦以嚴功令也。

譜中文字，或前後異文，未歸一律，蓋徵引異書，采訪異手，參差錯出，亦事勢使然。《日知録》曰：「五經文字不同者多矣。」更有一經之中而自不同者，如《桑葚》見於《衛詩》，而魯則爲黮。《鬯弓》著於《鄭風》，而秦則爲韔。左氏一書，其録楚也，薳氏或爲蒍氏，箴尹或爲鍼尹。今按：同一語助，而書之粵若、曰若，先後攸殊。同一人名，而《禮》之子貢、子贛，篇章互見。《論語》則無亡、惟唯并用，《孟子》則由猶、或惑雜書。凡若此類，不可枚舉。至《説文》一書，引用尤多。錯出如《易》以往吝，又作以往遴。爲的顙，又作爲馰顙。

重門擊柝，又作重門擊欜。《書》鳥獸氄毛，又作鳥獸褎毛。方鳩僝功，又作旁求孱功。濬くく距川，又作睿畎澮距川。若顛木之有甹櫱，又作若顛木之有甹枿。《詩》桃之夭夭，又作桃之枖枖。江之永矣，又作江之羕矣。江有汜，又作江有洍。静女其姝，又作静女其妭。擊鼓其鏜，又作擊鼓其鼞。是褻絆也，又作是泄絆也。衣錦褧衣，又作衣錦檾衣。薈兮蔚兮，又作嬒兮蔚兮。赤舄掔掔，又作赤舄己己。驒驒駱馬，又作痑痑駱馬。不敢不蹐，又作不敢不趚。瓶之罄矣，又作瓶之窒矣。無然詍詍，又作無然呭呭。憬彼淮夷，又作穬彼淮夷。《春秋傳》忨歲而濊日，又作翫歲而愒日。《論語》色孛如也，又作色艴如也。更不可枚舉。然則經典流傳，亦非一律也。故未之改也。

書序在後，古例也。《周易》序卦與《詩》《書》之序，舊俱列篇第中而退居於篇末。《序卦》移於李鼎祚，《書序》移於僞孔傳，《詩序》移於毛萇，今惟《序卦》復其舊。周秦兩漢書籍，如《莊子·天下篇》《史記·自序》《淮南子·要略》《越絶書·叙外傳記》《潛夫論·叙録》《鹽鐵論·大論》《文心雕龍·序志篇》，皆同斯例。《漢書》之《序傳》，《華陽國志》之《序志》後語，大序後復有小序也。隋唐以後，序文始列篇首，又小目列上，大名列下，亦古例也。《禮記·曲禮上第一》疏引吕靖曰：既題《曲禮》於上，故著《禮記》於下。此古本小目列上，大名列下之證。大名又謂之大題。陸氏德明云：《毛詩》故大題在下，馬融、盧植、鄭玄注《禮記》并大題在下，班固《漢書》、陳壽《三國志》亦然。詳《經典釋文》。唐刻石經皆大題在下，如《詩經》卷首《周南》，《詁訓傳》第一列於上，《毛詩》二字列於行下，所謂大題在下也。宋元以來刻本皆移大題於上，而古式遂亡。紀尚書昀云：陸游《南唐書》尚繇古式，語見錢曾《讀書敏求記》。錢少詹大昕云：余曾見宋淮南轉運司監刻《大字本史記》，亦大題在下。然二者於書，無關宏恉也。姑從時式亦可也。右序全譜沿革從違之例。

朱氏傳芳集凡例

一、古者著書，罕標義例。自漢有《春秋釋例》，公車徵士潁容撰。魏有《周易略例》，王弼撰。始以例言。至杜預序其《春秋經傳集解》，謂經之條貫，必出於傳，傳之義例，總歸於凡，遂有發凡舉例之説。書標凡例，此爲權輿。乃者家集編摩，何關著述，而抗希微尚，竊有别裁，約貢數端，用籤首簡。

一、古人文字，不以集名。《漢志》載賦、頌、歌、詩一百家，皆不曰集。晉分《四部》，荀勖撰。四曰丁部。宋作《七志》，王儉撰。三曰《文翰志》。亦未以集名也。文集題稱，始見梁阮孝緒《七録》。《隋書·經籍志》以謂别集之名，漢東京所創。屬文之士日衆，後之君子，欲觀其體勢而見其心靈，故别聚焉，名之爲集。然則古所謂集，乃後人聚集前人所作，非作者自稱爲集也。今薈萃家言，正符斯恉，猥名曰集，諒非甕言。

一、書目集部，有别集，有總集。其總集，有總當世之集，有總一家之集。總録當世者，始於《文章流别》，晉摯虞撰。後來《集苑》謝混撰。《集林》，劉義慶撰。其流也。李善所謂「搴中葉之辭林，酌前修之筆海」是也。總録一家者，著於《廖氏家集》，唐廖光圖撰。後來王氏《文獻》、録王氏褒、肇、亶、佐、譯、希、旦、昺、杲諸人作。《陳氏義溪世稿》，録陳氏周、棖、振、梱、焯、燿、遲、達諸人作。其類也。陸機所謂「詠世德之駿烈，誦先人之清芬」是也。是編專輯上沙朱氏著作，聊便置懷，匪云縣國，揚榷古今，銓衡雅俗，夫豈敢然。

一、古人文集，秖以名氏命篇，南朝張融創加美號，融有《玉海集》十卷、《金波集》六十卷。而總集之《玉臺》《珠英》仿之。徐陵有《玉臺新詠》，崔融有《珠英學士集》。其在家集，則李氏《花萼集》、李乂尚，一尚貞。竇氏《聯珠集》、竇群、常、牟、庠、鞏。謝氏《蘭玉集》，宋《汪聞集》，謝安等十六人作。咸緣義錫名者也。若夫傳芳之集，編自洛陽相君。錢惟演輯祖父以下作，名曰《錢氏傳芳集》。傳芳之録，定於金華學士。宋濂哀集家文，名曰《宋氏傳芳録》。不揣弇陋，濫與同稱，猶之解詁繫傳，罔避雷同，會要蒙求，弗嫌數見，思存竊比，擬愧非倫。

一、劉勰《文心》，明詩先列，昭明《文選》，備録詩歌，蓋詩即文也。爾後《文粹》《文鑒》諸書，《唐文粹》，姚鉉撰。《聖宋文鑒》，吕祖謙撰。稟承靡異，但姚氏惟取古風，真德秀《文章正宗》同。吕氏兼遴近體，同源各委，稍别衡裁。竊謂五言、七言造端三百。劉勰謂五言《召南》《行露》已肇半章，孔穎達謂七言如彼築室于道謀，是其始唱。排比聲韻，具體梁陳。陽湖趙氏謂陰鏗《安樂宮》新宮實壯哉，《雲裏望樓臺》一首竟是律體。謂唐律不與漢魏同風，則漢魏亦未與風騷合派，徑涂日闢，運會攸開，觀其會通，理無偏廢。

一、昌黎古文，尊曰起衰。王楊時體，亦云不廢。曰駢曰散，兩藝分馳。全椒吴氏，謂一奇一偶，數相生而相成，尚質尚文，道日衍而日盛。暘谷幽都之名，古史工於屬對；覯閔受侮之句，葩經已有儷言。道其緣起，略見源流。沿流似分，叩源即合。所謂古文若膚，不如駢體，駢體有氣，即是古文，信也。《蕭選》渾合不分，於義爲古，謹循往躅，不復分門。

一、程試之文，是稱帖括，昔人總集，間亦兼收。《英華》采取律賦極多，《文苑英華》，李昉、宋白等編。《文鑒》亦登經義數首。其專書别見者，則《唐志》之宋元嘉策，《通志》之賦苑，徐鍇所集律賦。《文獻通考》之宏辭總類，陸時雍刻。《指南論》淳熙以前時文。《擢犀策》《擢象策》，元祐至紹興科舉場屋之文。皆專書也。風簷所限，晷刻成文，置列藝林，不無軒輊。是集概不羼入，别録以行。

一、選家棄取，古有微詮。吕氏編《宋文鑒》，朱子謂其有取於文理佳者，有文雖不佳而事理可取者，有文理且如此而衆人久以爲佳者，有文理不甚佳而人賢名微恐其湮没亦編一二者。水心葉氏謂其鉅家鴻筆，以浮淺受黜，稀名短句，以幽遠見收。近世朱彝尊輯《明詩綜》，或以詩傳人，或以人傳詩，大指在崇正抑邪，與一代國史相表裏。兹編録止一家，無斯干系，然原集具存，爰施決擇，零篇散落，必與甄尋，固云手澤念先，蓋亦匠心師古。

一、我上沙始祖諱子議。爲元時處士，明興不仕以終。厥後儒學蹶興，盛於嶺表，自嘉隆以汔啓禎，幾如王筠所言，明德重光，人人有集。省邑志乘所著録，名家總集所選掄，可考而知也。

不幸明季省垣之變，湖州公府第淪没，諱謨，有承德第在會垣大市街五僊觀側。篇籍多湮，而侍郎、學博兩公舉義於鄉，侍郎諱實蓮，國朝賜謚烈愍，舉義師殉，難詳《明史·列傳》、《欽定勝朝殉節諸臣録》、《御批通鑒輯覽》唐桂二王本末及各志書。學博諱名臣，官高明訓導，殉難，詳《沛國世紀》。身殲家踣，宗族竄亡，累傳文獻，半就零落，雖其間瓌瑋絶特之作，亦自歷劫不磨，然已存什一於千百矣，可嘆也。今輒網羅存佚，與國朝以來之粲存者，校録於編，其有續收，竢登後集。

一、揚厲宗功，光宣嗣德，烜赫鴻懿，多賴文字以傳，薈合成書，最徵傳守。《隋志》有太原王氏《家碑誄頌讚銘集》二十六卷，是其先聲。後世風流彌劭，好事益多。投贈則有《朝彦過顧况宅詩編》《名臣贄种隱君書啓録》祥符諸賢與种放書牘。《艇齋師友尺牘》。南豐曾季貍師友書，其子濰輯。餞送則有《賀監歸鄉集》《白監歸東都詩》。哀吊則有《考德集》强至輯韓琦薨後祭文挽詩。《蘇明允哀挽》。壽言則有《世綵集》。政和中廖剛曾祖母、祖母享年最高，俱及見五世孫，剛作世綵堂奉之，人爲賦詩。靡不琅琅炳炳，炤燿來兹。它如士大夫篇詠唱酬，出風入雅，若漢上題襟、松陵唱和諸册，又不勝數矣。式衷古誼，略與搜求，都爲外集。

一、德施文選，不録生存。孝穆玉臺，并登見在。竇常謂《文選》以何遜在世，不録其文。其人既往，然後其文克定，故所捃拾皆前人作也。謹按：論人以蓋棺而允，譚藝亦以没世而公。去噉名學士之謿譏，就公是先生之筆削，勿矜諱世，遂議藏山，竊以不登見在爲正。其存殁之例，正集以作者爲斷，外集以所爲作者爲斷。

朱氏捐産贍族斟酌范氏義莊章程損益變通規條

一、完國課。各家義捐産業，每年應納地丁正耗銀兩，管事人務要掃數清完，毋得分毫拖欠。

一、增祠祀。祖祠向例每歲孟春舉行春祭，祭畢，族内子孫同堂合食以餕祖宗之餘，頗有合於《國語·士庶》人歲惟一祀之義。其墓祭，則祭畢闔族子孫各領胙肉一分。惟程子謂冬至祭始祖，一陽之始，依其類而祭之，人人皆宜自勉。今擬添冬至合祭，族内子孫皆令到祠隨班行禮。祭畢，照墓祭例，各領胙肉一分，其支發銀兩，依牲牢時價低昂，不爲拘限。

一、優耆老。每年冬月頒給冬衣度歲銀兩，七十以上每人給銀一兩四錢，八十以上二兩一錢，九十以上二兩八錢，及百歲，每年給銀七兩，其豐饒不願收領者聽。又頒喪事銀兩，七十以上每人給銀一兩四錢，八十以上二兩一錢，九十以上二兩八錢，及百歲，給銀七兩，其豐饒不願收領者聽。

一、端蒙養。每年四仲月舉行倍經之會於祠堂，許族内學童年十五以下端重樸醇者，執經求試。仿《唐書·選舉志》，以《禮記》《左傳》爲大經，《詩》《周禮》《儀禮》《爾雅》爲中經，《易》

《書》《公羊傳》《穀梁傳》爲小經，各長老認真面試，以倍誦如流、默寫不誤者爲合式。大經賞銀七錢，中經三錢五分，小經一錢八分，以此經領賞者本年之内不許復執此經求試。能通倍五經，每經給賞外，另加獎銀一兩四錢。通倍七經，二兩一錢。通倍十三經，三兩五錢。其佻達頑劣者，經雖熟記過不賞。

一、教成材。族設家塾，每年敦迎甲乙科中學行兼備者爲師，其有素孚士論，畜道德而能文章，則不以科第論。脩金銀二百兩，膳金銀四十兩，贄儀節儀迎送夫馬銀二十兩。令子弟受業，其中月課奬賞隨時散給。或有茂才異等，覃精經史，博通掌故，講求吏治，修述辭章，仍仿照阮文達公詁經精舍、學海堂事例，厚給膏火，以示優異。其不修士行，貽玷門風者，擯出塾。塾中購置書籍，用資見聞，應給銀數，臨時酌量，不爲拘限。

一、廣登進。祖祠奬勵子孫赴考應官，卷資路費，皆有成例。捐項下擬加子弟應試銀縣考七錢，府考七錢，院考七錢，生員歲科考加銀一兩四錢，貢監生員報考遺才加銀一兩四錢，生員考拔考優加銀二兩一錢，貢監生員大比入場加銀二兩八錢，拔貢優貢廷試加銀一十五兩，舉人會試加銀二十兩，舉人大挑一等赴官加銀三十兩，進士即用赴官加銀四十兩，部曹中書回京候補加銀五十兩，庶吉士回京散館加銀六十兩，榜探回京供職加銀七十兩，翰撰回京供職加銀八十兩，其銀皆届期支給，不得探支。若銀經支領，赴試者無故而不入場，應官者無故而不進京、到省，領去之銀照數追還。

一、恤惸嫠。族内孀婦，有無子無孫，阨窮堪憫，每年冬月給冬衣度歲，銀一兩四錢。係老疾顛連，不能自食，給銀二兩一錢。若遇饑年，族中義倉按名賑濟，該孀婦領賑外，應得之銀，照常支給。

一、收孤露。族内孩稚男女，父母雙亡，期功親屬無力收養者，管事人查明，告知族長紳耆，酌量體恤，無令失所。

一、施棺槥。族中男女亡故，委係無力買棺，有待鄰里攤合者，管事人查明，給棺銀七錢，十五以下給銀五錢，十歲以下給銀三錢，四歲以下不給，已殮埋者不補給。

一、施墳地。捐産項下置義地一邱，編列字號，號容一棺，不許寬占。族中男女亡故，委係無力買地，有待鄰里攤合者，管事人查明，給地一號安葬。屍柩久停，親屬零落，將至暴露者，給地一號安葬。棺已歸土，圖遷義地不給。小口不給。

一、籌意外。捐産項下所有田畝基塘及城鄉鋪舍，儻遇水火之阨，租息減成，其年應行支撥各數目，即照見年收得成數折算支發。如收租三四成、五六成、七八九成，管事人將有成數、無成數各租息通盤打算，看得若干成，即以若干成支放，無庸勉强補苴。其收受者，毋得以常年定額取盈，致貽舉債虧産之累，各安所遇，勿替遠猷。

一、留推廣。族屬日繁，男婦約計五六千口，若仿義莊事例，口日給米一升，歲給絹一匹，夫豈易言？特各家捐出置産實銀尚多，將來産業陸續增置，租息亦陸續增加，贍族事例，原可踵義莊往躅，日推日廣。彼江州陳氏、浦江鄭氏通財世世，號爲義門，族鮮單寒，芬流史册，亦事在人爲耳。

一、防虧空。族分三房，祠嘗分房輪管，每年值理到班，預於上年十月責成該房紳耆將人名舉出，接辦後或有侵吞虧空情弊，責在該房賠補。今捐産出入數目，亦交本祠見年值班帶管，不另選擇賢能。議定租銀一兩抽出三分爲管事人酬勞，酬勞之外不許分文挪借，儻有侵吞虧空，責在該房賠補，與祠嘗同。

一、建義倉。族繁人衆，現存義倉資本無多，尚須子母相權，厚集其力。將來遭荒放賑，賑銀、賑米、賑粥臨事將情形察看，擇善而從。若夫差別極貧、次貧，省視大口、小口，防其擁擠，掖其顛踣，閑其男女，藥其厲疫，熟思審處，事有萬端，總期痛癢相關，使血屬周親不淪浩劫而已。

一、勸族居。《周禮·大司徒》以本族安萬民，一曰孅宫室，二曰族墳墓。鄭君注：同宗者，生相近、死相逼也。《孟子》井地之議亦云：「死徙無出鄉，出入相友，守望相助。」古人勸親親，固如是也。《義莊規條》身不住平江府者，米絹錢皆不給。今恪遵前典，凡不在九江堡居住者，一切頒給均不許引族誼分霑。惟擢科第者，膺仕宦者，謁祖旋鄉，則不應避棄。蓋策名清時，爲宗族交遊光寵，仰體祖宗之心，尚顧而樂之耳。

一、修條例。天下無不敝之法，亦無不變之法。考《范文正公集·義莊規矩》，文正創舉以後，奏請御批者再。英宗治平元年范純仁，寧宗嘉定三年范之柔。指揮修定者十有二。自文正至之柔凡五世，自英宗甲辰至寧宗庚午凡百四十七年。嘉定以來至於今指揮修定者，又不知凡幾。而《義莊》猶巋然屹然，赫赫若前日事。遥遥華胄，食德如新。薄海訓行，人無異望。固由明德之遠，其世守有人維持不墜，有足多焉。《易》曰：「物窮則變，變則通，通則久。」今之條例，後日有任維持修定之責，如范氏後人之繼美希文者，予日望之。

卷九 文

明贈嘉議大夫兵部左侍郎原任四川夔州府知府朱公神道碑

昔漢治多循良吏，至六朝而衰矣。而宋元嘉中，始興從事朱萬嗣少豫，獨以廉聲振海内，讀史者豔稱之。明祖奮起布衣，重親民吏，吏治號不污，至中葉而衰矣。而我八世從祖夔州公仕神宗朝，以治行第一，拜璽書之賜，夔州廟祀至今。朱氏自兩漢三國以來，人物盛於東南，爲甲族四姓稱首，而其良吏俱出嶺表。南海九江支系，又始興分也，然則公之經德秉哲，以追配於前人者，豈偶然哉？公諱讓，字次夔，號絅庵。先世居始興，北宋改曰保昌，爲保昌人。南渡末季，有諱元龍者，奉令甲徙南海，汔今爲南海人，徙居七世至公。考文直蚤卒，公貴，贈承德郎。公既幼孤，敦敏嚮學，治《毛詩》《戴記》，能噂其精。與陳參政萬言、陳同知良珍、從兄通判謨結侶劘切，舉嘉靖三十七年鄉試，公車十六載始成萬曆二年進士。初授福建南平知縣，調繁江西臨川，再襄鄉試事，作令兩考，擢南京户部河南司主事，差榷浙江北新關晋員外郎郎中，皆在户部，以京察高第，簡授四川夔州知府。南平當八閩之衝，困於供億，公務以簡貸息民。谿水暴漲，壞田廬，漂人畜，公不竢報，碾放倉粟，主者難之。公奮曰：「文牒往來，溝瘠何賴，有譴令自當之，無它及也。」又竭私俸四賑，民獲更生。臨川人苦歲運窶者，至俵儥妻息以應，公類其衆姓，置一人爲長，酌里道中，爲儲計畝，均輸江航漕輓，往來稱便。邑有金堤，溉田萬頃，圮廢百年，莫能修繕。公殫力經營，靈谷樊水間，功成永賴。比遷，邑人祝轅，若失怙恃。其筦户部也，斡榷權衡，登降傴僂，與傭卒襍作，胥吏莫能爲奸。差督浙關，揃貪疏殢，宿弊汛掃。暇則校士武林，指授經義，名士多出其門。其守夔州也，請巡按行一條鞭法，瘁心贊畫，官氓帖帖，不俟張而事集。會大旱，精誠露禱，僅二日而雨霑足，夔人呼爲朱水。鍎筩尺書，躬親料量，勤幹爲列縣表率，數月而夔大治，頌聲歡騰，院司交薦，於是天子欲大用公，降璽書勞曰：「朕撫有方夏，軫念民艱，每思良二千石，布德宣化，嘉予天下維新，而於典郡尤亟。其有治行明章，薦剡茂騰者，特簡其人而畀之，以旌前勞，而勸來勣，璽書豈有愛焉。爾四川夔州府知府朱讓，惠從公溥，威以廉生，著鉤距擿伏之神，塞奔競夤緣之竇，薦書特最，朕用嘉焉。茲授爾階中憲大夫，爾膺茲榮寵，益當勵報稱之能，果其績并龔黃，將采一郡之政成而召卿矣。子大夫其敬承之。」公遂入覲。旋至公安，偶疾憩驛。喟然曰：「余甲戌場前，夢蠶滿衣襞，蜀古蠶叢地也，余字次夔，今次夔矣。」遽引疾歸。公爲人宣髮廣顙，目秀而慈，未嘗示骯髒之色。與人言，不衣而暖，然通而有執。宰邑時，張居正當國，政尚嚴急，有司迎指，慘礉少恩，公力持大體，除苛解嬈，人用大和。及在曹司，内閣申時行余有丁盡反居正所爲，一切縱弛，公數執法曰：「江陵特主持太過耳，其綜核名實是也。」蓋公爲政，無心寬猛，亦不尚苛廉，志在調劑時宜，拯民疾苦，使廬井見生人之樂，故在政不擾。既去，而民慕思之。當官留都澄海唐吏部伯元喜講學，順德歐工部大任稱詩，公則多談吏治，三人交莫逆，而趣尚不同。大任嘗語人：「我輩喋喋，寧如倉曹能及物邪？」倉曹，公攝職也。其爲名流推服如此。既歸，召補湖廣鄖陽知府，不赴。中外交章，以用不盡才、才堪大受薦，卒不起，惟日以福惠鄉閭爲事。萬曆三十二年卒，壽七十，葬鄉西南馬山，改窆大望山。祀南平臨川名宦、郡邑鄉賢。後四十四歲，以孫實蓮，恤典推恩，諭祭贈公如其官。配關恭人，闔德最著。生子疇，庠生，贈兵部左侍郎。側室子田、甸、畯。田，庠生，贈中書舍人。甸，庠生，更名賓揚。孫十五人，實蓮，户部郎中，恤贈兵部左侍郎。伯蓮，户兵兩科給事中。會蓮，推官。叔蓮，游擊。協蓮、儀蓮、期蓮，并庠生。公蓮、保蓮、觀蓮、現蓮、覲蓮、明蓮、振蓮、世蓮。女六人，俱適名族。長婿同邑陳熙昌吏科都給事中，外孫陳子壯東閣大學士兼兵部尚書。公既以治行高天下，而從子署青州知府凌霄繼之，孫實蓮外孫子壯且毁家湛族，百折完忠，以終一朝報禮之局。論者謂公德匪直配前人也，其穀後尤遠焉。公於品秩神道，當得立碑，而遷延有闕。乃者，家牒繼甄，遺文用討，於時宗英耆德，相與太息曰：「薶石幽宮，冀垂久遠，墓志以之揭銘表阡，殆將令百世後式墓輸敬。」想見其人，用以興起秀良，扶樹風化，不可廢也。粤求當仁，式讚先烈，小子無似，敢述斯銘。銘曰：

朱氏二俊，槐里桐鄉。公起而參，是曰三良。槐里説經，公如其确。桐鄉獲民，公符其卓。况彼少豫，奮治南中。後公嗣音，豐山應鐘。爲人磊磊，爲官亹亹。敷予腎腸，瘉爾瘡痏。華嶽削天，其麓則平。汾澮流惡，不疾以清。古號惟良，寧非豈弟。有沬〔一〕而濡，勿毛而鷙。帝曰俞哉，卿可屏毗。毋忽螘穴，庶屹金堤。拱日方東，歸雲忽止。止足遺榮，如聃史指。以其餘恩，福及閭鄉。餔糜與繒，治竇成梁。以其餘慶，賴及後昆。磐石之宗，忠孝之門。小子庸虚，易世爲令。寅守徽章，懼乖心鏡。𢌿志爰佚，豐碑肆摛。世有墮淚，文無愧辭。

皇朝賜謚烈愍明贈嘉議大夫兵部左侍郎原任户部郎中奉敕團練水陸義師朱公神道碑

大清乾隆四十一年丙申，高宗純皇帝詔曰：「崇奬忠貞，所以風勵臣節，凡勝國死事之臣，或死守城池，或身殞行陣，事後平情而論，若而人者，皆無愧於疾風勁草，各能忠於所事，豈可令其湮没不彰。其如何分别定謚之處，著大學士九卿京堂翰詹科道集議以聞。」議上，我六世從祖

〔一〕「沬」，原作「沫」，今據文意改。

原任户部郎中微龕公賜諡烈愍，予祀忠義祠。惟時子姓感激，泥首群顧，聲諸金石，以播寵靈，而大書深刻，汔今未果，其末孫次琦泣而言曰：「深惟我公純勤大節，自筮仕以汔結纓，靡不殫極血誠，永矢存殁，非奮發一時者比，今幸際不諱之朝，其事狀乃未彰徹大行，於公靖獻初衷無憾也，何以贊聖清之光明，而昭示於罔極哉？」僉曰：「善。子其以銘。」謹按譜牒，公南海九江朱氏，諱實蓮，字子潔，號微龕，祖讓守夔州，治績冠萬曆時。父疇，廩膳生，著文行。公頎身頳面，角犀隆起，腰腹十圍，少須麋，大音聲，顧盼偉如神人。七歲能屬文，與姑子陳文忠公子壯并有聖童之目。未冠，舉天啓元年辛酉鄉試第三人。分考江陰李忠毅公應昇奇其文，拔冠一經。久在公車，時望益隆。巡按劉呈瑞提學魏浣初疏舉境内人才，皆第一。崇禎十三年庚辰，授浙江德清知縣。時中原盜熾，州郡陸沈，捧檄者蹙蹜懷兩端，公謂揃循東南，所以戡定西北，天下事尚可爲也。忼慨誓行。初，蘇浙仍歲奇荒，繼以旱蝗，民飢無食。公到官，綢繆賑卹，存活數萬家。明年夏，浙西三府大水，湖州尤劇，公百方拯濟，籲大府蠲緩以貸灾黎，不省。七月浙撫劾德清、崇德兩縣誤漕。是時政府方尚搜括，遽票旨逮治，緹騎洶洶，崇德令趙夔自縊。公奮曰：「唐石烈士，馬前一騶耳，尚思自致於萬乘之前，以鳴主將之勞烈。方今聖明在上，居高聽卑，坐使萬物顛顇，而陽澤不施，群方戴盆，而天光不照，臣罪不容誅矣。吾寧歸死司敗，救此一方民。」遂就詔獄。獄中極陳地方荒苦，大略謂：「天灾流行，何處蔑有，未有四五年來飢饉薦臻，旱殘嗣虐，孑遺靡定，降割繼行，井邑爲墟，民物將盡如浙西之甚者。去年夏五甫交，龍水驟發，蘇、常、嘉、湖數郡，鉅浸稽天，吴江、德清襟腹太湖，如坐釜底，塘栖以西，尖山以北，穀蔬淪没，室廬漂蕩，人畜蔽江流而下，帆檣緣木杪而渡，男號婦哭，天日爲昏，其有乘高駕浮，幸不即斃者，驚痌飢羸，有孩稚推棄於漲中，夫妻子母枕藉待死於水涯者矣。微臣受任未久，四出㨂循，目擊情形，痛心酸鼻。自傷爲人司牧，政刑頗僻，措置乖違，無以導迎祥和，覆以招灾速戾，使萬户生靈顛連若此。此即肆微臣於市朝，正溺職之誅，謝横死之衆，是微臣所大願也。當已兩申撫按，面要道府，籲懇丁糧漕白，一概奏蠲，發帑截運，以資接濟。昔宣宗皇帝聖諭，賑飢當如救焚，拯溺何待勘爲，煌煌大訓，我朝鼎命之隆在此也。微臣方且噢咻老幼，撫摩創夷，勉之以忍死須臾，慰之以大澤將至，而不謂漕兑嚴期，突然逼迫矣。夫蘇浙數郡，錢漕金花銀之偏重，天下所知也。接遞艑淺諸色目，穰苗撞竿等差徭，取求之無藝，幫貼之煩猥，天下所無也。荒旱以來，帶徵有三年五年，添派有練餉助餉，又天下所苦也。萬一賙賉無聞，追胥如故，虎冠之吏，敲吸爲能，藐爾殘黎，展轉之下，惟有逃亡，逃亡不能，因而鋌險，强者既囂而動，弱者必隨而聚矣。不幸或連一二城之地，有枹鼓之警，國家胡能晏然而已乎？比者，中原多故，風聲播流，保無有梟獍之徒，包藏禍心，乘間思亂者。初猶煽劫，繼且盜兵，裹誘漸繁，横流益潰。陝晋楚豫，其已事矣，是可不爲之寒心哉。是故欲回天意，先召人心，欲保車南財賦之疆，先予億兆更生之樂。伏願皇上獨斷聖衷，截漕駮放，徵派盡蠲。或令飢民濬吴淞白茅兩江，以工代賑。若此則收行水之利，廣澤枯之仁，答列祖眷顧之靈，弭五行飢穰之患，塞奸人窺窬之竇，鞏皇圖保定之基，孰與屯一時之膏，釀滔天之禍，而後悔無及哉。若此則微臣雖膺大僇、伏斧碪，且將含笑入地矣。」疏入，帝驚嘆動容。逾月，普免直，省存留，起解上供，本折錢價。百姓驩呼，謂公有回天之力。德清漕兑，旋亦報足，獄遂解。謫南直松江府照磨，起臨淮縣知縣，聞内艱未赴，累擢部廣西司主事兼兵部武選司主事，户部郎中。當是時，帝知公忠實，有意嚮用，故驟遷其官，會憂歸而止。亡何，南北都相繼淪陷，公忿不欲生。丙戌繼丁憂，唐王亦亡，陳文忠乃與廣督丁魁楚援立永明王於肇慶。故輔蘇觀生懷貳，别立唐王弟聿鐭於廣州。永明王起文忠督軍務，并敕公團練水陸義師。敕曰：「破斧之章，首爲輔臣誦之，次即及於爾矣，欽哉。」會大兵入廣州，聿鐭執死。明年春，張文烈公家玉、陳忠愍公邦彦及新會王興、潮陽賴其肖先後起兵。公亦以七月墨縗舉義，盡毁其家，輸軍實，與文忠募旅於九江。舟師千餘艘，多蜑户番鬼，驍勇善戰。乃約忠愍共攻廣州。撫花山盗三千人僞降，得守東門，結衛指揮楊可觀爲内應，舟師剽鋭甚，一戰奪西郛礮臺，焚敵樓，殲突將，城中大震。嚴詰反側，可觀事洩死，三千人皆坑殺，兵遂衄。忠愍奔三水，故御史麥而炫破高明來迎，乃入攝縣事，以待西師。九月，大兵逼高明，爲十覆迭攻之。公激勸忠義，晝夜登陴，拒守五十日而城陷，文忠被執，公從容西嚮再拜，齧血題絶命詞，遂握刀帶雙鞬馳下，冒陣而死，年四十六。公族父攝訓導事，曰名臣，亦不屈死。官生區懷炅舉人區銑以下，從而死者二千人。城中男婦皆喋血迸命，無一生降者。難後其城遂空，實丁亥十月二十九日也。次年，永明王贈公光禄寺少卿，廕一子，入監，御史饒元璜言諸忠臣賞薄，晋贈嘉議大夫兵部左侍郎，三代同官，諭賜祭葬，再廕子國子監助教錦衣衛正千户，恩恤有加焉。配區淑人，高明户部侍郎大倫女，有賢行，子二：國薦、國藹。公幼有大志，雖長華膴，被服必於儒者。工詩文，尚氣誼，士類歸之。至性天植，事君不辟難，馭衆無匿誠。其發也如鬱焰怒雷，屈而必達。常自誦曰：「吾曹既效命於世，有可以尊主庇民者，則忘身爲之，其它禍福之來，有不自我者，不足較也。」初，公之亡也，大兵義而掩之，故國薦等能以喪還，祔於夔州公兆，沈薶芳曜，百有餘年，卒能尊名苾祀，朝野具瞻，蓋幸逢聖天子表正人彝，允釐皇極，而亦公順受天明，安行不惑，故忠孝之道用光，幽潛之德必發也，烏乎韙哉。銘曰：

公以文興，觽韘稍增。不究爾能，銅墨是膺。旴呼神君，官謂僇民。逢憂召屯，寧丁我身。養其疲羸，寬其搒笞。飛輓而虧，吏曰不治。玉階碎首，閴尸甘受。容臣苦口，臣死不朽。帝有恩言，一歲九遷。有隕自天，旋入雷淵。刑天干舞，盟津捧土。既獲死所，安於堂宇。惟天降衷，惟聖發蒙。匪私於公，惟以教忠。歸彼兆域，有嚴制敕。騎下軾式，是效是則。

贈奉政大夫府同知銜朱君墓志銘

咸豐庚申置閏後七月，族子福元，攝衣冠，奉功載，叩庭下䛿䛿拜曰：「先奉政棄不肖孤逾十年，不肖孤沐食庥蔭，無能邁迹發名，以光揚其志業，今荷國寵靈而先緒卒，没没未顯，厥戾滋大，吾叔幸哀假之。」遂拜且泣。余曰：「然，惟乃考奮而勤身，愿而不忘本，用能延展世德，以庇賴其子孫，於法得銘。」謹按：君南海九江朱氏，與余同祖者三世，其四世爲同母昆弟，故余與君，衡宇相望爲比鄰。君祖一傳爲靈川司訓，諱文綿，以明倫謹身教士，有名嘉靖時。司訓八傳至君大父斐章，父存禮，皆微在田畝。君孤貧棄讀，年十八，乃跳身西徼，營業於龍州。龍州土劣，君安之數年。繼籌鹽筴於越南之河内，而歲轉於滇粤，往來鎮安、開化間。其後置箵寄帑，不離河内。休老告終，終在故居。將終，遺言曰：「吾薄祜離鄉，雙親先在淺土，爽塏營遷，崦嵫遽迫，汝曹速成吾志，以贖曩愆。吾有嫠妹，貞苦無依，贍老篤終，既吾後責。」餘無它言。然則君雖長爲旅人乎，其積念未嘗不惓惓厥家也。君卒以道光廿九年三月廿六日，春秋六十有九。初厝鄉之大望山，越九載乃定兆於網帶山。配同鄉張氏，生子啓元，箵室子奎元、耀元、福元、顯元。啓元後君五年歿，耀元後君以八年，福元援例同知，顯元援例州同知，女二人，孫八人。初，君之出也，僅一再寧家，於後去鄉且三十年，卒獲舊里考終，子孫逢吉。今奎元、福元等又克式廓慶餘，以不瑕於遠，永懷明發，以篤厚於宗，皆善體君勤身不忘本之懿而推大之。烏乎！可尚也已。

君諱庭桂，字兆榮，後更曰廷貴，又字慕韓，同産四人，君行長，惟君以子贈奉政大夫。銘曰：

謇惟羈孤能蹶興，爲山幸匪因邱陵。西逝賁古南麋泠，雖弗陶頓亦載贏。雖弗籛聃亦有齡，卅年爲世飛電驚。歸如化鶴遼東丁，綢峰葱鬱邱首稱。降嘏兩地生寧馨，丕視德載以有銘。

清故朱少府墓志銘

道光廿一年辛丑十二月，照山少府無禄，年三十九矣。前卒，召子兆鼇跽志遺訓，且使乞銘於其族父次琦。泣言曰：「吾生無善於世，不自揣控，殁願有庇於子孫，若爾吾哀，必以夫子銘，是吾果不慭，棄於鉅人，先生而有辭於來世也，爾其勉之。」兆鼇弱能知哀，將窆則哭來請銘屬余。人事攘攘，始以公車，繼以憂，未有以應也。丁未冬，余歸自京師，將就官山右，拮据稱貸，事益冗沓。而兆鼇每見，則搏顙請如初，辭加巽無怨，而顔色加蹙切以悲。余心愧之，抑無暇以爲。然自赴官以後，平生文字之責，以遽皆不省録，獨少府存殁兩世，辭意悃款，時往來於胸中，當夫寒更支枕，長途馬上，偶然棖觸，未嘗不怦怦有動，神怳怳而若有亡也。少府蚤孤，席温飽，游里巷，不敢以辭色加人，平居無子弟之過，假能永年，或將有立，獨不幸死耳。今兆鼇祇奉先緒，勖率諸弟，如其謹，又加才焉，少府爲不死矣。少府娶關氏，無子，側室子兆鼇、曉鼇、乘鼇，女四人，孫三人。咸豐丙辰，卜營少府新兆，而余適解組歸。乃大慰曰：「余今則可以銘矣。」蓋逾少府之歿，忽忽十有六年，逝者有知，其將起舞樂受而躅此諾責矣乎。銘曰：

銘君藏，姓朱氏。諱祥光，耀懷字。小字報，與號四。父佐昌，微無位。君捐輸，爵從未。一命膺，年遂躓。鳳山麓，滃滢漬。徙象嶺，高燠地。惟有子，溝祥懿。我鑱石，瞑君眥。無艱，視茲志。

廖南邨墓志銘

朱次琦曰：予讀歐陽子梅詢墓志，以謂士果能自爲材邪，惟世用不用耳，三復其言而悲之。竊慨生平舊遊，多抑塞之士，而若廖南邨、關璞軒兩孝廉，尤有可悲者。兩君同年舉於鄉，俱不及仕。盜起粵西，關君薄遊及於難。廖君考終牖下，亦不試以卒。其標格故不同，關君竑儁，才氣有過人者，廖君姁姁細謹，用財較錙黍，行事有尺幅，假而當官，不失爲悃幅吏。天下之擾甚矣，其端由吏治之污，居恒輿馬服玩聲色之好，奢麗百出，且復豐於獻納，奓於酬應，謂之開展。若而人者，皆非腰纏入官者也，壹取之於民。而凡丁胥豪猾，倚勢作威，又喜言官悉受賕，以恫嚇其民，而放其無涯之欲。日朘月削，怨府毒深，群相敵讎，横流遂潰，此方今之大患也。然則關君推辨治材，其於攘剔時弊，或不如廖君有益也。君南海九江廖氏，諱熊光，字偉燿，自號南郵父。日鄉飲賓，長松歆歆，行善有掩骼薶胔之德。先世由南雄來遷，南遷諸宗，故多衣冠族，而廖氏世力農不顯，至君始眈讀，發名流聲於代，爲時聞人。幼擅文譽，稿脱，輒驚其長老。問業於邑通儒梁教授序鏞，得其指授。出試有司，邑令徐公香祖奇其文，將拔選首，以故爲桂按察文燿所先，君弗懟。明年郡公烏爾恭額卒拔君選首。受知於故相常熟翁文端公，補弟子員，淹釁舍二十餘年。咸豐改元，今尚書萬公青藜，故巡道吕公佺孫主試，乃以第六人中魁選。比落第南歸，君年且五十矣。君性静退，不争物先。與人交，不爲翕翕熱，然桑梓利害，亦引義弗讓也。鄉人積穀備荒，築場設肆，又内河修繕堤圍，增庫倍薄，費皆不貲，君始終其役。遭亂爲惡少所窘，事定置不校，人服君長者。儉衣𧀹食，而贍恤寡妹，甥忘其孤，女兄無子，恤之尤至，疾革，猶分乞餘財。蓋爲人深中有主，不混所施如此。予去鄉久，假還，見君里第，君亟謂曰：「子爲令，聲績既著，行見知上下，萬一得所，藉手一吐胸中奇偉，亦可壯也，胡速歸。」君卒之歲，詔書屢追予趣赴闕，雖不能用君言，至今心愧之。由斯以觀，君雖不形缺缺乎，其志事蓋可知也。嗚呼！國家仁覆區宇，變醨養瘠，期使文無害者爲治，中外顯僚，下暨州縣學校之司，取諸鄉會兩試，號爲正途，厥後人員回冗，雜而多端。自予童時，里蓋有十三年甲科而殁於需次者，其鄉科則予以道光己亥獲舉。己亥以來汔於今，里中獲舉者二十有三人，第進士者五，以貲入仕者二。餘或泛浮江海，歲歲隨計吏，或久次勸遊，卧家不出，甚且溘隨運往，足可傷悼。若君與闗君者，則又有李君虛谷、關君雪湄、予宗人梧生雲巢、亡兄畹亭辰階，并先後齎志歿，計三十年中，無以鄉舉授官者。壯佼之夫，忽忽奄就頹暮而逝者，已不可作矣，是可爲一世人材惜。而世道之感，當何如也？君有《享帚齋集》，以同治元年五月八日卒，享年六十。妻鄧孺人，儉勤稱君配，先七年殂殁。子二：曰安泰，諸生；曰寬泰。女子子三，皆得其適。孫一人。其葬在宅後之龜山，祔以孺人。實逾君喪若干月日，安泰來謁銘，予邑邑悲懷，數期不能搦筆。安泰等將以今夏某月修君墓，前請乃申，不懈益堅，且曰：「匪先生無以信後之爲志乘者。」予言非能重君，而安泰之孝不可忘也。嗚呼！忍不銘？銘曰：

南邨其有知乎，南邨其有知乎。銘君者，里故人朱次琦也。惟初有與期，惟卒無所施，予惡知夫所歸咎而徒貽後死之悲也。

賜進士出身分發湖南知縣梅坪陳君行狀代曾勉士釗作

君姓陳氏，名亨時，字信民，以字行，别字任甫，號梅坪，南海九江鄉人也。曾祖叔駿，祖在泮，皆庠生。父履恒，嘉慶己卯科舉人，惇行孝弟，績學綴文，家居授徒，歲常百十人，學者號心農先生，著《碧樓全稿》《文獻纂略》《四書蠡説》若干卷。子二人：長垚燊，邑庠生；次即君。君生有異徵，少從其祖口授詩歌，輒能成誦。稍長爲文，崢崢見頭角，一時父執若明監丞瑑如、關明府穗田輩咸器重之。旋丁外艱，事伯兄，有姜肱陽城風，居常互相師友，而君聰慧過人，一經指陳，輒心領神悟。發憤淬厲，往往秉燭達旦，文序詩壇，卓卓有聲。道光甲午科舉於鄉，丙申成進士，授知縣，分發湖南。初，嫡母寢疾，慮不及見君，口喃喃呼君不輟，已而假歸，得侍湯藥數日，人咸謂孝感所致云。性温厚，器量宏深，切於濟人，鋭於任事。癸巳之夏，水決桑園圍三丫基，鄉閭乏食，君駕小舟勸分，沐雨櫛風，不憚勞瘁。不足則倡發鄉之南方義倉，又不足則倡發同濟倉，存活無算。君故無中人產，然施與恒逾於富人。丁酉西潦大至，堤不没者纔咫，淫雨百餘日，内水漲溢，君加築子堤以防之，首捐金爲鄰里先。岑紀虞、陳仙儕兩茂才殁，妻子無所恃，君偕同人醵金以助。其見義勇爲多類此。陳氏於九江爲巨族，歷年逋賦餘百石，候補府經歷明公達周歷催科，吹角持軍械，捕逋賦如捕盜，人皆震慄，或空室逃亡。君設法勸督，不數月積負頓清，族人無罹文網者。九江地大物博，良莠雜出。儒林書院，鄉人讀法所也，群舉君及曾君銘勳、馮君汝棠、明君倫主其事。豪紳某老矣，猶以博爲業，至是不改。君曰：「剛吐之，柔將誰茹？」乃鳴於官擒治之。鄉南之山，故多叢葬，無賴子發冢爲奸利，官屢禁之不能改。君密訪呈其主名，雖族人不少貸，由是惡俗稍革，良善倚之。無何遘疾，以十二月癸丑卒，年三十有七。吊臨者相向哭失聲，遠近皇皇，如奪所依據。明廣文離照語人曰：「某自大故後，老淚不滴者已若干年所矣。」及葬，舁柩所過，皆嘆，有泣者。初，君之卒也，歷三日支體猶温輭，顔色發越如平時，其兄垚燊守之不殮，鄉人遽奔走相告：「進士君復生，天以福吾等也。」不遠十數里問音耗，門外萬頭如黿，肩以下皆隱。既卒不起，則大戚，數萬户中洶動擾亂者屢日。嗚呼！君處一鄉，而一鄉服若此。曩令藉手由縣令洊至大府，建白更何如哉？君之不年，一鄉之不幸，抑非特一鄉之不幸也。君娶關氏，無子，以垚燊之子爲嗣。釗與君同鄉，雅重君。君之主儒林書院也，實釗敦勸之。今君墓有宿草，不忍其行義就湮没，爰從垚燊請，掇其大者爲狀，將托立言之君子而圖其不朽焉。

重修四世祖墓祭文

維道光十一年，歲在辛卯，冬十月己卯朔，越祭日甲辰，宗孫某等，敬以金花、綵紅、牲醴、果品、香燭、楮帛之奠，敢昭告于四世祖考南塘府君妣潘氏太安人之墓前。曰：

伏惟元靈煜爚，山澤絪緼。周家蓋祔，漢道增墳。風流彌劭，日彪以文。龜趺獸巖，紺宇丹垠。既固既完，庀此幽泯。神之格思，有萬其春。洎我焄蒿，非故而新。允惟烈祖，誕英勝代。懷寶自怡，含輝未沫。儉德之共，勤思不匱。克勤克儉，昭茲來裔。天鑒不誣，厥後斯大。人亦有言，茀禄惟人。祖之允嗣，既庶以蕃。旄倪引翼，螽揖麟振。非兆地靈，孕秀荀陳。曰由祖德，道義之門。人亦有言，振族亢宗。祖之允嗣，多丈夫雄。悉數乃留，更僕未終。門無白丁，第高黄甲。冑子侁侁，征夫捷捷。亦有旄鉞，專閫巖疆。亦有錦衣，飭紀扶綱。綰符而尹，執戟而郎。薇垣待制，柏府封章。三魚肆席，五馬分行。濟濟卿寺，載翱載翔。觥觥司馬，載晋載揚。顯榮褒大，式告崇岡。曰敉祖功，而熾而昌。人亦有言，世勘象賢。祖之允嗣，上不辱先。民伊父母，國伊旬宣。澍雨隨車，揚歷中邊。京室賢勞，江嶺黔滇。吴閩楚越，東土西川。匪直也人，能官奏報。正氣扶倫，惟忠惟孝。致命遂志，曰祖彝教。凡諸徽德，非潛無徵。四百年兹，發育菁英。在我後人，勿替寅承。載叩幽宫，載摩前志。有隕其初，滋予心悸。畚挶既設，陛盾斯齊。壹喙同膺，力併心毗。蕆功以時，履武前規。肆安且吉，予懷不迷。吉蠲用享，濟漆升躋。求陰求陽，祖無我遺。祖字我人，瓶罍婦子。胥康而生，曾孫惟主。祖祚我人，騰茂蜚英。噓枯吹生，奮爲國楨。英英射策，驤首觚棱。斌斌膴仕，册府垂聲。表阡誓墓，先民是程。勿壞爾基，勿棄爾成。臚忭薦辭，陟格式憑。尚饗。

公祭陳梅坪大令文

維道光十七年，大歲在丁酉，十二月甲辰朔，越十二日乙卯，闔鄉紳士某等，敢以清酒庶羞之奠，虔告于文林郎在籍湖南知縣梅坪陳先生之靈。曰：

嗚呼先生，行成家範，材蔚國楨。允昭士望，亦重鄉評。當童牙之孤露，已不師而自成。越駿足之超軼，乃騰茂而蜚聲。懿脱白未久，甫逾歲，遽謁帝于承明。信乎達人有後，而擢巍科、登上第，蓋歷兩朝三百有餘歲而復振其家聲。何志盛而氣鋭，俄棟折而榱崩。豈巫咸之夕降與，豈泰山之輒召與，胡爲乎禱肺石而靡靈。嗟夫！以公虛抑之懷，縝密之慮，强忍之性，使馳驅于皇路，則入可以彌綸夫袞職，出可以霖雨夫蒼生。彼龔黄卓魯，猶是人耳，充公所至，庸不克與之方軌而并行。今其若此，國家何以收用人之效，黔首何以慰望澤之誠。三楚何以馴華離之俗，五嶺何以被桑梓之榮。奚怪商農吊于市，婦孺吊于庭。下至竈婭走卒，莫不淚簌而心怔。何况某等辱得人于鄉校，熄群議于黎蒸。方修廢而舉墜，慶百度之維貞。嗚呼！地大則物博，族衆則寵横，故咸謂此邦之人不可與明。自公爲之，而父老觀化，相與忼慨太息，以爲百年來無此枕席之寧。嗚呼！一旦奪公以去，孰與起渠溝之瘠，孰與調雞鶩之争。重有憂者，高山難仰，大樹飄零，則四達之逵，方將舞狐貍而嘷鼯鼪，彼血人于牙擇肉而噬者，且睗睒其并興，又孰與殺其威而折其萌也。嗚呼！豈惟某等，知公九京之下，亦爲心愴，吾見風雲滃于墓道，猶鬱怒其未平。誓指誠于天日，守衆志之如城，踵逝者之遺志，勉造福于民氓。嗚呼！公之目可以瞑矣。盍鑒此臨風之長慟，與薄醊之維馨。尚饗。

祭陳大令文

維道光十九年，歲在己亥三月日，同研生朱次琦，敬以生芻之奠，祭於亡友任甫大令九兄之靈。曰：

吁嗟令君，時之畯造。民望國華，人龍天寶。離彼不祥，嗚呼宿草。不鄙謂余，幽贊先盟。私我下我，貺我以誠。至今我眼，寫君儀形。云何簪盍，謦欬無聲。云何梡俎，不睹虧贏。躋君之堂，降君之庭。嗚呼杳矣，真不吊矣。夜壑藏舟，永潛曜矣。悠悠百年，芒芒九紘。吁嗟令君，謀面來生。嗚呼哀哉。尚饗。

北上會試祖道文

維道光二十三年月日，會試舉人朱某，虔以柔毛剛鬣清酌庶羞之奠，致祭於水陸道塗之神。曰：

曩游萬里，跋履風塵。南浮北走，起僊亨屯。匪曰予智，惟依於神。三年不鳴，又及茲辰。昔丞相宏謁公車者再，迫欲求伸。緣飾經術，嗤點千春。亦越昌黎，兩舉有聞。爲古碩儒，爲時貞臣。是二君子，一蕕一薰。予矢諸夙夜，神知其勤。於戲，不可知者遇，不可信者文。不敢負者學，不敢玩者身。風飄車偈，江汜河漘。尚勸相予，宏濟關津。尚饗。

南海縣黄鼎司南沙三十鄉鼎建石堤祭河神文

維道光年月日，南海縣黄鼎司，紳士原任廣西桂林府知府張業南等，謹以柔毛剛鬣致祭於河道之神。曰：

滔滔北流，水鉅維擘也。曰湞曰武，曰桂曰湟。騈支來下，萬弩突也。寸瀾朝增，下流百也。時而牂牁侵焉，益怒且歡，如火加薪，如虎翼也。吁我南鄉，谺當其劇也。沙走雷駴，日降割也。非神之不愛人，消長逢其適也。哀我人斯，至此極也。井竈田廬，隨蕩潏也。黿鼉斯遊，魚龍宅也。翦及塋瘞，泣潛魄也。嗟嗟我人，曷以供王税於上下，何以守存殁也。今之不圖，民氣將墨也。爰呼於衢，解衣散錢，大聲疾也。絡石堤波，漢遺法也。如彼錢塘磯，固羅刹也。如彼吴筧，圉震澤也。我聞在昔，畫不一策也。水犀控弦，波臣北也。西門傴僂，河伯擲也。悍而不可爲而黠不可迹也。惟神玆歆，鑒誠臆也。牲牷阜肥，飲香秫也。砥平鏡清，歸墟勿溢也。海復爲陸，石斯泐也。滃爲祥雲，蒸爲和風，甘雨渥也。歲功順成，衣充而腹實也。江漢比靈，揚馬出也。永永萬年，饜神德也。尚饗。

之官山西祖道文

維道光二十九年，歲次己酉，正月庚午朔，越祭日丁酉，賜同進士出身文林郎分發山西即用知縣朱次琦，謹以柔毛剛鬣清酌庶羞之奠，致祭於水陸道途之神。曰：

琦惟不佞，行業未揚。奉先臣之清白，歙下士之編章。數辱公車，一對明光。乃荷丹毫，遂綰銀黄。俾汝敉民，唐魏之疆。假還不日，待罪方將。星言首塗，吉日辰良。神尚相予，龔行四方。思敬楫於大川，敢騁轡於康莊。守道守官，民幾民康。夫惟捧檄，重眷維桑。故山巋巋，宰樹行行。昔宋相籌邊，屢吟想於圭峰月下，人龍開濟，亦惓焉於歸卧南陽。蓋馳驅可以許，而父母之邦良用不忘也。於戲，肅肅王命，悠悠天常。日月照臨，臣敢懷鄉。尚饗。

祭戚旗岡后土文

維咸豐七年，歲次丁巳，正月甲寅朔，越十四日丁卯，原任山西知縣歷署孝義襄陵縣事朱某等，謹以柔毛剛鬣清酌庶羞之奠，敬祭於戚旗岡朱山后土之神。曰：

嗚呼！我房祖永歸於此，緜曖幾何年矣。侮予之逼，神實褫之。謀野之獲，神實啓之。升靈妥魄，神則祉之。敢不有薦也？尚饗。

祭房祖白岳先生文

維咸豐七年，歲次丁巳，正月甲寅朔，越十四日丁卯，朱氏孔安房諸孫某等，謹以柔毛剛鬣清酒庶羞之奠，敬祭於房祖有明高士白岳先生之靈。曰：

嗚呼！先生德芬，雪白蘭薰。先生翰墨，金石不蝕。先生之存，蘭錡蒲輪。先生之去，雲霄一羽。謂宜慶餘，猶有鬼神。何悟忽諸，乃痛斯人。崇名兩間，遺瘞七尺。相望百年，三披荆棘。眇眇末孫，躋壠而號。鬠舄不歸，涕泗增勞。昔孟軻氏墓，出宋元豐。寧顯寧晦，從污從隆。雖聖與賢，無如命何。時數有奇，於人則那。嗚呼！富貴何常，以不亡亡。大矣夫子，與造化亢。嗚呼！天之所奇，我之所大。下馬一陵，斯萬千載。尚饗。

卷十　附録

平河均修水利之碑銘

誥授資政大夫前兵部侍郎兼都察院右副都御史巡撫陝西等處地方提督軍務兼理糧餉平定陳士枚撰文賜進士出身平陽府儒學教授忻州董宇偉書丹。

漢應劭謂平陽以地居平水之陽得名，平水發源郡西三十里平山，即《禹貢》之壺口山莊，《周書》之姑射山。《水經注》以爲水出壺口，東逕狐谷亭，又東逕平陽城，東入於汾是也。源初出若鑪房，數武遂澎湃如蛟宫，歕薄爲金龍池，池上爲龍祠，祠西南又數泉，皆入平水。水東二百步爲清音亭拱，清音亭前爲雲津橋，而平水分流，所謂十二官河，以灌臨汾、襄陵之田者也。田以水滋，民遂以水擾。據上流者專其利，地未澣而溉之，月率三四舉，晝浸而夜潤，人佚而財阜，播種常及其時，稼有餘沃，豐茂碩好，民以富嚚。在下游者渴其利，時旱暵而水不下，歲不過一再溉，春蒔而夏亢，人勞而財匱，播種不及其時，禾以槁死，秕敗稺湅，民用儉札。坐是争利而聚鬥者百千人，死傷縲絏，大獄數起。歷院司觀察府之大尹，臨、襄二縣之大夫，或竟其獄止於罪人斯得，或厭其棼糺不可究詰，姑顢頇了之，河渠遂不幸歲歲有事。噫嘻！豈民之多辟痹俗，終不可變邪？或者經畫區處之道，猶有所未盡也。咸豐元年，復有尹紹仁京控武舉劉廷元事，詔以歸行省，省以下郡邑。明年七月，廣南朱公來攝襄陵縣，廉獄事，獄成，抵罪若干人，貰釋若干人，惟明克允，輿人翕服。公乃喟然嘆曰：「嗟乎！蠢兹蚩蚩，利餌之於前，而刑糾之於後，雖曰不罔民，誰欺哉！」乃博詢訟端，則謂有豪强行霸者，龍斷居奇者，有水無地、有地無水者。有地無水者，向無買水券，地弗予之水。有水無地者，向有買水券，雖無地得以市利焉。公曰：「强譎害良，治之而已。若夫地者，糧所自出；水者，地所滋生。糧與地不能判而爲兩，地與水能離而爲二乎？」於是定以地隨糧、以水隨地之制。又會臨汾周侯，親履畝，兩邑田若，稅相直也，於是定平水爲四十分，縣各取其半。復於境内設四綱維持之，曰水則，曰用人，曰行水，曰陡門。其水則之法，縣水二十分、八支渠分灌，視壤廣狹爲差，南横渠六，南磨渠四，高石渠二分有半，李郭渠二，晋掌渠分有半，東靳廟後兩小渠各半分，而畎澮均矣。其用人之法，渠有渠長，司水之禁令，溝頭治澆灌，堰長守陡門，皆聽於渠長。違約者，渠長驗其多寬之數，督溝頭行罰，不受罰者有刑，誣者坐如律，而主伯立矣。其行水之法，晝夜有程，通閉有節，傳牌有部，次淘河有式，動碾有候，而制防密矣。其陡門之法，築門筦渠，渠上廣七尺，下廣三尺，門廣一尺，其夾深尺二寸，楗以石，毋勿平，牐以版，毋弗密，鍥以印記，稽以守詷，毋弗毖且壹，而嬴縮謹矣。議既定，遍上於院司觀察大尹，皆報可，功裒役征，奉令貫行。自時厥後，狐厨汾曲之間，不圩而秔稻茂，不雨而麻麥熟，墟落綿繹，風煙浩渺，江天湖景，如墮目前。且也經界既正，洽比亦興，閭左始知相生相養之樂，而風俗又一變矣。經始於公下車之月，受成於公受代之前一月，實得水田三萬四百畝有奇。里紳王宇等用來乞文：余惟天地之道聚精於高，歸物於下，表爲山河，以戒其域；疏爲川澤，以導其氣；區爲陂塘溝洫，以鍾其美。今夫河水之歸也，渠川之分也，田民之依而財之藪也，是故民非田不贍，田非水不穫，神之粢盛於是乎供，人之蕃庶於是乎殖，國用於是乎惇裕，民氣於是乎綢繆完固而不可動摇。凡以水無散泄壅遏田，各有所資也。唐時王官谷瀑下流爲貽溪，司空表聖立法示谷人以時用之，至於今不廢。異時李太守義方，亦作永利池，堅明約束，分給趙城洪洞民。兹皆河東故事，惜講求者少耳。今公不鄙夷其民，如爲子女析爨，澤周意厚，來而孱功，訖工遂去，天時人事，良非偶然。民之躋登兹者，庸非其慶也邪。公以大儒，師表當代，其爲令吾晋也，晋中修學好古之士争從之。到官多異績，名傾一時。繫囚趙三不棱，劇盜也。護縣薛經歷介卸篆，輒挈命犯王申保吉年娃越獄跳去。薛憂懣，須公至以相屬，公謝病三日不至，益急不知所爲。趙三不棱黨衆亦意尹且病，未即視事，弗戒也。然公蚤出，重貲購知其所欲適，亟假郡捕，前半夕疾馳百二十里，至曲沃郭南以俟。趙三不棱群就酒家胡，未卒飲，役前持之，奮刃格拒，顛數人墜地。忽樓上下百炬齊明，則赫然襄陵縣鐙也，乃伏地就縛。

比邑人迎新尹，尹已尺組繫原盗入矣，遠近以爲神。河東歲患狼，俗愚言神物不可擊，擊且尋報復。席氏女將出閨，爲所嚙。又兩造訟，噬其一，讞以不成。公大憤惋，募野虞獵户捕之，得者予錢萬，猶無獲。乃親檄禱西山神祠，所謂雙靈龍澍者也，約十日驅狼盡，否則仆神，潴其廟。人户震惴，捕益亟。時嚴秋氣寒，風日蕭肅，天忽大霁霧旬日，人得迹獸所出没，攢火槍擊之，無脱者，半月得狼百有七，患遂絶。横汾霜降後則輿梁成，士女落之，歌舞彌日。潦復大至，濤瀧洶湧，勢將漂没，公遽出禜之，應時衰落。平陽總兵某，至暴抗也，挾軍興勢，以八百里台符行縣，調吉州兵，公拒不受。曰：「襄陵至吉州二百三十里，亂峰際天，澗岡窈窱，夏有谿谷之漲，冬有冰凌之阻。僄佼壯夫，解鞚扳緣上下，然且月有斃踣。以故境獨不置驛營，有急法，當發塘兵，不得行縣鋪，曷以八百里台符爲。」某忿，牒大府。大府督過謂且干嚴劾。公奮然曰：「方今南方糜爛於盗，又使北方騷擾於兵，是天下無完民也。民不堪擾，且習知南方事，幾日而不爲亂。亂起，非令誰任其咎，等劾也。令寧誤軍興，不敢激民變。」大府無以難。他日，與總兵旅見於郡，總兵反揖之曰：「明府利害。」公正容曰：「某何敢，特不知利害耳。」關氏錯居河東郡邑，皆壯繆侯裔。解州世襲翰林院博士某，數以訟脅族人財，至襄陵以干公。公牓門，當弊獄關神廟，許百姓聚觀。旦日，闐廟闥，會者數千人立階下。日隅中，公袨服入，以博士及其族上，升堂再拜，抗聲祝曰：「侯以義烈成神明，千百世後，述侯事者，足羞鄙夫之顔，其義烈然也。今世遠無以庇賴其子孫，勢當以屬令，令涼德不能化誨，使有門内之獄，以爲神明羞，皆令之罪也。」某皇恐求罷訟。公責之曰：「若祖異姓如骨肉，若乃同室操戈矛，若祖不以金帛易恩誼。若於門内索金帛，且若系則世襲也，官則翰林也。敗官不忠，忝世不孝，不忠與孝，賄雖積，人將不食汝餘，吾不難詳褫汝，擇賢繼侯世，顧臯狀出，且辱州里、輕朝廷。」辭氣慷慨，聲淚俱下，於是階下群唖曰：「汝誣其祖，而欺其族，又以勤我公，何以爲人矣。」某愧欲死，兩手自搏，叩額無算，口喃喃自詛詈。及出，觀者一時迴首，不忍睇其面。由是邑無親屬訟者。公無事即出行縣，騶從不設，老蒼頭控蹇衛，一吏囊筆札，一伍伯負糗糒自隨而已。所至拊循姁姁，老稚暱近如家人，迎路獻茗荈瓜果。有遮訴者，索木机坐道，與決判牘，以某甲唤某乙，無敢不至，詰慰曲直，能引伏則已，恒終日不笞一人，曰：「細故毋傷夙好也。」其餘頒讀書日程以勸學，創保甲新令以督奸，追社倉粟二萬石以備灾，禁火葬罪同姓之昏以正俗，更不可枚舉。邑故晋腴壤，時諺有金襄陵之稱。後稍凋㢟，有司猶取盈無饜，告幫稱壽，率輂千百金，公一切禁絶。厨無特殺，廳事無夜火，日市蔬圃菜數束肉一片，共幕師而已。澹泊質素，寖已化俗，優人百戲，至徙之佗邑，其風操如此。蓋公於作宦通塞肥瘠、是非謗譽、當世所講求探刺者，諸不解。校智營神運行卧坐起酬對，手口所指述，夢寐所縈繞，皆在小民便宜疾苦，欲一一自我行去之，民亦相率喻其誠。駁一詞，下一教，纂寫而聚觀，朝令而夕遍，野夫臧獲能道之，市井或傅會爲美談。於其去也，若奪嬰兒於慈母之懷而禁其牽索也者，聞信也而驚，及期也而憂。儒生乞畫像，氓庶留鞾鐙，頌愛述德，投文字織蓋之屬，纍纍坌積，雖慰遣之，不能止也。出署之夕，農輟其耒，市空其肆，扳留萬人，遮馬首不得前。及城門，門爲之陁。渡汾橋，橋爲之折。父老持觴榼伏餞，頂踵相抵，人語鼓吹聲相亂。里婦村娭亦繃小兒匍匐跪道，不遠而至，匄公摩兒頂曰：「耶試揃之，好育養也。」距郡三十里，蓋兩晝夜乃得達。當陁橋時，郡邑弟子襴衫博帶百十人掖輦而過，公遜讓，諸生謂鑑輿固弟子職，弗舍也。邑人既不獲留公，公去，遂祀之於鄧伯道祠，春秋報祭弗絶。烏乎！公在任僅百九十日，宜民之效，遺愛之深，至於如此。盛矣哉！近世以來未嘗有也。余既心重公，尤喜公利民，能爲經久遠，得古昔叔敖灌雩婁、國僑正封洫遺意，信乎儒者之政，異乎俗吏之爲之也。爰詮次顛末，其詳具於碑陰。餘事附見一二，又永言以銘之，俾百代下讀者，咸知敬仰公，世世無變其遺法。公名次琦，字稚圭，丁未進士，廣東南海人，晋士所稱後朱夫子也。

銘曰：

業業壺山，煙雲洩蓄。溢爲靈源，膏吾井牧。高卬污邪，可稻可麻。一溉之饒，穰穰滿家。旱魃爲厲，燎原赫熾。是蓘是穮，此焉豐歲。飢鴻嗷嗷，流捐憂勞。以飽以飫，此焉樂郊。孰民與利，長瀾觱沸。胡不均宏，沾施大惠。堙我石田，踞爾沃洲。不占勿幕，乃刺相矛。幾世創夷，幾人岸獄。擾擾觸蠻，茫茫墋黷。天哀我民，降此惠君。繄惟惠君，百里之仁。惠君之來，讓其耆皓。作此不祥，以速汝夭。惠君之來，荒度降升。雨沐風纚，欙趨楯行。國有租庸，地有徑術。計租定地，阪險原隰。量地分泉，日時杪忽。仿古遂人，顜若畫一。民曰愉哉，迷始悟今。鹿食呼群，雅取苹芩。鳲鳩均養，詩美桑林。曾是歡嘵，化爲謳吟。邑居廉讓，户講鄒魯。設尊康衢，恢宅淳宇。社配欒公，人呼召父。君政之成，南風在絃。君名之光，北斗在天。陂稱僕射，湖號郎官。我懷惠君，胡斯萬年。

咸豐三年歲次癸丑六月甲戌朔廿六日己亥建。

稚圭先生畫像記

嗚呼！賢者所係於人國，顧不重哉！用其人足以圖治，用其言亦足以禦亂。若有人不用，有言不信，則淪胥顛覆之禍，捷發於眉睫之間，不可振救。迨生民糜爛，患中國家，斯世乃嘖嘖於大賢知幾之早、潔身之遠，而太息痛恨於當軸之人，謂夫徙薪來告，明明有此，彼昏不知，竟憒憒以至斯也。嗚呼！此何及也哉！君子之仕也，非以私市也，東坡蘇氏所謂「苟可尊主庇民則忘身爲之」是也；君子之有言，非以衒異也，亭林顧氏所謂「以明道救世者」是也。然則君子無救世之柄，乃不得已而有言，至於言亦不售，君子始無望矣。昔王通以太平十二策干隋文不用，遂賦詩東歸，教授龍門，帝猶謂恨遇生晚，一再徵之，竟不起。陳亮上中興書時方諱言兵，僅授館職。亮慨然曰：「吾爲國家數百年治亂，豈爲一官？」卒不受。是故用其人以戡難者，古有之矣，陽明平宸濠是也。用其言以決幾者，古有之矣，昌黎策淮西是也。人與言均失，而亂亡侵辱不旋踵者，古有之矣，王仲淹之於隋、陳同甫之於宋是也。吾師稚圭先生，以道德學術高天下，令襄陵，煦民若子女，民亦愛之如爹。訓諸生，督誨諄諄，可畏而親。或雜以詼嘲游燕，使皆醉義忘歸。比去，士女持扶挽留，號咷數十里。不得，則乞畫像以祀，諸生又刻石於縣學之敬一亭。當是時，部民雖不忍公乎，固謂公既仕晋，去當復來，否則大其施亦將及我，不謂先生竟拂袖歸也。先是南方盜起，先生猶在襄陵，壬子冬，寇東下，歷破武昌、安慶、金陵，北至揚州。氛雖遠，先生恤然憂之，謂宜綢繆全晋，聯絡關隴，爲保障一方計。大約謂雍冀爲天地積高之府，勢踞建瓴，與爲合從，則我免腹背之敵，關隴得唇齒之依。况晋中富實甲海内，内而馬牧、金鐵、硝磺、芻粟之産饒給於軍實，外而蒙古、察哈爾之兵踊躍於徵需。長安稱陸海，豪户亞晋中，而河西之武力，關外之防秋，皆足備緩急也。一旦有警，甘督出商漢，陝撫據潼關，與吾爲犄角。吾撫軍則率北鎮勁旅，拒河爲固，踞茅津太陽之間，仍命廉使率南鎮控太行，以防河北。其餘若遼州之十八盤、平定之井陘口、五壺之黑山龍泉等關，可丸泥封也。北邊幸無事，將軍引綏遠旗兵入鎮會垣，與藩侯居守。副都統移駐大同，以鎖鑰北門。我師之出平蒲爲正，澤潞爲奇，正扼其亢，奇搤其背，以守則固，以征則强。是故漢南有賊，甘督爲主，秦晋赴之；河北有賊，我師爲主，關隴赴之；豫中有賊，我與甘軍之赴陜撫者亦如之。堅瑕一氣，折衝千里，此常山蛇勢也。於以鞭箠楚蜀，控引河洛，援中原以屏蔽京師，蓋桓文之勳也。其條目又有止徵調，請便宜，嚴賞戮，作忠義，右軍謀，選鋒鋭，講搠循，禁科派，保殷富，息流移諸政。乃爲《三難五易十可守八可征》之策，洋洋萬言，以府主全州何公，撫軍所信也。再三言之，何不能用。癸丑三月代還。乃自奏記，如所以告何公者，加迫切焉。不省，先生遂引疾。無何，揚州賊由鳳亳趣豫，跨河撲懷慶，八月折而西入晉境，逕陷垣曲、絳縣、曲沃，進屠平陽府，又殘洪洞、潞城、黎城以出，喋血千里，蹂躪及畿輔，天子遂以輦轂爲憂。謀臧不從，其禍蓋至於此。先生之學，平實敦大，不涉叢碎，亦不爲性命高談。居家則孝友，居官則惠慈，以及物爲功，以忘己爲大，以無欲爲至，器量閎邃，渾渾然喜怒不形。當辭受取與去就之交，則介然有執，處衆中尤簡重。及夫談經世大略，則援證今古，會文切理，鴻鬯疏析，聽者心目爲開。璲嘗妄測先生，謂行古道而不固，用儒術而不疏，高峻似河汾而篤實過之，豪邁似永嘉而深穩過之。需次七年，不形缺缺，一語不合，投劾遂歸。樂則行之，憂則違之，先生信倜乎遠已。璲等不獲終從先生遊，道梗負笈未可必，佗日者，登首陽，上太行，躡孔子迴車之迹，以望南天。見有雲氣歊蒸，若散若連，若往若還，終不離膚寸之間者，是我先生蝸寄之廬，蟠龍之淵也哉。咸豐三年陽月，門人太原王璲記。

愛棠録

謹案：《愛棠録》八卷，晋人美先生也。鄭箋云：「召伯聽訟，不重煩勞百姓，止舍小棠之下而聽斷焉。國人被其德，説其化，思其人，敬其樹。」先生宰襄陵百九十日間，行縣日多，雖雖乎經術之用，甘棠茇説之風也。觀其所録，不惟襄陵人思之，晋人皆思之矣。今以所録，事見水利碑者省之，附其碑未及，或視碑較詳者，詩歌之尤者，俾百世下考諸集末焉。

教諭宋時憲紀邑侯朱公禱雨而雨詩云：佗邦甚旱繼以雹，此獨和甘弭灾患。農甿泥首吏士歡，我侯忠孝神明貫。馨香治績配先公，盛事兩朝光簡翰。侯八世從祖諱讓，明萬曆中守夔州，治行稱最，大旱禱雨應時下時，呼爲朱水。事見《四川通志》。

拔貢翟良璧美朱令君詩云：使君紫陽裔，名過朱伯厚。不爲豪帥奪，太原鎮帥某，驕横甚，乃至不受巡撫節制。軍興，擾驛站，公獨持法裁抑之，氣出其上，謂將與辨於闕下，寧舍一官謝百姓。帥愧屈。州郡賴安。人謂公仁者之勇。寧受辱金誘。向宰襄者祝壽，告幫俱歲再舉，舉則醵入千百金。公悉禁止。倡辨者以贓論。又故事：新進弟子員，贄縣庭各廿有四金，犒從四金，蓋以助棚規也。公謂士寒畯爲多，概予蠲免。今歲充文武生員五十二名，計免千四百餘金，且著爲例，刻石學門，尤令士林稽首至地。好生以爲殺，殺者乃自咎。公治獄尤仁恕，鞫尹紹仁京控一案，活百四十七人，保全數百家。趙曲結拜一案，亦活數十人。餘獄多因平反得生者。殺人囚劉長輻，公至乃引伏。將出死，流涕謂觀者曰：「死自吾分，恨爺來遲，吾致陷此也。」化俗中牟令，富民南陽守。異迹以流傳，爲神明父母。公神奇之迹，不可勝舉。最異者，退汾流，驅猛獸。河東雨雹傷稼，而邑境獨大有年。縣幾無訟，而鄰封赴愬者，相屬道路。又每讞疑獄，旬月間即流聞郡國，優伶輒集爲戲劇，如包龍圖况太守故事。

平陽教授忻州董宇偉送襄陵朱使君詩云：　閉户廛合轍，刻舟陋拘墟。古錢不適用，安用爭錙銖。可言即可行，懷哉古通儒。

拔貢劉侃送朱令君詩云：　滔滔江河下，仰望黄鵠舉。吁嗟聖道南，海濱有鄒魯。

前任宗學教習翟良琛送朱使君詩云：　廉鯁從來有，如公得未曾。威生銅面具，清抱玉壺冰。饕餮群皆伏，貔貅氣不矜。秋高華峰隼，嶄絶見眉稜。又云：　省訟傳呼少，觀民燕處稀。印牀花自落，行幰雉還飛。衙苦青衣散，官劬赤子肥。如何虞芮質，越境至如歸。其卒章云：　泉林高卧久，物色到袁安。疾苦詢民隱，文章接古歡。計難參馬服，貧不累豬肝。淚盡酬知已，吾生老伐檀。

廪生陳邦傑送朱令君詩云：　直以性情孚岸獄，更無關節到文章。又云：　閉關人物殷勤訪，講院文章子細論。

生員方鎮送邑令朱稚圭先生詩云：　一事感孚真最捷，平生不近四知金。

蔣錫慶送朱令君詩云：勿遺利於地，勿壅利於人。剏狐谷之壤，十萬八千畝，原隰龍鱗□〔二〕。謹案：水利碑稱實得水田三萬四百畝有奇，據此詩則水田實數尤鉅。

咸豐三年十月，中議大夫内閣侍讀學士陽曲郭景僖襄陵舊令朱使君祠詩。序言：使君既去官，縣人禋祀之不衰，僕過平陽訪君遺躅，父老皆流涕，感而敘之。詩云：虎觀遺鴻筆，雄疆借繭絲。艱難才不世，中外理無私。廟寫生金像，名甄陋石碑。有恩酬俎豆，無計返旌旗。昔者程明道，伊今陸隴其。何當後車載，璜玉起熊羆。

闔邑紳士公獻聯句云：在所損乎，在所益乎，三思而後行，必以告新令尹。非其義也，非其道也，一介不以取，此之謂大丈夫。

鄧庄村紳民公獻聯句跋云：邑尊老父師甫下車，即修建鄧公伯道祠墓，以興教化，紳等感激無地，謹達下情。

祭朱子襄先生文

維光緒八年正月某日，兩廣總督張樹聲、廣東巡撫裕寬，謹以清酌庶羞之奠，致祭於子襄先

〔二〕「□」，原缺，今據上下文補。

生之靈曰：

大道垔鬱，士失其馳。群囂衆欲，以儒爲呰。疇經不載，疇立不隨。天地之紀，匪善焉歸。惟君嶽嶽，起自南海。睎古思齊，聖豈余詒。昔尹襄陵，人稱惠君。撥煩斸苛，劃駁還純。平水瀰瀰，以溉以蓄。桀黠擅利，釁生不均。下車覘土，爰定水則。置門管渠，謹稽闔闢。主伯群僖，芃芃黍稷。始君未至，圊盗潛跳。猝揜其逋，若畢圈牢。君之在官，洗手奉職。目營心注，民依是恤。有不便民，忼慨矢辭。令實强項，气撓健兒。禜水弭害，誓神驅狼。一誠所孚，疵癘消藏。弊獄關廟，發言琅琅。觀者如堵，萬眥盡裂。彼不孝子，搏顙出血。風動化流，民用大龢。俾農服田，士興絃歌。時巡郊野，笑語姁姁。或質所争，就壠理諭。百九十日，政成而去。攀遮塞涂，如嬰失哺。億衆尸祝，豐碑仡樹。盗駭中原，僨不可羈。君感時艱，上言便宜。師截其來，可踣於羸。當路泄泄，君乃拂衣。比寇入晋，果如君畫。惜哉斯人，鴻冥其翼。居恒誦法，繄程與朱。務踐厥實，悉吐其餘。學者景從，不肖畏義。相率以善，莫知所自。吾曹薄德，來忝大邦。不有仁賢，其曷以臧。峩峩高山，皎皎空谷。方資清尚，用敦末俗。何痦邇者，剥運斯丁。胡天不吊，賔我老成。君之經綸，旁魄四徹。其施於世，不及十一。君之學術，粹然巨儒。明不自翹，遺書有無。磊磊中懷，儻俾大襮。唐虞三代，豈不如昨。抑其所爲，夫既有然。於君奚慊，無怍前賢。獨是吾曹，欲咨無所。蒸黎莫牖，士夫喪巨。欷歔瞻望，雪涕難收。豈伊其私，邦國之由。含哀泚筆，言告九幽。嗚呼哀哉。尚饗。

禮山紀聞

簡朝亮曰：朱先生年譜，蓋書其大者也。譜成，雜記其餘。君子之章，彪彪作繢，瓠葉可歌，雖微不廢，作禮山紀聞。凡二十有二條。

先生六歲，族伯雲中過塾，示先生屬對，曰：「老子龍鍾。」先生率應曰：「大人虎變。」

有以賓館請者，先生以其紈絝家也，辭之。徐佩韋大令就之，中歲而辭之。君子謂：「大令知誼，先生知幾。」

有姻黨登科來謁，坐而言曰：「予幸登科，假佗國學生名也，溢予若干歲矣。」先生心賤之，笑曰：「斯不獨必得其名，抑且必得其壽。」先生曰：「科名不足以重人，當自樹立，則人重科名爾。」

先生嘗謂故人曰：「何錢癖也？」故人曰：「予之癖愛錢，猶子之癖不愛錢也。」先生笑曰：「子何以答錢神？」故人乃爲集句曰：「我生托子以爲命，天下何人不識君。」

同鄉岑亡友之子幼孤，先生恤之。友子長遊越南，贏金還鄉，饋先生夥。先生納茶數掬，皆反其餘。

先生赴試廣州，渡白鵝潭，中流疾風發，舟將覆，檣顛，先生坐自若也，方持茗飲，無微傾者。先生曰：「古云精神福澤之源，幼安省嘗，三朝晏起。昔里甫先生見晏起者，每警之云：『在牀曰尸，何不祥也。』」

先生方壯，有交游喜詼諧，自矜得女弟子。先生正言曰：「西河簡齋，老子婆娑，皤然白髮，女弟子從之游，至今猶譏於莊士，況少年者邪？」其人謝之，乃曰：「寓言云爾，顧愛我之忠，孰有如足下者乎？」

先生居都門邑館，同人譚紀文達筆記曰：「鐵蟾之疾，見一采毬，大如車輪，中有麗女，遂瘵而亡。文達以謂鐵蟾愛奇，鬱爲心疾，不其然邪？」先生曰：「非也。《北史·徐謇傳》云，武成帝酒色過度，病發，自云初見空中有五色物，稍近變一美人，食頃變爲觀世音。徐之才云：『此色欲虛勞所致，處方服之，頓愈。』然則鐵蟾之疾，近女之過，非以愛奇也。」

道光二十有一年秋，先生會試南歸。同年何孝廉以昔年歿於舟次，殯櫕南安。及是，其弟度嶺迎喪，牙人索而困之，將徒手歸矣。先生至，佽贈傾貲，且言於郭照磨遣役護行，千里喪歸。

先生會試南歸，次臨城驛。雨後嚴寒，覆車數四，人馬陷泥淖中，更殘饑踣，從者潛逃，輿夫抶羸不起，乃大哭。先生整衣立路壖，徐語同人曰：「我輩苟佗日見用，可放膽作好官去，脱有萬一遷謫苦況，不過爾耳。此一夕，固試劍厓煉金石也。」

先生西入晉，至井陘關，謁漢壽亭侯庙，自誓於神曰：「某若不追吴隱之、包孝肅諸人，有載晉一錢歸者，明神殛之。」及南歸，如所誓。

襄陵席氏之女將登迓車而狼噬焉。先是，先生布令曰：「狼殺人，人猶不殺狼乎？」然邑人無敢動者。朔日，先生及邑廣文祭庙既畢，廣文戲謂先生曰：「女也席氏，未遇才郎，先遇豺狼，奈何？」先生於是殺狼之心尤摯矣。

先生居晉，中丞屬聽事楹書，先生題曰：「聖代即今多雨露，諸君何以答昇平。」粤人林大令宦晉，以事部遞，先生贈曰：「更爲後會知何地，各有前因莫羡人。」先生南歸，晉人請留別，先生賦曰：「且欲近尋彭澤宰，不妨長作嶺南人。」皆集句也。

歐陽小韓孝廉赴澄邁儒官，與一妻一妾偕，涂遇先生，立而言。先生曰：「《詩》云：『無小無大，從公于邁。』」孝廉大笑。

試榜録成，有鄉老走鬻於鄉。鬻已，道過禮山，或入見焉，先生與之坐，或語，刺刺也，門人異之。已而野僧叢弊，鄉人不知也。先生發之，繇鄉老也。鄉老游食，黷而多聞。

鄉人關凌雲卉《煙江疊嶂圖》，跋曰：「告我後人，永卉斯圖，雖千金不易也。」亡何，子孫鬻之，三易至先生，乃視其跋，嘆而藏之。卒訪其子孫之賢者還之，不收其直。

鄰鄉龍江劉方伯士奇，在有明時，美治行，拜賜璽書。其書文待詔徵明爲之也，有重賈鬻於先生者，或求轉鬻，先生靳焉。私謂人曰：「吾獲之，將還之，佗人未必然也。」於後劉氏子孫有從學者，遂還之。問所直，終不言，饋蔆不受。

同治十有二年秋，有流星，其光如畫，斯須有聲。或以問先生，不答。已而詰曰：「子曾讀《漢書》乎？」問者曰：「未也。」逾年國恤，問者驚悟，檢《漢書》，然後嘆《天文志》之符也。

先生飯疏食，閽人日汏其秕，有過先生者，精食而客之。客嘗至，先生以其舊游七十年也，主客相忘加饌，仍疏食。故人食不下咽，謂曰：「何自苦如是乎？」先生曰：「吾以礪其齒也。」

朱氏祖祠，先生題其頷，擘窠大書。或問之，曰：「法歐虞間也。」又題其東廂，曰：「頌先人之清芬」。

補禮山論事一首

豈謂周書闕，詩從句首安。舉空群市骨，朝退獨忠肝。李報齊侯好，相求漢宰官。夷吾天下計，首計戎馬，同情無厭。虜汝目中觀。辛受碑陰臼，鄒訢道士丹。七方通在六，排律見三端。

朱九江先生論史口說

校刻朱九江先生論史口説序

粵東南海大儒朱氏次琦，家在九江鄉，學者稱九江先生。道德學行醰粹篤實，足爲國朝巨擘。臨歿，手著作全稿投諸烈炬，遂盡無傳。其爲憤世嫉俗而然，與防誤讀之弊，皆不可知。或曰：「先生不欲以文苑中人自位置也。」而世之得其片楮遺文，愈益寶貴視之，争相刊行。煒菱所嘗見者，詩百餘首、駢文二篇、經解十餘、算若干，則蓋皆門人弟子所鈔，存久而乃出者也。

此篇論前後《漢書》、《三國志》，煒菱顧得之南海佛山人譚炳軒太守彪。據言其獲此書即於九江弟子書中，悉筆記體。又當日師弟之問之應，亦乙乙質書，似臯比講學時弟子從旁之載筆，而非九江之手撰。原書不名，既爲校刻以傳當世，遂名曰《朱九江先生論史口説》云。

其書於史才書法詳哉言之，且不憚再三言之，中多前人所未言，亦有前人所已言，要爲作史者必不可不知之義。

其於兩漢、三國兵、農、禮、樂、政治沿革諸大端，雖甚缺而勿論，當時或記者之未詳，或所言之未及，顧第弗深考。惟至表揚義烈，誅斥權篡，以後證前，即彼例此，一篇之中，凡三致意，則此書之宗旨，已誠讀史者所不可不講也。

觀先生此書之存，微言大義，揭日月以行天，因前代爲忠爲逆事迹，加之筆削，上追良史，而顯爲萬世植其常，固非忍料後人必蹈此局，乃先爲之防也。弟子聞其説，而乙乙筆於書，閲時至今，煒菱復因之校焉、刻焉，亦猶夫植綱常之義云爾，傳之後世，使人曉然於爲忠爲逆之迹。不幸而睹變局，蹈危難，心惺惺然俾無迷向，一若嚴師、大賢或左或右，特立之監者，是信仁人之言溥矣。

故煒菱之急謀校刻此書，或疑其必有所以也，謂其與時事有關耳。夫九江先生名世大儒，其言豈獨爲一時誥耶？且先生前卒已廿年，又安預料今時之必蹈此局者，乃先爲之防耶？乃按諸時事，同而不同，不同而同，斯又奇已。獨恨未能起先生于九京下，一再筆削之。於此而苟有曉然大義之人，當亦先生所樂，承有前言之益者乎。

嗟乎！忠與逆之迹，本不難知也。古之人，時或不獲逕行其忠，至委曲以求伸，孤抱激於義烈，有弗遑顧者矣。而逆之名，因爲天下所同畏棄，彼其力足以匡君戡亂之大臣，乃屈伏一世，不敢稍有舉動，良由拘此而惧耳。而巧于權篡者，愈無忌憚，一若顛倒名義，亦可爲所欲爲，寖復陰持其枋，關天下之口，而奪其氣。夫至忠與逆，亦爲疑似假竊之互相雜揉，而使人無能猝辨。悲夫！悲夫！古人于此，當甚願有良史才者，爲之一正其筆削，蓋不如是不足以汛掃天下晦塞沉霾之否，即無以爲一代綱常之扶植也。故善讀史若朱九江先生者，則亦古今良史之有賴也。

光緒二十六年庚子十一月海澄後學邱煒萲序

前漢書

《漢書》計其通體之漏，不若《史記》之多。自高祖創業至王莽之誅，爲時近則傳聞亦真，不若史公之承訛踵謬，難於辨僞。又得漢朝儒者通經傳者傳二百餘年，至彪父子相繼，經術日明，傳時甚近。況《史記》上通三千年之事，而《漢書》二百四十餘年之事，又易於辨僞得真也。

《晉書》内有張輔論《史》《漢》兩家優劣。人問《史》《漢》何如，曰：「史公紀三千年之事，書僅二十五萬言。固紀二百餘年事，竟至八十餘萬言。觀其書之多少，便知其高下。」意蓋右遷而左固，亦以繁簡論其高下，不得也。

史公之著書也，志在傳事，務宜將三千年之事迹，緯之以文理，繪之以筆墨。善於序事，易於動聽，使千秋萬世永垂不朽，人皆知之。而於内有關學問、經濟之文字，博古通今之著述，未之及載，蓋在序事，則文章焉能載得，各明一體也。

班固著書，另一意志，在詳一代之事。斷代爲書，皆漢朝之事，凡有益學問，有益經濟之文，以及經術之文、幹濟之文，皆載入，故不覺其詞之多且費。其本原盛大，皆與史公不同。

如《賈生列傳》，在史公正惜其爲人，謂懷才不用，無異楚屈原見棄於楚，遺於澤畔。賈生見棄，居於長沙，故用屈賈合傳，屈原則載《離騷》《天問》《懷沙》《漁父》等篇，賈生求其可與屈原相配，故載入《吊屈原文》《鵩鳥賦》等篇。

至班固則并《過秦論》三篇、《陳政事疏》皆載之，其深明大略，皆見於此。故劉歆論漢廷儒者，獨有賈生一人而已。賈誼於漢朝，名作不爲不多，求有益於經濟學問者，不可忽略。故當日班固爲之作傳，力表其經濟，當日所建白於朝廷者皆載入。即伐匈奴、王淮南等皆載入。晁錯則載其《教太子書》《論兵疏》等篇。又如《鄒陽傳》載一篇《諷諫吴王濞書》，《枚乘傳》亦載一篇《諫吴王濞謀逆書》，《路温舒傳》載《尚德緩刑書》，賈山《至言》諸等篇，皆救時良藥、經國大猷不可不載入以見其人之能事者也。

賈山之用意，同於賈誼。開國之主，易流逸欲。賈太傅、賈山俱以秦爲殷監焉。

至太史公終於太初以後，不及知《漢書》之載韓安國事。當匈奴入寇，韓主和親，王恢主用兵，其傳内載王恢彼此相往來之書，往返之間至十餘篇。一主於和，一主於戰，各爲論斷。雖十餘篇之文，皆保國安邊之遠略也。

又《韋元成傳》議宗廟之禮，漢初祀典未備，元成論禮制，皆引經據典，皆可爲後世法，又附入後來劉顔、匡衡之議。元成在武帝之世，數人在景帝之後，何以合載其議宗廟之禮？皆是引經據典，與元成之論，都是本本原原可爲大文者，故皆載焉。

又《劉向傳》載一篇《諫昌陵疏》，其疏多言灾異，皆汪洋大文，規切陳詞，有時亦不以人廢言。如谷永、匡衡雖氣餒，亦儒者，故於本傳録其奏疏不少。既如此，則書自不能少，故語優劣不以長短論。

至草草文無關緊要者，亦有載。如司馬相如之《上諫獵書》《諭巴蜀檄》者應載，即如《大人賦》等篇亦皆載焉。又如《揚雄傳》《諫伐匈奴》與《作法言序述》，固有用之文，即至《反離騷》《解難》《解嘲》《長楊》《羽獵》之賦，可以不載而亦載焉。史家之載，備一朝之文章，有於其奏疏見之者，而亦有於詞賦見之，如《書》《詩》所載，不廢《雅》《頌》之類。人皆知同體之善，班固乃詞賦大手，於沈博絶麗之文不能捨去，亦即歐陽修、宋祁之修《唐書》，於韓柳二公《韓文公全集》《柳河東集》其洋洋大篇皆載入，并采入《紀》《志》内者，或無當於是非。而文章希世，間作亦皆載焉，何止班固爲然。

至若與《史記》相較，如昨日所言，以《史記》之不合者，如《陳涉》《項羽》《惠帝》等篇皆是。即如高帝之子惠帝，吕后所出迎爲太子，天經地義。《史記》載許多母后刻薄梟子之事，即如齊王肥，惠帝之庶兄。高祖之時，固已受封爲齊王，高祖既崩，楚元王與齊王肥來朝，吕后固拒。惠帝之爲人仁慈，在宮中於諸兄弟用布衣昆弟之禮，故其來朝於吕后宫，惠帝以其兄坐於上座。吕后惡之，乃酌兩卮酖置前，令齊王起爲壽，齊王起，孝惠亦起取卮欲俱爲壽。惠帝爲人仁慈，見其兄將受酖，心甚不忍，故先取酒而自飲，高后恐，急取酒棄之。《史記》於《吕后紀》載之。

又趙幽王友，惠帝之弟，娶其妃乃吕后女，趙王弗愛，愛他姬，諸吕妃怒，讒於太后，太后幽於宮中，遂餓而死。此事之瑣屑亦載焉。吕后殺戚夫人一事，所謂人彘者也亦載焉。

至如《漢書》將酖酒一事收入《齊悼惠王肥傳》，蓋以酖酒之事乃小耳，非關國家之大不載入焉，此亦是也。又趙幽王友之事，亦不載入《吕后本紀》。《漢書》另外立傳，各歸其本傳，故《漢書》之體，較《史記》爲得其當，又於戚夫人之事載入《楚元王傳》，不載入《本紀》，況其瑣瑣之細事，可載之乎？本紀之體最尊，首歲月以定四時，次帝王以尊國統，非體國經野之事不入焉。以其爲本紀，當紀天子之大事，一國之大事，非若列傳一人而已。

有不如《史記》者，如《匈奴列傳》。匈奴冒頓寖驕，當高后之世，乃爲書使使遺高后曰：「陛下獨立，孤憤獨居，兩主不樂，無以自娱，願以所有，易其所無。」汚辱已甚，應削而不載，但書「以汚辱之言致於高后」，得其意焉可耳。其事《史記》不載是也。班固羅列出來，不明《春秋》爲尊親者諱之義。

如蒯通可不必立傳，説韓信背漢，反覆多言，而韓信不聽，可知其後斬於宮中之事，誣其爲反，實千古之冤。當兵權既削，如遂居谷處，豈尚反乎？雖有通之言，乃心公室，匪石不轉，史公之載入《韓信傳》，正所以表白其事，而《漢書》以其事另列於《蒯通傳》，不列於信傳，不知史公之意。如《韓信傳》見蒯通，《淮南王傳》見伍被，另立傳未免蛇足。長沙王吴芮，史公亦不立傳，亦史公之疎。漢家分封五十餘，開國之功臣，克守藩封者，惟吴芮也，史公不爲立傳，亦疎。

又重儒術。《史記》見之班彪父子，謂史公是非頗謬於聖人，論大道先黄老而後六經。前日已講明，《自序》謂自文王以至孔子，又五百餘歲至於今，歷數文王、孔子、周公之學，至老子則屈與申韓同傳，何得謂之先黄老乎？况史公之尊孔子謂夫子，可謂至聖矣，千古定評，至今依之。

但其序事經術，不如《漢書》之多。於名臣之傳，漢朝一代風氣都見，凡大疑難，皆引經據典，斷大事，釋大疑，亦孟堅之特識。

前所言以《春秋》决獄，以《禹貢》行水道治河，以《洪範》明灾異，以《三百五篇》作諫書，以《禮記》定郊祀大典。

如夏侯勝諫昌邑王一事之類。

如昭帝時惠太子入朝之類。

又如《蕭望之傳》，匈奴大亂，議者多曰：「匈奴爲害日久，可因其壞亂，舉兵滅之。」在朝諸臣皆欲伐之，訪於望之，獨望之以爲不然，因引經據典以斷之曰：「昔春秋晋士匄帥師侵齊，聞齊侯卒，乃還。君子大其不伐喪。」亦是以經斷事。

又如《毋將隆傳》，哀帝時董賢用事，上欲以兵送董賢及上乳母，將隆上疏曰：「家不藏甲，所以抑臣威，損私力也。孔子曰：『奚取於三家之堂？』臣請收還。」此事亦是引經。

張湯雖酷吏，仍用博士弟子爲廷尉，有獄未成，欲得經學之士以斷讞。兒寬，名臣，亦是以經斷獄。

張敞爲京兆尹，亦每引古義斷獄，時公卿皆重之。

《蕭望之傳》，大將軍光既薨，子霍禹、兄子山仍繼世用事。地節二年夏，雨雹，望之因上疏，願賜清閒宴，口陳災異，因曰：「昭公時大雨雹，謂當時臣下之權太重，使魯君察於天變，宜無此害。」

其餘如賈太傅之《治安策》，董江都之《賢良策》，賈山之《至言》，谷永匡衡之上疏，皆是有經術之文，故盡收之。故以繁簡論優劣，猶屬皮相也。

昨日所言置王莽於末，凶逆之臣爲千秋萬世炯戒，何以終於平帝不爲子嬰立紀，以載王莽事。子嬰之立，雖徒擁年號，而尚未斷絶，况子嬰之末亦光武之初，本可相接不至國統斷絶，此處亦嫌其疎。

昨論《史記·舜本紀》「自窮蟬至於瞽瞍皆微在庶人」，非也。《左傳》明云：「自幕至於瞽瞍無遺命。」又徵之《國語》：「蟬能篤顓頊者也，有虞氏報焉。」昨日已論過，今於本書又得一證：「釐降於潙汭，嬪于虞。」《大明》之詩：「摯仲氏任，自彼殷商。來嫁于周，越嬪于京。」嬪者，諸侯嫁女之詞，何以謂釐降，天子女下嫁，故曰「降與來嫁」。字義固同，詩人與書之句，亦相類，則降嫁侯國無疑，何以云微，此則太史公之誤也。

至若有人疑謂：「《六國年表》繼以秦楚之際，月表不曰秦漢而曰秦楚，加楚於漢上，似史公之不察而不知。」非也。蓋史公當日以秦爲無道，不欲以正統歸之，使承上三代，秦雖并六國，而父子相繼，十五年遂亡，謂之秦漢，是尊秦而貶漢也。不以秦繼三代而以漢繼三代，是尊漢正所以抑秦也。雖混一天下，而無仁政以守之，直與楚匹也。《十二諸侯年表》不言周，尊周也。《六國表》繼以秦楚，抑秦也。陸賈大夫作《楚漢春秋》，不如史公之正「君子大居正」之義，是可爲楚并稱乎？史公是矣。

至若《漢書》作《遷傳》，力揚史公，謂其文直、其事核、不虚美、不隱惡，故之謂實録。揚雄博極群書之言，班固引之以贊史公。

又《後漢書》班彪父子同傳，亦甚稱揚其作，贊謂：「司馬遷、班固父子，其言史官載籍之作，大義燦然著矣。議者咸稱二子有良史之才。遷文直而事核，固文贍而事詳。贍而不穢，詳而有體，使讀書亹亹不厭，信哉其能成名也。彪、固譏遷是非頗謬於聖人，而其議論，常排死節而否正直，不叙殺身成仁之美，則賤仁義、輕守節矣。固傷遷博物洽聞，而不能以智免極刑，然亦身陷大戮，知及之，不能守之。古人所以置論於目睫也。」贊其文而謂其輕仁義、賤守節，亦不能爲之諱如一部，大致彰善癉惡，多不没是非之公，要之於守死善道，舍命不渝，不甚稱揚，且有微言而婉惜。如《龔勝傳》，因王莽秉政身不仕，後王莽既篡，召龔勝如昭帝徵韓福之儀，致開五等之爵以召，勝不出，竟爲所逼，不食而死，是其大志磊落，雖伯夷、叔齊無異。班固於其傳末尚爲之惜曰：「嗚呼！薰以香自燒，膏以明自銷，龔生竟夭天年，非吾徒也。」

又《王嘉與何武傳》，贊謂：「當王莽之作，外内咸服，董賢之愛，疑讀擬，比也。於親戚，武嘉區區以一蕢障江河，用没其身。哀哉！」王莽、董賢正氣焰通天，尚可與之抗，乃謂爲「没其身」，則《詩》之「邦之司直，舍命不渝」、聖人「有殺身以成仁」不是，如揚雄之仕王莽乃是歟？

《翟義傳》當王莽初篡，弑平帝，立孺子嬰，自稱居攝，比周公之佐成，觀天下有貳己否。東郡太守翟義仗義而起，以爲宰相之子，不可不起兵討賊，雖當此時，亦明知卒命不成，而亦見危授命之義。固謂：「義不量力，懷忠憤發以隕其宗。悲夫！」故范蔚宗譏之，誠然也。如不仕王莽之臣，逃身自存如霍欽、聿容、曹禹等，固不爲之立傳。如薛方、李業，亦一概都無傳，難免後人之譏。

怪不得謂其排死節，否正直，不録殺身成仁之美，《漢書》之失，莫大於此。至若其體例之稍疏，雖無關大要，如宗室天潢之祚，國姓早著，人所共知。如《荆王賈燕王澤傳》，不應稱姓，如楚元成王交悼惠王肥，可也。

如萬石君奮，史家應稱二子俱二千石，世人稱爲萬石，傳中不應以作題目。

如楚兩龔，皆見於傳中，非同一族而相善；皆彭城人，謂之楚兩龔，不應以爲題目。

又《史記》之爲傳，錯綜其事，彼此互見，如《陳平世家》附入王陵事，張蒼附入趙堯、任敖事，旁見例出，以見文章之妙。

至班固，陳平既有傳，王陵又有傳，張蒼既有傳，而趙堯、任敖又有傳，而陳平之事載入王陵而陳平傳較少，張蒼事載入趙堯、任敖傳而張蒼傳較少，詳略失宜。

又《貨殖傳》載白圭已不合，并載入子貢等事，失於限斷。况斷代爲史，何以載及上古。

至若《古今人表》，更多人譏彈，所載全無與漢事，斷自高帝至於孝平，而《古今人表》，自上世以至秦，無一漢人，與題不稱。

而《古今人表》，非固所作，乃其妹班昭所作。固既卒，此書尚欠八表，欠一《天文志》。昭帝命其妹曹大家續成之，則《古今人表》乃班昭所作，而亦不爲無功。

蓋以漢人自戰國以後皆以孔墨并稱，至《古今人表》所論列，夫子爲上聖，顔淵、冉子、曾子、孟子、荀卿皆爲大賢。分三等，上上聖人、上中仁人、上下知人，爲上等。列入上等者數十人。

而聖人、仁人、知人，亦本夫子之言。「何事於仁，必也聖乎」，則聖高於仁。又「未知焉得仁」，則仁高於知。可知於身通六藝之士皆載入焉。他書所載之人，或入或不入，至夫子所論者皆載入焉。

《漢書》孔墨并稱，致謂孔子栖栖，墨子皇皇，墨子之席不恬，孔子之席不煖，今其表老子列第四等，墨子列第五等，其特識與史公同。

宋人之刻《史記》《漢書》，有兩書，一本北宋盛行，仁宗之代所刻，照《史》《漢》之舊。一本徽宗以後刻。徽宗好道，自尊道君，見《史記》列傳老子不居傳首，遂升老子列傳爲第一，伯夷次之，老子列爲上聖，此北宋之季所刻也。

《南史·劉之磷傳》忽然有一僞書出，今不存，見於《劉之磷傳》尚可以知其點竄改易之處。謂當梁武帝之世，有人得一部古本《漢書》，三十八卷，獻於河陽王范，因進於昭明太子，命其宮僚太子積學之人，宮中僚屬皆是。將其書交劉之磷等校，與今本不同，多有分別。原《漢書》百二十篇，即《隋書·經籍志》亦謂百十五篇。《本傳》謂百篇，分上中下也。今所校求不同，其一本謂全書，皆自爲次序，非十二紀之先高祖次惠也。又校得有永平二年八月二十五日，著作郎班固上一柱，又謂班固自《紀》尾作《序傳》，非班固置於末，不謂《序傳》而謂《中篇》。不見班彪之事，但云彪自有傳。又謂《外戚傳》在西域之後，又到王莽後，人校之僞迹顯。然謂爲《書》三十八卷如今本，何能包羅宏大？且西漢時無紙，仍絹素乎。又謂八月二十五日班固上，更謬。班固時，有人告其私改國史，明帝下之獄，見其《書》善，命爲蘭臺令史，至章帝時，始有條貫，固卒尚欠八表、《天文志》，復令其妹續成之，何有上書一事？即卒業，亦非永平之世，不知《書》之始末。

至若《叙傳》内第四述韓信、英布、彭越、吴芮，盧綰謂「韓信爲隸，布實黥徒，越亦狗盗，芮尹江湖，雲起龍襄，化爲侯王，割有齊楚，跨制淮梁」等語，古本《漢書》改之，應從古，而《張晏傳》亦用此數句而已。至謂《序傳》爲《中篇》，更奇，古人作序俱在尾。

謂彪自有傳，更不知史才。彪在光武時，始舉孝廉。既爲東漢人，何以入於西漢？蓋六朝時多僞書，百家多言黄帝，上世已多，何有六朝？

後人爲史皆倣班、馬，故二書多與經同。《史記》後人改者多，故少古字。而《漢書》無改，則古字尚多。宋倪思，字文志，有一部《班馬異同》，班固之用《史記》猶《史記》之用《左傳》，而分合之處皆有異同，不可不知。《史記》後世爲之注解者甚多，裴駰之《集解》，司馬貞之《索隱》，張守節《正義》。明朝時有一部《史記評林》，至多批語，又詳其文法，最爲詳備。至國朝好梁王澄，有一部《史記志疑》，不論文法，但參事迹之誤。

至若《漢書》顔師古《集注》，太子乘乾、顔師古作注。《漢書》辨僞得真，於此書討論之。仍有未盡者，故北宋時劉道之敞、劉貢父攽元甫兄之子。奉世有一部《兩漢刊誤》。朱子之門人吳仁傑斗南作《補遺》，皆是詳於西漢而略於東漢。

後世史家雖多，而《史記》之通史，《漢書》之斷代，固是自開其體例，而文章之妙亦超絕千古，故杜牧之有云：「高摘屈宋豔，濃薰馬班香。」

後漢書

論其書，大段綱領加密於前史，近正於前史，故其年代雖在三國之前，而著書之人實則遠出於東漢之後，而范氏之書卒勝於前，列爲正史者蓋有由也。

范蔚宗，南朝劉宋人，維時紀東漢一朝之事，不傳之書不知其數，自范史一出，而諸書遂亡，即著名之籍至唐時猶未亡者，不下數十餘，而范史卒駕其上，可知其精也。

謂之范蔚宗《後漢書》，亦略言之。然尤有别歷代之史，無論私修與及官書，皆同出於一時，惟有《漢書》不然，兩書合而爲一書，其《紀傳》九十卷，范蔚宗所作。《志》三十卷，晋人司馬彪所作。以少統多，故曰范氏耳。

司馬彪，晋氏之宗室。宣帝之孫，字紹統。雖宗室，以文字見長。自世祖之興下迄獻帝之廢，二百年來之載籍，未有良史。諸家之作，每多繁雜。又以順帝之後多缺失，即其所見爲《書》八十卷，主意以爲繁雜，不足爲《書》，務爲删裁，合上下之人，不過得五十卷。又以順帝時朝事多缺，故特詳於制度，極搜羅之功，務於國政朝章力加補益，於《志》爲特詳。《紀傳》五十卷，而《志》已三十卷，當其時謂之《續漢書》，亦史未出之《書》一大部也。

又百餘年而至東晋至宋，其中歷西晋以至於劉宋，范氏當宋世元嘉時而後著書，去司馬紹統之時已百餘歲，非其爲《書》，未免遺於《志》。但先作《紀傳》，而諸《志》尚未成，後以孔希先之事下之獄，而當其臨命時，以十《志》稿附之。一説謝儋。范之爲人，恃才傲物，平日意度豪放，以爲人皆可托，不謂謝儋得其稿，因而掩之以報復，不惟不與之鈔寫，且因而毁裂，竟至腊以覆車。古者未有油然，但用蠟於紙以書字，所謂硬黄也。其《志》遂亡，不知者以爲范氏不能志，僅以《紀傳》傳，非也。

今附入《後漢書·志》三十卷在於何時？大抵司馬彪之《書》，其精華皆在於《志》。《書》，古人所共讀，故六朝蕭梁時，劉昭取而注之，隋唐之時，兩《書》各行，未有合。至北宋太宗時，儒者孫奭上言於朝，謂范氏《書》無《志》，請以劉昭所注三十卷之《志》補入，然則補入者自北宋始，論者疑之。至今《後漢書》尚有梁縣令劉昭注補，既謂之注補，恐補之自劉昭始。今人刻書有謂補注，不知所謂補者，補范氏之所無，所以通融言之前人未有注過，非補注其書也，而劉昭私取司馬彪之書補入，故謂之注補。然一家之《書》如是，而行世之《書》尚仍單行，至北宋時定爲《後漢書》，以其《志》合之，立爲官《書》，蓋出孫氏之特奏，而官《書》雖未有合成一《書》，而民先已通行矣。

大凡見於文字，不可鹵莽，恐爲識者所笑。如言十《志》，當云司馬彪《志》，《紀傳》則范氏

《後漢書・紀傳》。

國朝始如孫北海星衍、李榕村光地，亦有學人，然尚稱范氏《後漢書》某某志，至今猶爲人所笑。其事雖小，亦不可不知。

通觀全書，已負氣不讓。范氏當下獄時，負其生平，因及《後漢書》，直有自謂「自《循吏傳》後，議論激發，實天下奇作而不止」，此自《光武紀》已見之。又謂其《論贊》「無一字虚設，體大思精，比方班父子不但不愧之而已」。然以《贊》而論，不見好處。

今謂合觀其書，體密於前人，論正於前人，蓋自詡，亦有由，先言其好處。

如《本紀》帝之後，前人如《史記・高帝本紀》繼以高后，抹煞惠帝在位七年一朝之事，不爲惠帝立《紀》，故班氏不從。其不從，是也。先立《惠帝本紀》，而後繼以《高后本紀》，但所有諸王公侯、藩封外戚、恩澤功臣、列臣列姓、文武佐命，下及於高蹈之士、諸生韋布、一藝之能，皆爲之立傳，而何以天子之后，上配至尊，理六宫之陰教，獨將《皇后傳》附入《外戚》，不知外戚由皇后而得名，猶宗室由天子而得名。皇后可附於外戚，然則王者之傳附入宗室可乎？范氏不從是也。亦有皇后、外戚另作一篇，以繼《帝紀》之後。但抽出一種，以繼帝王之後是也。但不能稱《本紀》，謂由高后來。蓋高后當時，用人行政皆吕后，故謂之《本紀》。而范氏一概謂之《本紀》，誤也。紀者，繫日月以成歲時，書君上以顯國統，其體最尊。而所紀皇后，皇后，妻道也，地

道也，地道無成，何以謂之《本紀》？東漢皇后臨朝者，蓋有六人，而既紀於諸帝之紀，如或武后之朝，用人行政皆由武后，而夫死從子，僅謂攝政而已。如周公攝政當日，周公曰王若，不能稱獨斷之義。

至若立皇后之紀，明而未融，有勝於《漢書》，有誤於《史記》，而其別皇后於外戚中，自范氏始，亦見其得中。

《列傳》亦斟酌歸於至當，如自《史》《漢》以來，於大傳之外遂有《儒林》《循吏》《酷吏》《外戚》《佞幸》《游俠》而未已也，何以故？聖門文學子游、子夏則有學亦有文，既立《儒林傳》，則傳經之家實學歸焉，至若文章之事，何足上擬《儒林》？不然，孔子言《儒行》云：「近文章，砥礪廉隅。」又謂：「修詞立其誠。」更又謂：「言之無文，行之不遠。」論者故謂「夫子之文章」，魏文侯《典論》「文章者，經國之盛世，不朽之大業」，信然。故三代以上，《典謨》《訓誥》《誓命》皆有文章可觀，孟堅所謂大漢之文章，炳然與三代同風。《儒林》之外，不可無《文苑》，故立《文苑傳》。

自後人如《循吏》《酷吏》《佞幸》前説所有，大凡著書之體，視其時之風，會前人所有而後人所無者，不妨删。前人所無而後人所有者，不妨增。自西漢以來，未始無宦寺而用事者少，故孟堅所載鄧通、董賢等，只入《佞幸》而已。至東漢之時，宦者用事不可勝言，至國統屢絶，蓋漢母后臨朝，不能交通於外，惟宦者是賴。故是時，宦者至有口談天憲，托爲王命，凡有所作之事，皆是假重朝廷以罔上行私，遂有流爲廢立宦者爲功臣者。桓帝之位，以宦者而得立，故以爲功臣。如孫程擁順帝，自後權勢愈重，至於十常侍而極，則奄宦之流毒，前朝固未有如此者，如何不立《宦者傳》？

後漢之世，朝政不綱，至奸人用事，敗壞朝廷，蕩摇國政，至敗亂天下，居中任事如十常侍者，當時亦有特立之士，獨立於世，如風雨如晦，雞鳴不已。不遇世難，不知其人之骨鯁，故疾風知勁草，世亂識忠臣，則又何可不作《獨行傳》？

又有亂世之時，高舉遠引，龍德而隱，鴻飛入雲，履潔懷清，置理亂於不知，屏黜陟於不聞者，故又不能不立《逸民傳》。及其末，力持清議以抗奸回，扶持國難而遂三君，八俊、八愷、八及、八厨各等，以名義相高，桓、靈時皆入黨錮，又立《黨錮傳》。凡此皆抑邪崇正，有益千秋萬世者也。

自聖人删《書》，首釐降傳，《詩》首《關雎》。故女子之事，雖不能比於男子，千秋節烈而有節行才德者，如劉子政創爲《列女傳》十三篇，安可或遺？又補作《列女傳》。補作者，凡七類，累世相承不可或廢，雖因，亦創也，體例之密如此。

皇后之有《本紀》，特范氏不能改，非其所自始。華嶠作《後漢書》九十七卷，論者以爲精當，於《帝紀》後即立《后紀》。《帝紀》八卷，《后紀》二卷。華嶠去范氏七十餘年，范氏之作因之，特不能改耳。

至若體之近正處，更非尋常之所可及者。前人紀東漢之事，多從更始先起。劉玄，字聖公，即位於白水，後以漢兵誅王莽於宛城，後建立大號，謂之更始元年、二年、三年。光武之興，初亦劉聖公所封，其始亦北面事。更始碌碌，不免爲人所惑，而劉伯升起事之首，更始之國所賴以興者，竟以無罪見殺。光武知其不足有爲，遂爲起兵於河北，後從諸將之議，即位於鄗南。而聖公遂日以就削，乃旋爲赤眉所滅。聖公與赤眉争地，不勝，卒爲所弒，則更始者亦如陳涉者耳。光武以衆人爲心，即位封更始之子爲淮陽王，又爲忘怨而厚報。後人以光武先事更始，謂立《本紀》應從更始而後及光武，是何言歟！秦之後猶有義帝，竟以懷王冠高祖，可乎？不可。帝王之興，必有人爲之驅除，如日月將出，先有啓明，及月出，而其星不見矣。范氏故從世祖光武起，建始爲先，天經地義，不可移易。又聖人《春秋》之作，惟有孟子知之曰：「孔子成《春秋》，而亂臣賊子懼。」故杜義大明，雖莊、列之徒不能易。曰：「《詩》以道志，《書》以道事，《禮》以道節，《樂》以道和，《易》以道陰陽，《春秋》以道名分。」降及後世，其義微矣。自從陳壽作《三國志》，自以居晋之官，晋之臣也，晋之天下受之魏，雖三國并稱，未有低昂晋之臣義，尊前統以魏爲正統，以吴、蜀爲僞，使以吴、蜀爲正統是僞魏也，僞魏即僞晋也，於是不得已爲魏帝立《本紀》，吴、蜀謂之《傳》，雖曰三國，而魏仍作《本紀》，勉强行之有如此者，更有多所回護從而曲筆，其書可燒也。

如《武帝紀》内，問應當實言其事，如領冀州牧，爲丞相，加九錫進爲魏王。至丕之篡，漢人所共知。乃陳壽爲之曲筆，謂天子以公領冀州牧，公讓，還兖州。於自用爲丞相，亦謂漢罷爲三公官，以公爲丞相。至其後又謂策公爲魏王，加九錫。至操逼殺伏皇后，殺皇后二子，陳壽乃曰：「皇后坐昔與父故屯騎校尉完書云帝以董承被誅怨恨公，辭甚惡，發聞，后以廢黜死，兄弟皆伏法。」可謂軟底徘徊。後至丕之篡漢，又謂天子以衆心在魏，召群公卿士告辭高帝廟，使大夫奉璽綬持節以禪於魏。孔子成《春秋》，而亂臣賊子懼。自有此筆，而亂臣賊子喜也。自陳壽作《三國志》，而後晋、宋、齊、梁、陳南朝皆然。北朝自魏而東西魏而齊而周而隋，皆是篡弑。故自晋至北宋魏祖，一概從此書法，及帶劍不跪不拜、凡十二旒奏、事不稱臣、受詔不拜、滔天罔上之事，皆從此出，以爲天命所歸，竟成故事，皆《三国志》開之也。山陽柴陵王、靈陵王之類，自《三國志》當日壓於晋人，故從曲筆以晋操丕之故轍，如司馬睿、司馬師皆是。雖係隔一代之人，而爲晋起見一朝之事，關涉前後，欲其一律，故謂天子以某某云。不知此等方便之門一開，自後六朝之史，皆因之視爲自己藏身之固。故歐陽公謂：「作史者，明不見刑辟，幽不見鬼神，若有所迴護於其間者，其書可燒也。」

惟范氏明目張膽言之，故《漢獻帝紀》「曹操自領冀州牧」；又於曹操之自廢三公爲丞相，又直書曰「曹操自稱魏公加九錫，後自爲魏王」；又於曹操殺皇后一事，又謂「操逼殺皇后，滅其二子，皆酖殺之」。至忠義之士，如少府耿紀之興兵伐操。而《三國志》乃謂：「少府耿紀、司馬韋晃等反以攻許昌，燒丞相長史王必營，必與嚴匡討斬之，夷其族。」

范氏《獻帝紀》謂少府耿紀、丞相司直韋晃起兵討曹操，不克，夷之族。是耿紀、韋等乃忠烈之事，雖事不成，而至於夷族，千秋萬世後，凛凛如有生氣，范氏表之，可謂特筆也。又曹丕之篡漢謂魏王，丕自立爲天子，奉帝爲山陽公，范氏之直言如此。陳承祚晋人，於本朝有忌諱，范氏宋人，亦隔兩三代，而其上紀漢魏之事無所容其忌諱，後人修史，皆倣於陳氏，何以范氏之書，如鳳鳴朝陽。范氏亦當六代昏無天日之時而能爲此直筆，亦可謂特識矣。

范氏於班固父子傳：「司馬遷、班固父子，其言史官載籍之作，大義燦然著矣，議者咸稱二子有良史才。遷文直而事核，固文贍而事詳。若固之叙事，不激詭，不抑抗，贍而不穢，詳而有體，使讀書亹亹不厭，信哉其能成名也。彪、固譏遷是非頗謬於聖人，然其議論常排死節、否正直，而不叙殺身成仁之美，則輕仁義、賤守節矣。」大凡殺身成仁之事，昭然古今，范氏既以此譏固，故於殺身成仁者，一時著論皆歸美於此。頑廉懦立，傳之千秋，而於《獨行》《黨錮》等傳，又爲之極力揚誦，表正人倫，要之史之義所以配經而不能表正人彝，用史何爲？與班固迥别也。

東漢一代，除光武中興，無一壽考之君。光武以二十八歲起，歷更始，元二年即位於鄗南，後改元建武，得三十二年。後改中元，得二年。通計光武之在位，得三十四年，其壽得六十三歲。《東漢本紀》云：「帝崩於南宮前殿，年六十二。」此誤也。光武以二十八起，三十即帝位，建武三十二，中元二年，共三十三年，云六十二，誤也。

光武年僅逾一週，後來愈尾愈尖，傳一代仍甚一代。國勢甚彰之時，亦明聖相繼，今講東漢之致治，光武年六十三，子明帝四十八歲。時杜氏臨朝，章帝三十三歲，子和帝二十七歲。亦不失爲中子。其少子爲殤帝，生百餘日而即位，逾年而崩，得二歲。鄧后乃迎河孝王慶之子，章帝長子。是爲安帝。安帝不過年三十二歲。安帝初，廢長子。因讒而廢。既崩，嚴后不立其子，乃迎北鄉侯懿立之，立於三月，至十一月而崩，謂之少帝。後宦者孫程等迎順帝立之，即廢立者，安帝長子。亦不過三十歲。沖帝即位，亦三歲。順帝梁氏迎立外藩千乘王子，遂立質帝，亦得八歲。立之二年，爲梁冀所弒，不過九歲。後皇后與梁冀迎蠡吾侯子志即位，是爲桓帝，後桓帝崩，得三十六歲。無子，皇后與父竇武迎瀆亭侯子，是爲靈帝，當靈帝崩時，年三十四歲。靈帝二子，長子辯，十五歲即位，即爲董卓所廢，年十七。立獻帝，名協。獻帝即位，亦得二十六年，後雖爲曹丕所篡，而丕封爲山陽王，卒於魏明帝時青龍二年，蓋有五十四歲。

通計一朝，大抵開國之始其君壽考，作人其臣，天壽平格，必主明臣賢，爲日長久。子孫衆多，故其子成立以後，方繼爲君。至子少，勢必母后臨朝，其子而能長成則可矣，如不然，又要旁枝入繼。

故《後漢書·皇后傳》序云：「東京以後，王統屢絶，權歸女子，臨朝者六后，外立者四君。」王統屢絶，自古皆然。君壽短促，每易無子，即有亦幼，勢必母后臨朝。其子長成，便易，不成，必外立以入繼。故通計東漢一朝，如安帝、質帝、順帝、桓帝，豈不是外立？

故周公作《無逸》，肆高宗之享國俱數十年，而自時厥後，或十年或七八年，或四三年，如上所言，可爲悼嘆。光武十子；明帝九子；章帝八子；和帝長有病，故傳殤帝，實得一子。如晉自元帝渡江而後亦有百餘年，元帝號稱爲中興，而明帝亦賢君，不過得二十二歲。二歲即位。至長，莫過於海西公，爲桓温所廢。又唐朝自高祖、太宗開國以來，大抵有壽者多；至玄宗而後年代亦漸促，順宗四十二，獻宗四十一；後中唐世，穆宗三十，敬宗十八，文宗三十二，武宗三十二，宣宗稍長，四十二，懿宗尚有四十二，僖宗二十七，昭宗以後，遂移於朱梁。唐祚至中唐以後，亦不見有週甲，大抵不過三十餘、二十餘，與東漢、晉一轍。所以《袁安傳》謂：「每念王室之衰，至於流涕。」故庚子山《哀江南賦》序亦云：「袁安之每念王室，自然流涕。」

至若《後漢書》，前言著書之體密，議論之近正，亦有疏處。其大端之失，在於不立《表》。自《史》《漢》相傳，《紀》《表》《志》《傳》未嘗或缺，至《漢書》删《世家》，改《列傳》，已不是。漢未嘗廢封建，後來不立《世家》，唐以後俱以五等之爵，皆是虚語，如食邑某十萬户之類。若漢則不然，非在朝夾輔即受藩封，今不立《世家》，則王子孫勳臣皆有土者，而子孫之事多於祖父，是末大於本、枝大於幹。班氏已誤，而《表》非自班氏始作。《表》之廢自范氏始，後人謂《表》可以無，即劉知幾《史通》亦爲通人之蔽。

《紀》者紀一朝之事，用人行政，舉其大綱。《列傳》無論爲諸王、爲勳臣，如係顯有功過，始爲立傳。如其人平常無稽，無關君國，亦傳之不勝傳，而厭其繁。若其人而或在勳臣之次，或居宦者之列，無甚大勳可紀，而其人固爲宰相，爲某官，不立《公卿表》《百官表》，則何人某月爲宰相，某月何人罷宰相，某月何人卒，令後之讀者按其年月考其官職，細考以來，就知當日某皇帝之時某年月某人在某官職。

如《封建表》《藩鎮表》一定必立《表》而後明。今《後漢書》不立《表》，《本紀》有而後知《列傳》所有，而後知之以《紀》紀其大綱，《列傳》中有幾人不立《表》，不亦略而無所考乎？《表》始於周公，非自馬、班始也。試觀齊時宰相王儉固百家之書，因而問於劉藐，藐曰：「按《史·年表》謂旁行斜上，并效《周譜》，蓋周公所作也。」今何以廢之？後人觀得失於某年月中，何以稽考乎？

後人以其無《表》，南宋時有洪芳者作《後漢書·年表》十卷，以後人追序其事，無不在本書出，因其本書之内所有者，歷歷收之。至有與漢末相關，取於《三國志》。東漢之初，取於前漢。

桓、靈以後，兼及《三國志》裴松之注，餘從本書，庶不必淆訛。事隔千年而無可如何，其書尚存，四庫書亦收之。

以後如南朝晋、宋、齊、梁、陳，北朝魏、齊、周、隋，間有爲《志》者，亦不立《表》，皆自范氏缺亡始。後代書之立《表》，自宋祁、歐陽修《新唐書》而後立《表》。

自後宋、遼、金、元知《表》之不可廢，以後復得史裁之正。

劉知幾《史通》於取撰一篇，力彈記事之駁雜，史家要慎采擇，如文人好奇，每取及異説，以爲傳聞云，至如禹生啓石，伊産空桑，海客乘楂以登漢，姮娥竊藥以奔月，如斯踳駁，不可彈論。固難以污南董之片簡，霑班筆之寸札，而范蔚宗增損東漢一代，自謂無慚良直，而王喬鳧履出於《風俗通》，左慈羊鳴傳於《抱朴子》，朱紫不别，穢莫大焉。

左慈、羊鳴等共立《方術傳》亦屬可無。如醫、卜、巫、史之屬，亦聖人之支流。聖人興物以前，民用雖小道，必有可觀者焉，未嘗無補，或絶技足以濟人，載之國史，由本及末之義也。

技藝中書其偏端亦足以佐一時，則不妨於載及，不獨後人爲然。即如《左傳》裨社梓以及醫和等皆載，或以醫術取重而有濟於人，或以卜以相而有益民也。《史記》中《龜策》等列傳，亦皆載及。然旁搜異聞，亦深累史裁，如《王喬傳》漢明帝顯宗時朔望每朝，帝見其來，不見車騎，密令人伺之，言其至輒有雙鳧向東南飛來，舉網張之，得雙舄焉，命上方衫視，則四年中所賜尚書官履也。

又《左慈傳》謂慈少有神術，於曹操座上，多神異之事。操欲殺之，入於壁中，霍然不知所在。後見於陽城山頭，復逐之，遂入於羊群。操知不可得，乃就羊中告之曰：「不復相殺，試君術耳。」忽有一羊羝屈前兩膝，人立而言曰：「遽如許。」即競往赴之，而群羊數百皆變爲鼠，并屈前膝，人立而言：「遽如許。」遂莫知所之焉。劉知幾謂其駁雜，信然。

全書力矯班固之失，表揚節烈，秉節不回，激烈言之，存一朝之忠烈，舍命不渝者皆表揚之。如陳蕃，謂其能存漢二百年之祚。《孔融傳》謂曹操不敢動其惡，「孔融而在，孟德不敢動於惡」，亦見褒揚正直之功。

沈約《宋書·鄭傔之傳》謂後漢不亡，猶以爲諸家之力，即暗指范蔚宗有可議者。張純與曹褒、鄭康成同爲立傳，以爲張純者亦議禮之儒，而不考其始末。純，張湯六世孫。張湯，酷吏也，入其傳云湯父張放，放，佞倖也。安世其高祖父，并張湯書於《酷吏》之中，及再傳於其父張放，入《佞幸》。張放，西漢之末人，後因有諛王莽之功遂入侍中，王莽時合列侯九百二人，上書於朝，請加王莽九錫，即張純也。「莽篡，爲列卿，當時之人都謂之名臣，宜加於曹鄭之上。而當漢氏之亡，純乃合列侯請加莽九錫。爲率先翼奸長篡之賊天下之背逆人倫者，莫純若也。王莽既篡，又復靦顏以事之。」若而人尚以爲名臣，范蔚宗以之與曹鄭合傳，真所謂佛頭加糞者矣。

光武褒揚節義，不及張純，而其後乃有議禮之功，光武不治之，則亦已矣。光武時，不仕王莽者甚多，亦皆有所褒揚焉，如卓茂不仕王莽，光武褒德，列於雲臺二十八將之中，不及張純，有逸罰焉。今范氏不追正其非，至與大儒同傳，誤也。

又中葉之世，近漢初時，有王仲任者名充。能爲文，即作《論衡》者，同王符、仲長統同傳。韓昌黎作《後漢三賢》見於《韓昌黎集》。其人亦有盛名，但雜而不純，范氏作《王充傳》，謂「充少孤，居鄉里，以孝聞」。而《論衡》内自辨其微賤，謂「祖父雖頑，已有德行，不以世累」，其悖謬之處，至斯而極。又云：「母犂犢騂，不害於中牲，父惡子孝，無妨其仁。鯀黜禹興，瞍頑舜聖。伯牛有疾，仲弓結寸。顔路庸固，回軼昭倫。」何以此等人亦謂之孝？庶人有善，歸於父母，詆謗其祖父，尚謂之孝乎？此二事皆有失。

至若後人有謂：「鄭康成儒者，未服官於朝，如賈逵、鄭衆、伏虔、許慎之徒，無功可紀，但以列入於《儒林傳》已也，何以與朝臣著爲《列傳》？」不知鄭康成漢之大儒，夫子之籍亦得以講論討明，范氏尊爲《列傳》，猶之孔子儒者而入於《世家》，如孔子七十二賢亦入《列傳》。子游習禮，子夏習詩，亦一儒者耳，而通天地人之謂儒，夫子亦以儒者自居。《莊子》云：「東魯之大，儒者一人而已。」《史記》入於《世家》，仲尼子弟入於《列傳》，所以尊聖人也，故鄭康成之不入《儒林》而入於《列傳》，正見范氏之尊大賢。

故元托克托修《宋史》，力尊周、程、朱、張、邵六子，謂之《道學傳》。托克托欲尊六子，另作《道學傳》，後人譏之謂：「六君子雖大功，無加儒者之上，何以不入《儒林傳》而別立一名目耶？」謂《道學傳》可以不設，而亦不可以入《儒林傳》與孫奭、葉英、郭翁同類，然則如之何？用古人之例，入《列傳》不入《儒林》，如董仲舒亦經生，而不入《儒林》而別立一傳，以推尊也。又如《唐書》所載唐昌黎韓子，亦經生，如董仲舒、鄭康成等，別爲一傳可也。則六君子亦自爲一傳，於《傳》贊將六君子力爲表揚之可也。如忠孝之士有功於後世，則爲之立傳而顯其功，而子孫付焉。六君子爲一傳，其門人之表表者附之，便合故後人謂鄭康成布衣，不應立傳與曹褒等，而不知作者有微意焉。

又有謂《列女傳》應於貞潔孝義之女載之可也，今不載徐淑而載文姬者，何歟？文姬，陳留董禮妻，乃蔡邕之女，不過能文而已，不應載之。不知婦人有四德：節、孝，德也；婦言、婦功，亦德也。故劉子政十四篇《列女傳》，南子亦載之。南子豈不是失節？以其聰慧能識蘧伯玉之車輪，以其一節可取，未嘗不載入者。列女者非如節烈之烈，如列士、列侯耳，故有才高一世，皆可載入。後世著書，不明此義，爲人作省志、府志、縣志等書，但使飲冰茹素、離鸞寡鵠者一一載之，而有名才文學者不及焉。如安常處順，何以節聞？如曹大家之博學、蔡文姬之捷才，皆不載。如《列傳》中但取殉國難、守死節一類人，何以成國史？皆讀錯列字者也。

張衡謂更始之立，人無異望，光武嘗北面事之，則光武之先一傳更始。之後袁宏作《後漢紀》因仍張衡之説，云應立《更始本紀》。光武兄弟事之，奉其節度，曾爲其臣，北面以事之，當更始之時，三王之亂，勤王之功，皆由更始，乃遽設《光武本紀》。更始奄有天下雖不久，亦當爲之立本傳。袁宏之論，是否非也。光武之兄伯升，更始依以立國，後譏殺伯升，後更始有爲光武遷定河北，然後稱帝。迨後誅王郎，封蕭王，始貳於更始，何謂慚德？乃不料更始不旋踵而降於赤眉，尋爲其所殺，而更始遂亡。光武不以其殺兄之故，後即帝位，以其子封爲淮陽王，亦仁至義盡。光武，景帝九世孫，中興繼祀，何謂不合？倘如袁宏之説，高祖與項羽同事楚懷王，後羽殺懷王，高祖仍事之；其死也，高祖爲之發喪，後又爲之立其子以繼統，亦改爲懷王，後始改義帝，將《史記》《漢書》俱要以之冠《本紀》之先乎？大抵帝王之興，必有爲之驅除者。如明太祖初亦奉韓林儀，至從其國號曰「龍鳳某年」，則亦當冠《太祖本紀》之先乎？

謂如張純不應入《名臣》之類，至與曹、鄭同傳。今細想，陽球秉正嫉邪，守身刻厲，董宣守正强悍，不爲帝屈，都爲直臣，何以置之《酷吏傳》？董宣剛正不屈，自應與宋宏等同傳，至如陽球詆觸宦臣，應與李膺、杜密同傳，不應入《酷吏傳》。大凡剛直之人，每多激烈，知有君國之事，不顧其他，所謂厚於仁者薄於義，厚於義者薄於仁，自古爲然。即如海忠介、包孝肅，總之言其大者而已。其局狹寡容，亦性中帶出之處，爲史者當觀其大體。此處亦有疏處，不能爲范氏諱也。至若偶有失檢史書體例，皆要體名，如更始稱劉聖公，光武之兄稱伯升，劉玄曾舉聖公，因其曾舉大號，光武有稱臣之義。爲史者不稱名，事雖敗，仍有君臣之義。東漢開國始於伯升，《王莽傳》亦曰「伯升」，《齊武王傳》亦不稱名，俱尊之也。如張召與范奭，元伯，召字；巨卿，奭字。何以獨稱元伯、巨卿？蓋先有爲之傳者。在當時，文士之并世，稱字可也。後世入史書，仍稱其字，不可也。亦偶然之誤。至有因忌諱之處者，亦有之。如王允與司隸校尉鄭公業討誅董卓，公業，鄭太之字，蔚宗父范泰，如郭泰亦改爲太，當時固一家之書可以避，猶《史記》宦者趙淡亦改爲趙同，俱是一家之諱。

自《晋書》以後始有官書耳，後人亦有譏其《方術傳》所載如王喬鳧履、左慈羊鳴之類，何以不載于吉？據《三國志》裴松之注引《江表傳》云：「當有道士于吉自符水治疾，於是一時之人敬慕之。孫策會諸將於城樓，于吉過其下，諸將皆下樓迎拜，孫策怒命斬，諸臣皆請救。策曰：『昔交州刺史舍前聖典訓、廢漢家法律，焚香讀道書，云以助化，卒爲南夷所殺。今于吉等惑世之事，皆無益，但君未悞耳。』斬之。後孫策出獵，爲許貢之客所射。歸治，其劍仿佛見于吉在左右，深惡之；創差，執鏡自照，見吉在鏡中，視而弗見，因撲鏡大叫，創崩裂而死。」此乃建安初事，應入《方術傳》，而范氏非不載也。觀《襄楷傳》，當漢順帝琅琊宫崇上其師于吉於曲江陽泉水上，所得神書百七十卷，皆陰陽五行，而多巫覡雜語，時以爲妖，收藏之，然則未嘗不載入。在順帝時，已有于吉。下隔建安時，已六十年。事其初已能著書，至孫策時非已百歲乎？問應如于吉附《襄楷傳》就不覺，而左慈、王喬等傳，便入稗官野史一流。其於任文公、上成公、郭憲等皆載，皆涉於怪妄，不可言史才。

若劉知幾所謂論後又作贊，過爲繁瀆，亦然。史之有贊，亦出經傳，如《左傳》記事，後稱「君子曰」「仲尼曰」；《公羊傳》「子公羊尸子曰」之類，《穀梁傳》「子家子曰」之類。古人必有論列而後著爲成論，若每處必有論贊而勉强爲之，是爲蛇足。

自史公作史，每篇皆有「太史公曰」，已嫌繁，《後漢書》繼馬、班之後，添出一贊。既有「論曰」，又加贊，亦從班氏來，而班固之贊，即《史記》之「太史公曰」。今於論後，又以四言韻語繼之謂之贊，未免過贅。床上安床，閣下架閣，得不厭其贅乎？劉知幾云：「每卷加論，其煩已甚，而嗣論以贊，爲瀆彌甚。亦猶文人製碑，義終而繼以銘曰；釋氏演法，事盡而宣以偈言。苟撰史若斯，難以議乎簡要者矣。」不知范氏當日滿意之書，極甚得意。觀其在獄中以其生平所作并及《後漢書》，謂「書中論列，各有深奧。《循吏傳》後議論激發，實天下之奇作也。又云至贊語，蓋吾文之竭思，遂無一字虛設，此書若行，後世必有賞音者，其體大思精，自古以來未之有此也」，不知一仍馬、班之舊。史公作自序，班固作序傳。史公作《五帝本紀》贊，一氣至末皆有贊語，或有韻或無韻，某紀第一亦猶夫子序卦明先後。班固亦是謂自高祖至孝平王莽之誅，史公作某紀第一，班固改述某紀第一。今范氏不過於自序分見於各卷之後耳，謂爲自古未有，亦嫌過詡。然句斟字酌，亦是無一字虚設。

漢時無兩字爲名者，自王莽以後作制禁，不許人作二名，二名者皆要改正。又使人諷示匈奴改名，則與以厚賂。匈奴得其賂，因上表改名，使傳於後，亦以爲蠻夷率服也。自後東漢一代，相沿無二名，王莽之言，最爲不典。《家禮》云：「二名不偏諱，夫子之母名徵在，言在不稱徵，言徵不稱在。」周世多二名，何以不准人用二名。趙明誠作《金石録》至有一碑多二字名者，明誠斥其爲非，乃後人所僞撰。漢無二字名者，有之，僅竇獻族子名不幸、梁商族子名元呰，僅得二人。其餘如《方術傳》之任文公、上成公、王和平，乃道號耳。

三國志

自《三國志》巴西人陳壽作以來，後世傳之與《史》《漢》并稱，謂之四史。本傳謂善叙事，有良史之才，比於史遷。史遷之傳贊云：自劉向、揚雄博極群書，皆謂史遷有良史之才，服其善叙事理，辨而不華，質而不俚。赞史遷之文，於陳壽亦謂然。

通核其書，天下之書籍甚備。觀裴松之注，多於本文數倍，删繁舉要，自來史才之潔，無以尚之。而其書每爲後人所議論者，第一件以魏爲正統，不帝蜀而帝魏，失史才之正。至後世東晋時，荆州刺史習鑿齒作一部《漢晋春秋》，自光武至晋懷愍，謂魏氏三方鼎峙，以篡得國，未及一統，何可以正統歸之？而蜀雖一隅，乃興代帝王之苗裔，中興之業，比於光武，改以先主繼獻帝之終，於先主即位蜀中，改章武元年，以蜀爲正統，至後主之亡，接以世祖，以晋人繼之，繼漢不繼魏，堂堂正正見於《習鑿齒傳》。臨終作一篇《帝蜀文上疏》，謂皇晋宜越魏繼漢，不應以魏後爲三恪。後來至司馬温公作《通鑒》，不從習鑿齒，因於陳壽。陳壽之分平三國，以魏爲先。又宋朱子作《綱目》。《綱目》之作，一因《通鑒》，故其名曰《通鑒綱目》；一依《通鑒》，但舉其大綱節目，獨至於三國書法不依温公，又以蜀漢爲正統，而魏、吴分屬於下。問應三國，習鑿齒、朱子之説，有當人心之處，蓋皇皇大義，天日爲昭，百世不易者也。而孟子云：「誦其詩，讀其書，不知其人可乎？是以論其世也。」故讀書考古，又要有論世之學，離去故見，置身題外，上察古人，然後知其有欲爲之而不得者。大凡立説，當觀其微，有不得不從者，時爲之也。故曰：「時爲大，順次之，宜次之，體次之。」爲時勢所屈，須知其微處，但於《三國志》之中，細察其時，不抹煞西蜀之事，細察其用意，亦足以知其用心矣。

陳壽字承祚，巴西安漢人也。少師事譙周，周最器之。時當少年，事於蜀，爲觀閣令。後主之末，宦人黄皓專弄威權，大臣皆曲意附之，惟陳壽氣節自存，不屈宦人，黄皓由是屢譴黜之。及中年，蜀亦亡，入於晋。司空張華愛其才，薦爲著作郎。平時之爲書，有《三國志》六十五卷。夏侯湛時著《魏書》，見壽所作，便壞己書。張華喜之，謂壽曰：「當以《晋書》相付。」平生之作有《益都耆舊傳》十篇、《古國志》五十篇，今亡。《益都耆舊傳》雖已亡失，當見於各書所引用。晋元康七年卒，年六十五，由元康七年始，數至六十五年後主之建興十一年也。武侯薨在建興十二年，下數至國亡三十一年。

今觀其遺書，一片惻怛低徊故國舊君之書。其作《三國志》以魏爲首，魏武至文帝至明帝至禪晋之日，皆稱《帝紀》。如《武帝本紀》《明帝本紀》等，後以蜀繼之，以吴繼之，曰《三國志》。在陳壽當日未有以爲正統之言，正統二字始於《漢書》。成帝無子，以哀帝爲嗣，入繼正統，云：

「奉正統者，不得復顧其私親，別求宗室以繼恭王。」然則正統者乃帝王相繼，講皇家嗣續，陳壽承古史之例，乃作武、文、明帝紀，而以魏爲首，皆稱《本紀》，自後論之隱然以魏爲正統。

壽自國亡入晉，當時相重薦以爲官於晉，終身未之有改，乃晉臣也。既爲晉臣，不得不尊晉。晉之天下受於魏，然則魏者，晉之祖宗。陳壽所事之君，所北面事之者也。若以魏爲僞，僞魏是僞晉也，如何行得？

至習鑿齒亦晉人，何以行得？習氏東晉人也，晉失中原，五馬南渡，而後立國江左，竄身蠻夷，非復中原也。北人謂晉是島夷，如《春秋》於莒用夷禮，魏收作《魏書》，於南人皆謂之島夷。習氏爲東晉之人，不得不力争正統，議論各持。故元帝之立國，事體相承，一依先主之舊，遂謂帝王相繼正統之説，以人非以地，帝王之後，方爲正統。而《三國志》則以中國之土中國人，民望之中天下而立定四海之民。又周公曰：「王者居中，風會之所紀，陰陽之所和，風雨之所會，餘皆分潤。」以地爲正，謂帝王之後改玉、改步，不得爲正；以人爲正者，謂帝王相承，一日其子孫未亡，即天命未絶。二説相持不下。

司馬温公作《通鑒》，北宋之人。宋之天下得於周，周得於漢，漢得於梁，梁得於唐，唐得於隋。由隋上推，得於晉魏，皆中原之地。居中原者，即正統也。五代之外，仍有十國，人皆可帝。特以梁篡於唐，繼以李克用之子存勖之唐。李克用本賜姓李，而亦唐之後，故曰唐。劉裕之漢，郭威之周，皆居中原，以中原爲正，四夷爲裔。温公之以地爲正，亦主周公制禮，辨方正位。温公之居北宋，亦猶陳壽之居西晋也。

朱子時與習氏同，當日元帝渡江，一沿劉先主之舊。南宋高宗居位臨安，在今日小朝廷，其實帝王之裔。帝王相承，一日其子孫未絶，即一日未亡。以習鑿之論，朱子亦非無意也。

問應正統，當以蜀爲正。先主中山靖王之後，亦猶光武之中興也。陳壽之以魏爲首，猶五代時不以梁、唐，是無正統也。藝祖事周，無異魏朝。習氏、朱子明目張膽，陳壽有難言，温公依之，當知其不得已也。謂千秋百世以爲良史有由，以魏爲先，壓於時勢則然，而其心則一以蜀漢爲主。自曹氏傳司馬，操之開基歷有年所，至文帝之篡至司馬炎得五十餘年。魏晋之始，至陳壽著書時，已百餘年，尚有何人知有吴蜀？王尋作《魏書》，虞翻作《魏春秋》，孔衍作《魏略》，不復知有蜀、吴。至陳壽明目張膽創言三國，地醜德齊，開千古不敢開之口，即南史、董狐之直筆，不過如是而已。且觀其書，稱先主、後主，不稱名，正所以見其尊蜀。蜀之妃匹，謂之甘王后、張王后、敬哀王后、穆王后。吴稱吴主權、吴王亮，又吴主權夫人、吴主亮夫人。先主即位，武擔山南，告天之文，圖讖之书，皆盡載入，如光武即位告天，一樣相同。

又曹丕之篡，觀裴松之注，群臣上表稱賀者，不知凡幾，壽皆不載。至武帝，載一篇《九錫》，文帝載一篇《禪位詔》而已。

又《魏書》所有册立王后，册立王子、王侯，皆不載。至蜀，則甘王后、張王后、敬哀王后載其册，王子永與劉理有册，王子睿亦然。車騎將軍張益德、驃騎將軍馬超皆載其册。又册諸葛亮爲丞相，後因敗，自貶爲左將軍，復丞相册。而陳壽於其册封之詞，一一載之。而吴人無，即魏亦然。

至若今謂《蜀志》以前有漢在，曰「王子」「漢末」，漢之名不改，楊戲之列傳輔臣名曰「季漢輔臣」，既引其文，又手自加注，謂陳壽能以王者之上儀，帝册之事皆與之，而其以魏爲首，亦不得已者之所爲。如上所言所謂微而顯者，應謂之善叙事，有良史之才。

《晋書·陳壽傳》謂有良史之才，而張華所重，杜預推薦爲御史治書，以憂去職，至末付兩疑，令人不可解，即劉知幾亦不免焉。或曰陳壽作《三國志》，丁儀、丁廙有盛名於魏，壽謂其子曰：「可覓千斛米見與，當爲尊公作佳傳。」丁不與，竟不爲立傳。

又壽父爲馬謖參軍，謖爲諸葛所誅，壽父亦坐被髠，即馬謖兵敗街亭之事。亮子瞻又輕壽，因而以此怨亮，爲亮立傳，謂亮將略非長，無應敵之才，亮子瞻惟工書法而已，名過其實。議者因以此少之。《晋書》出於唐代，乃唐房玄齡所作。唐人好異説，其書多略實行而奬浮華，忽正典而取小説。《陳壽傳》末載或曰：「二段已非正意，況丁儀、丁廙讒諂小人也，不爲作傳。」查《三國志》中文士，如鄴中七子不立傳，所載者王粲、衛覬等。王粲以其興典禮，衛覬以其多識，非取其文。傳末文人皆載入，亦未嘗遺，即丁儀、丁廙亦未嘗不見之。

又於旁傳見之，謂其直以才見異，而丁儀、丁廙、楊修爲之羽翼，又魏武久不立太子，而丁儀、丁廙爲羽翼，至若謂武侯之將略非其所長，松之引張儼默記已謂然，况陳壽上《武侯集表》不過爲抑揚之詞。當日蜀既亡，武侯之名重於宇宙，晋武帝考其文字，詔陳壽等輯進。壽輯《武侯集》二十四篇，如《兵要》、《軍令》上中下皆録成書，上表勢必歸美本朝，其詞曰：「臣壽等言：『臣前在著作郎，侍中領中書監濟北侯臣荀勖、中書令關内侯臣和嶠奏，使臣定故蜀丞相諸葛亮故事。亮毗佐僞國，負阻不賓，然猶存録其言，耻善有遺，誠是大晋光明至德，澤被無疆，自古以來，未之有倫也。輒删除複重，隨類相從，凡爲二十四篇，篇名如右。亮少有逸群之才、英伯之器，身長八尺，容貌甚偉，時人異焉。遭漢末擾亂，隨叔父玄避難荆州，躬耕於野，不求聞達。時左將軍劉備以亮有殊量，乃三顧亮於草廬之中，亮深謂備雄姿傑出，遂解帶寫誠，厚相結納。及魏武帝南征荆州，劉琮舉州委質，而備失勢衆寡，無立錐之地。亮時年二十七，乃建奇策，身使孫權，求援吴會。權既宿服仰備，又睹亮奇雅，甚敬重之，即遣兵三萬人以助備。備既得用，與武帝交戰，大破其軍，乘勝克捷，江南悉平。後備又西取益州，益州既定，以亮爲軍師將軍；備稱尊號，拜亮爲丞相，録尚書事。及備殂没，嗣子幼弱，事無巨細，亮皆專之。於是外連東吴，内平南越，立法施度，整理戎旅，工械技巧，物究其極，科教嚴明，賞罰必信，無惡不懲，無善不顯，至於吏不容奸，人懷自厲，道不拾遺，强不侵弱，風化肅然也。當此之時，亮之素志，進欲龍驤虎視，包括四海，退欲跨陵邊疆，震蕩宇内。又自以爲無身之日，則未有能蹈涉中原，抗衡上國者，是以用兵不戢，屢耀其武。然亮才於治戎爲長，奇謀爲短，理民之幹，優於將略。而所與對敵，或值人傑，加衆寡不侔，攻守異體，故雖連年動衆，未能有克。昔蕭何薦韓信，管仲舉王子城父，皆忖己之長，未能兼有故也。亮之器能政理，抑亦管、蕭之亞匹也，而時之名將無城父、韓信，故使功業陵遲，大義不及邪。蓋天命有歸，不得以智力争也。青龍二年春，亮帥衆出武功，分兵屯田，爲久駐之基。其秋病卒，黎庶追思，以爲口實。至今梁、益之民，咨述亮者，言猶在耳。雖甘棠之詠召公，鄭人之歌子産，無以遠譬也。孟軻有云：「以逸道使民，雖勞不怨；以生道殺人，雖死不忿。」信矣。論者或怪亮文彩不豔，而過於丁寧周至，臣愚以爲咎繇大賢也。周公，聖人也。考之《尚書》，咎繇之謨略而雅，周公之誥煩而悉。何則？咎繇與舜、禹共談，周公與臣群下矢誓故也。亮所與言，盡衆人凡士，故其文指不及得遠也。然其聲教遺言，皆經事綜物，公誠之心，形於文墨，足以知其人之意理，而有補於當世。伏惟陛下邁縱古聖，蕩然無忌，故雖敵國誹謗之言，咸肆其辭而無所革諱，所以明大通之道也。謹録寫上詣著作。』」按：謂「衆寡不侔，攻守異體」，是也。謂「或值人傑」，則又所以推尊本朝。而「治戎爲長，奇謀爲短」，治戎與奇謀何分？故爲掩避之詞。其後乃抑揚其詞，謂其病卒，黎民追思，至比於甘棠云云，又謂其文彩比於咎繇、周公，何以謂其怨亮耶？

可知二説本取於雜記，乃稗官野史之言，又非其所重。觀其傳贊，極力揚詡，謂「終於邦域之内，咸畏而愛之。刑政雖峻而無怨者，以其用心平而勸戒明也」。觀其所言，正如汝潁奇江漢英靈，此其所以獨出一時與。謂其與班、馬同列，宜哉！

陳承祚之作《三國志》，大段微意之所在，前已振揚七八，而其用意過當，開千秋百世回護之失，不能不歸咎承祚自以身爲晋臣，雖非晋史，不得不爲回護。晋之篡魏，一如魏之篡漢，依樣葫蘆，前後如一轍，則欲爲晋回護其篡逆，不得不先爲魏回護，同是一事，紀載不得不同，書法亦不得不同。承祚當日雖明知耻過作非、回護奸逆，亦或勉强而行之，故《魏本紀》見曹操之篡漢，無異司馬氏之篡魏，安得不爲此？

曹孟德奸人技量，自以爲巧奪天工，而不值正人之一哂。襲王莽之迹，極奸詐之謀，於是篡器歸鼎，托爲唐虞之讓，而曾幾何時，政自上出，僅及二代，亦不過文帝丕一代六年，明帝叡一代十二年，共得十八年。歸於司馬氏，其後司馬師、司馬炎一踵曹操之故轍，所謂君以此始必以此終。

書法自《後漢書》始正，否則至於昏無天日。如《魏紀》云「天子以操領冀州牧」，而范氏云「曹操自領冀州牧」。又云「曹操廢三公而立丞相，自爲丞相」，《魏紀》謂「漢帝廢三公置丞相、御史大夫，六月以公爲丞相」。又如建安十八年，曹操自命爲魏公，而《三國志》天子使御史大夫郗慮持節策命公爲魏公，建安二十一年進爲魏王，皆謂天子。《後漢書》曹操自進號魏王，曹丕自立爲天子一事，《三國志·魏紀》漢帝以衆望在魏，乃召群公卿士，使張音奉璽綬禪位，即爲後張本。故後來自齊王芳以司馬懿爲丞相，亦照樣天子以公爲丞相。司馬師之進位相國，高貴鄉公以司馬昭進位魏王。衮冕赤舃，事從豐厚。又命晋王冕十有二旒，建晋室百官。又世子稱太子，王后不稱妃稱王后，樂舞八佾，設鍾簴宫，縣立宗廟，如漢家事奉帝爲山陽公，奉帝爲陳留王，使預爲張本，使首尾一律乎！

自後屢朝篡逆相承，奉爲故事。自後如《宋書》《齊書》《梁書》《陳書》，北朝自魏而至齊、周、隋，皆篡逆相承，至於初唐與五代之史，皆是爲國家諱。謂修史之道，則然必如是，乃成爲史。隔代，隔數代，風馬牛不相及，亦謂之諱。陳壽之作，有所忌諱，情有可原。魏晋之事，不能行其直筆，魏爲晋所奪，魏晋之間，其事相同，牽連而及，故不能不先爲之張本。至唐所修之書，事隔數代，於《晋書》亦復如是，謂隋氏之季與唐初尚有交涉，與宋、齊、梁、陳何與？以南朝而論，事隔數百年，以北朝而論，亦歷四朝矣，事隔數代，真所謂無所裁矣。

至若如逼奪主權，有所妄干，即篡棄攘奪之漸，事猶未極。至極莫過於廢主，又莫過於弑奪。欲自行其威權，必先要廢主，更至弑君、弑父，更裂冠毁冕之事，人皆切齒。正亂臣賊子，人人得而誅之者也，乃一一從而諱之。

如司馬昭之廢齊王芳，據《魏紀》，以太后之命謂齊王芳耽淫内寵，沈漫女色，日延優倡，縱其醜謔，策歸藩於齊，以避皇位。謂太后令廢之，虞秦《魏略》謂：「司馬昭之廢帝也，使芝入白太后，帝方與太后對棋坐，芝謂帝曰：『大將軍欲廢陛下，立彭城王據。』帝乃起，太后不悦。芝曰：『大將軍意已成，又勒兵於外，以備非常，當順旨。』太后曰：『我欲見大將軍。』芝曰：『大將軍何可見耶？當取璽綬。』太后乃取璽綬著坐側。」廢齊王芳，非太后之意，而魏乃謂太后之令。

又如司馬昭之弑高貴鄉公曹髦，據習鑿齒《晉漢春秋》，帝以威權日去，不勝其忿，乃召侍中王沈、尚書王經、散騎常侍王業，謂曰：「司馬昭之心，路人所知也，吾不能坐受廢辱，今日當於卿自出討之。」王經止之謂：「恐禍不測。」帝乃出懷中版令投地，曰：「行之决矣。即使死，無所懼，况不必死耶。」乃升輦出，軍猶不敢動。護軍賈充曰：「大將軍畜養汝等，正爲今日耳。」於是成濟直以刃刺帝，刃出於背。然則弑帝明明司馬昭之手，正人人所知，然昭特蔽面不出，猶曰：「弑君之罪，天下其謂我何？」

《魏紀》不載其事，乃謂太后欲廢爲庶人耳，於是書法高貴鄉公卒年二十，若良死者然。又爲司馬昭諱，謂公發兵向臣，猶懼兵刃相接，勅衆不敢動，違命以軍法從事。成濟以兵傷公，至於隕命，輒收濟行軍法。又謂委身守死，惟命所從。據所言弑君之事，司馬昭不知，後反有討賊之功。趙盾弑君，尚謂反不討賊，今司馬昭之上言，乃是掩耳盗鈴之事耳，而高貴鄉公曹髦謂司馬昭之心，人皆知之也。如此則罣誤後人，以亂臣賊子誣致其君父之罪，謂太后之命當以此兒爲庶人，以庶人禮葬，若無他書以證之，不幾以亂臣賊子之事皆可解免乎？孟子云：「世衰道微，邪説暴行又作。」弑父與君，亂賊之事，正所謂暴行也。而既講暴行，又必兼言邪説者，蓋翼奸長篡，誣其君父，謂爲可廢。如以太后之命謂爲可廢，以减免賊亂之罪，而罣誤後人，謂之邪説。

如曹方、曹髦之事，冤枉已甚，乃謂太后之令。而作史者且爲之表揚其説，則如此。孔子作《春秋》，而亂臣賊子懼。今如此書，後人效之而無所忌憚，豈不是反令亂賊喜乎？

司馬昭即晉武帝之父，不敢言，何以隔代之事又諱莫如深。如曹操之廢伏后，謂皇后伏氏坐昔與父故屯騎校尉完書，曰帝以董承被誅怨恨公，辭甚醜惡，發聞，后廢黜死，兄弟皆伏法。如此書，若并非曹操所逼廢者然，并華歆之傳亦不載。如無他書如《魏書》《魏略》以證之，何以得其實？更失之大者也。獻帝云：「曹操逼殺伏皇后及其二子。」

當日后父完爲校尉，後爲操所殺，夷三族。又因與父完書之事泄，公遣華歆勒兵入宫收后。后閉户匿壁中，歆壞户發壁牽后出。帝時與御史大夫郗慮坐，后披髮徒跣過，執帝手曰：「不能復相活耶？」帝曰：「我亦不知命在何時。」顧謂慮曰：「郗公，天下寧有如是耶？」遂將后付於別室。后幽崩一概不講，即《華歆傳》亦不載。

所以代代相沿，於其簒位，帝所遜讓，再三固辭，不得已而就位。奉爲某主後，不旋踵而弒之。而魏晋兩代，但廢爲靈陵王囚便了，初未有弒之者。如漢山陽公、魏陳留王，故主之誼尚未忘，於其死，猶謚曰漢獻皇帝、曰魏元皇帝。漢魏雖簒奪，而當日如山陽公、陳留王尚以壽終。自殺其故主，戕戮宗室，自劉裕始。自後無解免者，更有不可爲訓者。如獻帝之末，董承、耿紀、韋晃、伏完欲誅曹操，史魚之直如是，壽直謂之反。如董承受帝衣帶之詔與左將軍劉備謀反，至下邳舉兵屯於沛，遣劉岱、王忠擊之，不克。又少府耿紀、司直韋晃反，燒丞相長史王必營，與潁川典農中郎將嚴匡斬之，夷其族。欲誅曹者，皆謂之反。

如毌丘儉、文欽、王凌、諸葛誕等皆謂之起兵作亂，王陵亦謂之反，夏侯袁、李封皆謂之謀變，所以前後所書忠於王室，皆以反逆書之。既不敢直詞，應婉其詞，不使忠臣義士含冤於地下乎？當應謂貳於執政，與大將軍有違；言討賊之臣，到轉以畔逆書乎？

嗣後奉爲玉律金科，永不改更，昏無天日。

故劉知幾《史通》激昂言之《曲筆》一篇：「蓋霜雪交下，始見貞松之操；國家喪亂，方驗忠臣之節。若漢末之董承、耿紀，晋初之諸葛、毌丘，齊興則有劉秉、袁粲，周滅則有王嫌、尉迴，皆破家殉國，視死如生。諸史皆書之曰逆，將何以激揚名教，以勸事君者乎？古之書事也，令亂臣賊子懼；今之書事也，使忠臣義士羞。若使南、董有靈，必切齒於九原之下矣。」宜乎有此激發！

《魏志》揚州刺史毌丘儉，前將軍文欽與儉矯太后詔，罪狀大將軍景王，舉兵反。諸葛誕屢見棄滅，懼不自安，遂反。此忠義之士，而謂之反耶？

王陵之節，亦謂之反。陵到項，見賈逵廟曰：「賈梁道死而有知，王陵固大魏之忠臣也。」自陳壽之作《三國志》，皆謂之反。與劉秉、袁粲皆忠於宋室，同是一轍。沈約《宋書》作《袁粲傳》，疑之，問於梁武帝。帝曰：「袁粲自是宋室忠臣。」開後世之漸，不能不以作俑罪之。其中亦有微文見意之處，如袁渙、田疇、邴原、管寧同一傳，謂袁渙諸人比於前朝，有貢禹、兩龔之烈。兩龔不仕於王莽，遂至於不食而死，其意非暗指魏武帝即王莽乎？

又鍾繇、華歆、王朗同傳，謂歆等皆前朝名臣，帝深敬重，每退，謂左右曰：「此三公者，固一代之偉人也。」當時鍾繇爲太傅，華歆爲司徒，王朗爲司空，於前代名臣四字，顯然是春秋之筆。《春秋》有五美，微而顯，志而晦，婉而成章。

因每存回護，故紀事不實，如魏文帝甄后之卒。文帝納后於鄴，有寵，生明帝，後郭皇后李陰貴人，并愛幸。后愈失意，有怨言。帝怒，遣使賜死。而其死也，不獲大斂，被髮覆面，以糟塞口，不以禮葬。據《漢晋春秋》，甄后之死，以郭后之寵。及殯，令被髮覆面，以糟塞口，遂立郭后，令郭后母養明帝。既長，懷忿數泣，問甄后死狀，郭后曰：「先帝自殺，何以責問我？且汝爲人子，可追讐死父，爲前母枉殺後母乎？」明帝怒，遂殺之於許昌，謂之逼殺。及其葬也，一如甄后。宫闈之實事，今不言，如尋常夫人。甄后卒，紀事不得其實。

又如蜀事，謂不置史，注記無官，是以行事多遺，灾異靡書。諸葛亮雖達於爲政，凡此之類，猶有未周焉。妄也屢見於史。如先主之南伐，先主未行，謂「先主軍秭歸，於猇亭駐營，黄氣見自秭歸十餘里，廣數十丈」。無史官載記，何以知有黄氣？《後主紀》注云：「江陽有烏，從江南飛渡江北，不能達，墮水死者以千數。」又景耀元年，有景星見，遂改元焉。有史官之奏，然後改元，何以云不立史官？又孫資與劉放在中書，讒諫小人耳。魏明帝景初二年，資、放二人力勸明帝詔司馬以綱維王室，帝即以黄紙授，放作詔命爲托命，遂成篡奪之事。一言覆國，咎有難辭。始勸帝以詔召司馬懿，後又矯帝詔以貳心於司馬氏，後司馬氏之謀奪，實自此二人始。今不載，失其實矣。

至《魏書》作《方伎傳》，如華佗之醫、管輅之卜、朱建平之相，倣於古人，亦無。怪異之言，愈於《後漢書》。

至若刊除當時之繁言雜説，辨僞得真，不爲無功。體裁峻潔，後代之史，鮮能及之。

得裴松之注，於陳氏回護曹操與司馬氏，一一注之，明正其罪，於《三國志》不爲無功，但許多繁文不載，亦陳壽所以刊，無關史裁。陳氏非不知而一齊刊落，今裴松之注，比於原文多五倍，其旁搜雜引於《魏略》《漢魏春秋》等，繁詞亦多。其論列上，亦有深意，當細味而知之。如華歆、王朗謂之前代名臣，於管寧比於貢禹、兩龔好學深思之士，見微知著，得其意焉可也。至謂後主之世，謂經載十二而年名不易，軍旅屢興而赦不妄下。松之彈之謂：「赦不妄下，誠爲可稱。至於年名不易，猶所未達，按建武、建安之號，久而不改，未聞前史以爲美談。」經載十二，蓋何足云，大約不知其意。

大凡權臣秉政帝制，托言禪讓必有所改元易號之事，白帝城托孤於諸葛云：「嗣子可輔則輔之，如其不才，君可自取。」倘諸葛亮當日有此遺命出，於操、懿必有籍之以篡奪者。

至古來名臣，無論不能正身率屬，固爲嗣子所窺。如梁冀之流，至功高震主；霍光參乘，宣帝以爲芒刺；周亞夫之爲相，景帝以爲泱泱。非少主臣，及到其卒時，必將用人行政皆反逆前時所爲，并年號俱革。今諸葛之爲政，貞誠上達朝廷，忠義孚於衆志，故後來身没之後，後主及在朝之諸臣，如蔣琬、董允、費禕之輩，皆守其法，未有更移。建興十二年，亮卒。建興原十五年，云十二者正見諸葛當日之事君貞忠炳日無有覬覦。後主本一愚君耳，而信任至於如此，即此一事，可見後主用人之誠，諸葛亮事君之忠。經年十二而名不易，正爲此也。

以《後漢書》交接於三國之事，《三國志》簡而潔，《後漢書》詳而贍。《後漢書》多補入裴松之之説，而其串合，具有史裁。問應史家之例，以嚴潔爲正，陳壽得之。故班固傳贊謂遷「文直而事核固，文贍而事詳」，後人以《三國志》與《史記》、前後《漢書》稱爲四史，可知文章之美，等於馬、班，其史裁亦復至備。

劉子政云：「亂國無紀法亦鴟張。」昨云《三國志》於魏氏多背謬，事殊爲可笑。如古帝王之興，必有所自出之帝。今曹氏前後有國五十餘年，凡三易其祖，真千古所未有。其初，曹騰碑謂曹氏出於賢帝故來，王沈作《魏書》謂曹氏蓋賢帝之後，當高陽世，陸終之子曰：「安是謂曹姓，周武王克殷，存先世之後，封曹俠於邾，爲附庸。」蓋出於《國語》。

後曹孟德作《家傳》，曹騰子嵩，騰於桓帝時爲中常侍，無子，以嵩爲養子，今據曹嵩不知所自出，後曹操作《家傳》又謂曹叔振鐸，文之昭也，又以曹爲祖。陳思王植作《魏武帝誄》曰於穆武帝孕姬育周，然則又姬姓。及至明帝之世，高堂隆上書《大禮記圜》，并謂曹氏系。

附録　五百石洞天揮麈二則

邱煒萲輯著

粤東近五十年學派約分朱、陳爲二大支，蓋賁隅陳蘭浦孝廉澧、南海朱子襄明府次琦也。朱、陳均有人爲之生前表章，得旨賞給卿銜，故亦稱京卿。陳講考據詞章，上接儀徵阮雲臺文達公學海堂之傳，後之搢紳子弟多出其門，南皮張香濤尚書之洞尤爲嚮往。前督粤時，至書己名作私淑弟子以拜其墓，又開廣雅書局於羊城，以刻陳氏遺書，故人亦稱是爲陳氏書局。稽古之榮，近世罕比。朱談經濟名理，旁及天算數學，隱居教授，不入城市。家在九江鄉，學者咸稱九江先生。兩派徒侶各尊所聞，并著時望。

朱子襄先生讀史六首云：

破碎群雄六駕回，甲兵土木總爲灾。可憐一炬咸陽火，不及詩書有劫灰。

廿載深裁車服費，百金終缺露臺工。君王自惜中人産，獨有銅山賜鄧通。

長門宫怨久煩紆，禍起泉鳩慘重誅。聞道至尊慕黄帝，不妨脱屣視妻孥。

故劍關情竟亦忘，拚留一眚玷朝綱。宋宏儻道無心語，聞否糟糠不下堂。

背芒驂乘久滋疑，厚毒殲旃實隱私。堪嘆分封頻晋秩，受恩即是受夷時。

氣盡漳江七十墳，分香賣履復何云。堂堂白帝傳遺詔，天下英雄獨使君。

愚聞粤人言：先生平日無學不窺，經史百家皆有注解贊義，尤工駢散文及魯公書法，苟非其人，不苟下筆。臨終，悉舉遺著付諸烈炬，其意殆不欲以《文苑傳》中傳也。作令有能，稱引疾，後以講學化其里人，表揚義烈，崇尚風節，巍然爲嶺外儒者之宗。殁則祭於社，今九江鄉有先生祠。三十歲前亦好爲詩，意識超邁，不愧作者。羊城學海堂選刻其稿，爲《是汝師齋詩》。録間多遺漏，其門人鈔存者，别有《大雅堂集》若干卷，未刻。又《兩漢三國志講義》，亦爲門人所筆記，而佛山人譚丙軒太守彪藏得之，丙軒嘗許文愚校刊行世。

講學筆記

朱九江先生經説〔一〕

朱傑勤輯録

序

吾粵近百年來，言學術者咸推朱、陳爲二大宗，蓋番禺陳蘭甫（澧）京卿，南海朱子襄（次琦號稚圭）明府也。陳先生講考據詞章，上接阮雲臺（元）之傳；朱先生講義理而不廢考據，學經濟而亦善詞章，遠紹顧亭林（絳）之緒，而明道救世，小行大效，吾惟推朱子襄先生矣。先生令襄陵，稱循吏，民至於今受其賜，在任時，獻策防亂，當道闇於機，不能用，乃引疾歸，講學於九江故里，四方學者，從之如歸，海内咸稱九江先生。先生之學，平實敦大，不涉叢碎，不尚玄談，當其擁皋皮，授弟子，則援古證今，合情切理，聽者心目爲開，油然嚮往，先生信倜乎遠矣！先生無學不窺，等身著述，臨歿時自燔其稿，其意殆不可知，其或無取於身後之名歟？先生有集若干卷行

〔一〕原載《語言文學專刊》，一九三六年第一卷第二期。

世，則其門人所蒐集也。

日者邱焯菱（菽園）嘗斠録先生講學之言，爲《朱九江先生論史口説》，加惠後學，良足多焉。其實先生遺著，零落殆盡，天壤間未嘗無世人欲見之書，惟待後學之弘布耳。

吾鄉朱橋舫孝廉者，嘗從先生游，稱高足弟子，晚年息影家園，育才爲樂，嘗述先生遺事云：先生每登講壇，例先置《論語》一册於案上，非講《論語》也，蓋視之爲木鐸耳，仍以次述經史詞章之學，及立身諸大端，旁及百藝，而門弟子則耳聽手鈔，視爲秘笈，故門弟子靡不有一二筆記册子云。

孝廉即世後，其筆記三册歸余。其一册專言易象，其他則泛論群經及文藝，皆朱九江先生口授精言，而外間鮮能有傳者也。余珍藏日久，不敢自私，爰將其關於經學之一部，録而布之，題曰《朱九江先生經説》，俾有志經學得省覽焉。

民國二十五年五月十五日朱傑勤謹序

易經

古無所謂《易》也，至周時乃謂之《周易》。《易》者文王時之創名。所謂「《易》之興也其於中古乎！作《易》者其有憂患乎！」又所謂其「當殷之末世，周之盛德耶！當文王與紂之時耶！」《周禮》所謂三易：《連山》《歸藏》《周易》。《連山》《歸藏》不以《易》名。後人謂之《三易》，取其便稱也。

自伏羲畫八卦，重之爲六十四。鄭康成、劉向、班固謂人經三世，世歷三古。蓋謂伏羲、文王、孔子，不數周公。後如馬融等又數周公在内。馬融等何以得之？讀《易》而得之：如「王用享於岐山」，文王爲西伯，何以稱王？則其爲當周受命追稱之詞，周公之詞也。又如箕之《明夷》。箕子之事，在周王克商以後，何文王之時已如此，則謂周公之辭也。馬融之説，後世從之。然亦有所本。如韓宣子如魯觀《易》象春秋，謂吾乃知周公之德。然則六爻之詞，作於周公，此其證也。然則夫子何以謂《易》之興其於中古乎？亦以父作之，子述之之故，不言周公可也。周公作爻詞，孔子作《十翼》。夫子之作《十翼》，各自爲卷，凡十二卷，上經下經爲兩卷。夫子之贊易，分爲《上彖》《下彖》《上象》《下象》《上繫》《下繫》《文言》《説卦》《序卦》《雜卦》。皆本之顔師古之注。然則合經傳而爲一卷者始於何時？以夫子之贊易之詞説易，自費直始漸將夫子之言雜入於古經裏。馬鄭從之。至王弼注《易》上下經六卷，作《易略例》一卷，將《上彖》《下彖》《上象》《下象》《文言》，俱參入古經，皆費氏易也。自王注盛行，孔穎達作《易經正義》遂疏王弼之注。伊川、程子《易傳》亦從之。至朱子作《易經本義》，而後正之，經傳各分。清聖祖仁皇帝作《周易折中》從之。然則今日何以又合經傳爲一？則自元人天台董楷正叔，纂集《周易傳義》

附録，將程子之傳、朱子之義合爲一書。至有明作《永樂大典》，潦草塞責，亦亦朱子繼程子之後，一同乎董氏。至清朝欽定，然後復其本來。

漢儒之説《易》也，傳流自杜田生，夫子之正傳也。漢人以之立學。以上之説《易》，原本於聖人象數之學。所謂出於一，不出於二者。後孟喜別得陰陽灾異之書，本《易》之別傳。然陰陽灾異亦講天象。雖異而不甚相遠，以其以天象而明人事也。入於東漢，皆受費氏《易》，俱遺夫子《十翼》爲説。《易》之教以卜筮爲主。趨吉避凶，人之情也，而聖人之《易》教於是而起。若無象數，何以動斯民之信徒，改邪歸正。設卦觀象，正爲此也。漢儒各家説《易》，雖各名一義，而所以觀天象而明人事者則一也。至魏時王弼自我作古，以先儒象，掃而空之。其爲説也，謂《易經》自有本義，立言以明象，得象可以忘言，立象以明言，得言可以忘象，謂聖人之象，隨手掇拾，蓋象皆假象也。一以象數爲虚無，故其説《易》也，一以老莊説《易》，而漢儒象數之説一掃而空。後世因其簡易，一一從之。至宋人程子等説《易》皆從義理立言，從王弼之説者也。及朱子出，以程子之專言義理爲非，從吕祖謙之説，作《本義》《啓蒙》諸書，一掃積習，而謂其恢復本來之面目，則又非也。朱子之前，北宋之邵堯夫等以河洛説《易》者漸起，而朱子之言數，上承夫堯夫，下授其門人蔡元定，并非漢儒相傳之數，即非聖人設卦觀象之説也。《河圖》《洛書》三代以下不傳。漢人以八卦爲《河圖》，九疇爲《洛書》，其説見孔安國注。《論語》河不出圖，及馬融注，書九疇。又《漢五行志》引劉歆説亦同以初一曰五行已下六十五字爲《雒書》本文。宋人乃妄以《洪範》五行爲《河圖》，又以太乙下行九宫式爲《洛書》，出於《易緯》，而不足信奉。邵堯夫又撰出先天卦位，後天卦位。試看震東方也、巽東南也一段，卦位已定，何以又撰出先天後天之説，然其亦自陳摶（希夷）得來。陳希夷在華山曾以《無極圖》刊諸石，周茂叔取而轉易之，更名爲《太極圖》，而仍不没無極之旨。不知陳摶乃一道家，何足以言聖人之經乎。邵堯夫作《元會運世》，而後百家雜伎俱以《易》爲籍口，大失聖人之經義矣。《易》吉一而凶、悔、吝三，皆教人改過之意。觀君子以厚德載物，君子以自强不息，何不引入人事上。何以全説天話乎？

自宋儒之書傳至今日，理學大昌之後，至七百餘年，崇拜者多，無敢妄議。然有不敢盡信者如先天後天，與《河圖》《洛書》之説。説《易》之書，自北宋以來，無不展卷而立見圖形，如邵康節之《先天後天卦位圖》，又如朱子與蔡文定《易學啓蒙》之各圖。竊以爲非。古人讀書，左圖右史，《詩》《書》《禮》《樂》《春秋》，非圖不明，而《易》則不必。《易》之上下二體，錯而爲六十四卦，皆其圖也。以畫言，三才之道備矣。

《宋史·儒林傳》朱震有《漢上易解》云：「种放以《河圖》《洛書》授李溉，溉傳許堅，堅傳范諤昌，諤昌傳劉牧，牧陳天地五十有五之數。」劉牧所作《易解》及《鉤隱圖》謂白陽黑陰，未有奇偶，先分黑白，兩圖一九數，一十數。范、劉等謂九數戴九履一，左三右七，二四爲肩，六八爲足，五居中央。其圖亦覺玄妙，縱横貫串，得十五之數，中畫爲井字之形，得九分，無論自東至西，自南至北，横穿直數，皆得十五。《洛書》之數，亦爲黑白點之形，偶數用黑點，奇數用白點，與《河圖》同，亦分東西南北金木水火，以土居中央，一六爲水，居北；二七爲火，居南；三八爲木，居東；四九爲金，居西；五爲木，居中央。以五奇數統四偶數，陽居正，陰居偶，一附七，四附九，八附十六，附一以相生，二數相附也，共四十五點，奇數二十五，偶然二十。相傳以來，至朱子與蔡元定作《易本義》（《易本義》無圖，其圖皆《易學啓蒙》之圖，後人所移者），尚無大礙，至《易學啓蒙》，一準范、劉之説，邵堯夫之文，以爲先民之正傳，聖人之心法，《河圖》《洛書》，先天後天，《太極圖》之説，皆集中於此，但所謂《河》《洛》皆前人術數之學，非聖人之《河》《洛》也，聖人之《河》《洛》，失傳已久矣。

《大戴禮記·明堂篇》曰：「明堂者，古有之也，凡九室，二九四七五三六一八。」後世九宫之數，實始於此。然九宫非《河圖》也，自《乾鑿度》劉瑜所説（按《後漢書·劉瑜傳》：桓帝延熹八年上書言《河圖》授嗣，正在九房。九房即九室也。蓋其時已有據《乾鑿度》《河圖》八文一章而直指九宫爲《河圖》矣，此即僞龍圖之變之粉本，龍圖第三變，劉牧謂之《太皞授龍馬負圖》云），世而遂以九宫爲《河圖》矣。又有指此爲《洛書》者，蓋以九疇之故，然九疇有次第，而無方位也。附會之言，卑無高論。

天一地二、天三地四一段，正以明奇偶耳，何得謂爲《洛書》乎？《書》言五行水火金木土，而《易》不言五行，鄭康成以五行生成説《易》，以解天一地二之章，不過以此解之，其經本不言五行也。然則五行生成之圖，皆北宋依附之文也。安得傳之千秋萬世哉！

至如邵堯夫作《皇極經世》，推演無窮，謂本之魏時范伯陽。范伯陽作一部《參同契》。其書有言先天後天之説。先天生成者如此，後天修煉者如彼。皆言導引之方，道家之言，依附入《易》，言之亦娓娓動人，而不知非聖人之説也。邵堯夫云：文王之卦位，後天之《易》也；更有先天卦位，伏羲所畫也。天地定位一章，乃先天之卦位云云。而不知觀帝出乎震一章，所無地位者坤與兑而已。謂文王之卦非伏羲之卦，而不知夫子明明謂帝出乎震者，帝非伏羲而誰，以後人之文字，變先民之簡策，誰其信之？

又如周茂叔之《太極圖説》，亦甚微妙。太極生兩儀一章，本《易經》者，而不知聖人此章專言卜筮，上言有蓍之德圓而神，則是言卜筮之事。聖人之言卜筮也，皆自有而無，自奇而偶，一部《易經》，大類如此。蓍草一生而百莖，是神物也，聖人用之，百莖之中，用其五十，而用四十九，去其一而不用，所謂渾然在中也。《易》有太極也，一條握在手中，所謂太極也。極中也（見《説文》），分而爲二，分陰陽之所謂也，以象兩太極，生兩儀也。象兩儀也，由兩而得四，即由二儀生四象，四象又生八卦，由四生出八，蓋太極本無極，無極生太極，本老莊之旨。周子謂從

《易》《書》，無乃不類。《太極圖》說理則可，而謂從《易》《書》則非也。後陸子與朱子紛紛争論《太極圖》之説，亦可以休矣。

《易經》雖未經秦火，而字裏行間，亦間有脱誤者。如即「鹿無虞以從禽也」一句，黄氏之易如此，而原本即鹿讀作即麓。古人鹿麓二字通用，以從禽也，以字上多一何字，既即鹿矣，何以又説從禽。惟讀作麓字，又加何字，則原文較順。又繫詞子曰「書不盡言」以下，又有子曰字，則子曰字，宜爲衍文。又「公用射隼於高墉之上，獲之，無不利」。子曰隼者禽也，弓矢者宜也。上無弓矢字，下何以忽插此句，則上疑有闕文。

鄭氏之書，南宋以後失之，王應麟先生積得鄭注一本，衛定遠補其未備者至八條之多。唐李鼎祚作《周易集解》，自謂刊輔嗣之野文，輔鄭康之逸象，蓋宗鄭學者也。隋唐以前，易學諸書，逸不傳者賴此書猶見其一二，而所取於荀、虞者多云。

清儒治《易》之最著者，僉推元和惠氏棟、武進張氏惠言。惠氏治漢《易》精微古義；張氏治《虞氏易》，碻有專門。此二家書皆卓著於時，足爲治《易》者之津逮也。

書經

《書經》經秦火之後，漢初時有殘缺，而無虚僞。自夫子删書，始自唐、虞，迄於秦穆之時，爲八篇。大抵夫子删書，斷自唐、虞，當唐、虞之後，文字俱備，取其質實可信者，自古以來相傳之成説。秦焚書失其本經，至漢文帝之世，求能治《尚書》之人，天下無有，濟南伏生能治《尚書》，下詔徵之，乃使太史掌故晁錯往受。此《藝文志》之説也。而《儒林傳》謂伏生已爲秦博士，後秦焚書，伏生壁藏之，漢興既定，伏生歸求其書，則簡策散亂，僅得二十九篇，其實二十八篇，《秦誓》非伏生之傳，乃河間女子所得，不在内，遂以二十九篇教授於齊魯之間，於是齊魯之間，大儒言《尚書》者，皆嗣伏生，遂有歐陽、大小夏侯三家之學。此漢人之説也。後世訛傳，至唐人修五朝史志，酌《隋書·經籍志》謂漢文帝之時，下詔徵伏生，老不能行，於是使太史往受，伏生使其女口授之，而潁川人語與齊人語又有别，錯不曉者十常二三，始以文義足之而已云云，此沿范蔚宗之説而大謬者也。不知伏生之於《尚書》也，已爲博士於秦，後授於齊魯之間，則非獨伏生能治《尚書》也，齊魯之間大儒言《尚書》者皆嗣伏生，豈待傳言哉！致後人謂《尚書》之文字難曉者皆口授之錯誤，則耳食之言耳。

孔安國古文《尚書》三十六篇，於伏生二十九篇之外，多十六篇，乃魯恭王壞孔子宅得之於壞壁中者。當時無人説之，即有説之者，亦謂之逸經，以其不立於學官，非官書也。三國以後，其書日微，至永嘉之世遂亡，後及東晋，元帝立國於江左，有梅賾上古文《尚書》於朝，并上《尚書》孔氏傳，謂古文《尚書》蓋孔壁所傳也。朝野群然習之，其書大行。至唐有天下，貞觀五年，命修群經正義。孔穎達作《書經正義》，全從梅賾所上本，用孔氏傳。北宋一代習之如故，至南宋之初，吴棫、朱子先後疑之。吴棫云：梅氏之書號稱古文，實不合劉向之别，其書恐非真書。朱子謂梅賾所上之書，《孔氏傳》文義平弱，是魏晋人所僞作，而猶在文義上論，若其中之罅漏更有不可掩者。至明儒多議論，至清儒更有議論，於是古文今文成一聚訟之場矣。由今觀之，梅賾所上《慎》《徽》五典以下是《舜典》，皆僞言也。誰人不讀孟子，孟子曰：二十又八載放勳乃徂落，謂之《堯典》。孟子之時未經秦火，何以不言《舜典》也。

《秦誓》梅賾所上之三篇與太史公及董子對策不符，人人知其爲僞，然尚是古書。孟子猶謂吾於《武城》取其二三策而已。謂不必盡信，亦不必一字不信也。《四庫全書提要》謂古文尚書傳世已久，明知其贋，亦難從就删之列，朱竹垞所謂大義無乖，微有足録，似乎可以無攻，真持平之論也。

劉向父子校書天禄閣以中古文校歐陽、大小夏侯三家經文，知《酒誥》脱簡一，《召誥》脱簡二。後人紛紛改造，改造《武城》，改造《洪範》，皆非也，惟亦有味其文字，以古人之制度校之，知其脱簡無疑者，《顧命》也是。《顧命》一篇，各有所主，當成王大喪之後，曰七日癸酉伯相命士須材，是成王大殮甫畢。下即接狄設黼衣綴衣一句。骨肉未寒，遽行即位之舉，君臣之間，吉服從事，故開後人疑竇。前人未有疑之者，疑之者始自蘇東坡，謂吾意周公而在，必不至此。然則聖人何以存之，謂君臣交儆，足垂後世，然非禮也。

顧亭林謂狄設黼衣綴衣以下，乃逾年即位之事，應入康王之誥。伯相命士須材以上，乃成王顧命之詞。其中疑有脱簡，何以言之？觀王麻冕黼裳稱王矣，不然之時稱子，既然之後稱王，今公然稱王，其事可知。又古人即位於廟，示爲承也。廟誰廟也，必有附廟，乃行即位之禮。今行即位之禮，皆在廟中，太保率西方諸侯入應門左，畢公率東方諸侯入應門右。若成王大殮，不過七八日間，諸侯何從而至，蓋天子七月而葬，同軌畢至。諸侯七月而來會葬，因之朝見新君耳，是論可謂讀書得間。

又《金縢》紀周公東征之事，一節中有句「我之弗辟」。孔氏謂辟法也，《説文》謂辟治也。謂定究其罪也。其説本甚易曉。後鄭康成誤讀爲避字，其誤由於《史記》，而史公讀避字，亦不過言避位居攝，非謂避位居東也。

自元代定科舉，考試以沈、蔡書傳爲主，明代因之，清朝《書經傳説》亦因之，不過求其簡當而已，其精粹尚未也。

《尚書》古注疏之外，須讀《尚書大傳》，其書乃伏生之遺傳，而張生、歐陽生等録之也，所載不必依附《尚書》，要皆三代以前語，所謂六藝之支流也。

詩經

朱子謂注疏以《詩》與《周禮》爲第一，《易》與《書》次之。洵確論也。王荆公當公餘之時，猶日手一卷，客至則匿之床上，有孀友取而視之，則《毛詩》注疏也。客曰：「公非應舉，何爲事此？」公曰：「其書廣大無方，饋貧糧，益智粽也。」以荆公之執拗，尚佩服如此，則其書可知矣。

遭秦火後而書尚存者，以人人口誦，不徒恃竹帛也。漢之時，《詩》出最先，所謂《詩》始萌芽也。今之《詩經》，乃《毛氏詩》，以大小毛公而得名也。《經典序録》引徐堅之言，謂夫子定《詩》爲三百十一篇，授子夏，子夏授高行子，高行子授薛倉子，薛倉子授帛妙子，帛妙子授河間人大毛公，大毛公序《毛詩》，以授趙人小毛公。一云子夏授魯曾申，申授趙人李克，克傳魯人孟仲子，孟仲子傳牟根子，牟根子傳趙人孫卿子，孫卿子傳魯人大毛公亨，大毛公亨傳小公毛萇。二說不知孰是孰非。漢時則有齊、魯、韓三家，并作詩說，皆立於學。班固謂三家之詩，魯爲近。劉歆欲立《毛詩》，諸儒不肯。及王莽之世乃得立，及王莽敗，遂廢。至東漢平帝時始乃得立。毛公謂其詩受之於子夏，乃聖門之正傳。以《毛詩》比於齊、魯、韓三家之詩，一一皆有證據。勝於諸家，如《碩人》一篇謂衛莊姜美而無子，衛人賦《碩人》，見諸《左傳》。《載馳》之詩，許穆夫人歸唁衛侯，亦見於《左傳》。《清人在彭》一篇，《左傳》謂高克禦敵於河上，師散而歸，高克奔陳。

《黄鳥》之詩，亦見於《左傳》。《鴟鴞》之詩，又見於《金縢》。《毛公》謂寧亡我子，不可毁周室。又《北山》之詩，《征民》之詩出《左傳》。《皇矣》之詩見《左傳》，《昊天有成命》之詩見《國語》。《笙詩》見《禮記》。然則群書未出之前，與各書暗合，及群書既出，遂人人信服，謂其有所本，所謂長者出，短者廢，其定理也。即如《關雎》一篇，魯、韓二家皆以爲刺詩，謂康王后晏起，故陳古而刺今也。漢人倶用之，不用《毛詩》，惟太史公兼用之，《關雎》之亂，以爲風始，夫子所謂洋洋盈耳，美詩也。或以爲畢公所作，蓋東漢之季，蔡邕作《青衣賦》志蕩詞淫，不可爲訓，其友人張昭子并爲文規戒之云：「周漸將衰，康王晏起，畢公諫言，彌思古道，感彼《關雎》，德不相偶，顧得周公，配以窈窕，孔氏大致，列冠篇首。」則以爲刺失德之詩也。但《儀禮》以《關雎》爲房中之樂，又爲鄉樂。《儀禮》之節序，周公所作無疑，既無周公所作，何以及於康王之世，傳之畢公之手乎？然則韓、魯之説，爲謬可知。《魯詩》至魏而亡，《齊詩》至西晋而亡，《韓詩》亦至唐而亡，今所存者不過《韓詩外傳》。則《毛詩》如日月經天，江河行地矣。若謂《毛詩》全無脱誤，則又不然。如《周頌·中賚》一篇，齊、魯、韓三家有末三字，《毛詩》缺之。而《彼邦人士》章，齊、魯、韓皆無首章，惟《毛詩》有之，漢人引起首章者，謂之逸詩。篇章亦有僞，何則？先後之序闕如也。《碩人》之詩，莊姜不見禮於莊公而慨嘆其美，初到時也，而《緑衣》《燕燕于飛》諸章，係之在前，又《黄鳥》之詩，穆公既死，而後又有《我送舅氏》之詩。又如《采蘩》《采蘋》中何以夾《草虫》一篇也。諸如此類，次序錯亂者極多。

又如《左傳》邲之戰，楚子引詩，賦《武》一章，其卒章曰：「耆定爾功……」其三曰：「敷時繹思，我徂惟求定。……」其六曰：「綏萬邦，屢豐年。」今惟「耆定爾功」爲《武》之詩，而不過一章，與卒章語不符，而其三則爲《賚》之詩，其六爲《桓》之詩。其錯亂如此。

又如《邶》《墉》《衛》諸詩。武王當日封康叔於衛，分爲三國，朝歌之南爲邶，朝歌之北爲墉，朝歌之東爲衛，後皆併入於衛。聖人編詩，各分爲邶、墉、衛，此興滅繼絶之義，然則各因其地爲詩乃合，乃今觀之，則又不然。如《擊鼓其鏜》一篇，土國城漕，乃朝歌之北，則入墉風爲是，何以又入邶風？若謂各國語音不同，隨其語音之近爲風，則《柏舟》之詩，乃詠共姜守義，其音出自宮中，當與《燕燕于飛》等詩相同，何以又先後不同也？循此以推，邶、墉、衛之詩，皆後人隨手掇拾，隨其詩之多寡略分而已，非夫子雅頌所得之舊也。朱子之《詩經集傳》，南宋以來皆讀之，而字句已多與注疏不同者：如羊牛下括一句，今改爲牛羊下括。亂離瘼矣、爰其適歸二句，爰字今又改爲奚字。此類甚多，況經秦火後，其淆訛不更多乎？

古來説詩之家，開後人聚訟之門者，有兩大端：其一删詩之説；其一詩序之説。《史記·孔子世家》謂古詩三千餘篇，孔子删存三百。後人有信之者，有疑之者。唐孔穎達曰：案書傳所引之詩，見在者多，亡逸者少，則孔子所録，不容十分去九，遷之言未可信也。而歐陽修之説，載在呂祖謙《家塾讀書記》者，謂今書傳所載逸詩，何可數也。以詩譜推之，有更十君而取一篇者，有二十餘君而取一篇者。由是言之，何啻三千。刪詩云者，非必全篇刪去，或篇刪其章，章刪其句，句刪其字而已。宋人周子醇《樂府拾遺》曰：「孔子刪詩，有全篇刪者，《驪駒》是也；有刪兩句者，『月離于畢，俾滂沱矣』，『月離于箕，風沙揚矣』是也。有刪一句者，『素以爲絢兮』是也。且『素以爲絢兮』一句，夫子以爲尚煩子夏之問，故可刪，而《碩人》詩四章，章皆七句，不應此章獨多一句也。」今人王漁洋《池北偶談》，朱竹垞《曝書亭集》，趙甌北所著之書，皆歷詆刪詩之説。然孔子刪詩之説，碻不可誣。孔子述而不作，信而好古，既能定《禮》《樂》，修《春秋》，贊《周易》，何不敢刪詩之有？行人徵詩，求其協於律呂者然後獻之，不是篇篇皆可獻者也。孔子皆弦歌之，取其協於聲律，用爲千秋萬世之龜鑒。致於逸詩之散見於各書，而夫子不盡收拾之者，大約皆殘篇斷簡而已，載在人口，言談所及，往往引之，而欲傳之千秋萬世，使人諷誦之，則不能也。其所以亡佚諸多者，則三代以前，竹爲簡册，又用漆而寫，不能太細，而又無紙印之本，何以存得許多，且易於磨滅，易於朽蠹，尤不可不知。或問至文、武、成、康而後有詩，中間何以無詩？所謂詩三百篇乃聖人發憤之所爲作也。太平之世，人樂其生，無抑鬱難言之隱也。詩三百篇，如是而已，史公之言，不盡誣也。

《詩》序之説，唐以前無異説，雖無異説，亦有參差，蓋《詩》有齊、魯、韓三家，相承出子夏。

自從大毛公作《詩傳》傳於家，以授河間人小毛公，小毛公得之以自名其家。時河間獻王好之，獻於朝，而未得立，毛公爲河間獻王博士，《毛詩》未得立，行於民間。自云其詩出於子夏。毛公《詩傳》裏配合《詩》序，鄭康成謂毛公作《詩傳》已將《詩》序貫於各詩之首，則謂詩於子夏無疑。陸德明《經典釋文》據鄭康成及《隋書·經籍志》之説，以《關雎序》爲小序，自風風也訖末爲大序，并引《詩譜》謂大序子夏作，小序是子夏、毛公合作，子夏意有未盡，毛公更足成之。其説誠然。然亦不止毛公潤色，後人亦有參及。王肅《家語》亦謂序文之首子夏作，下則子夏、毛公合作。又《後漢書·儒林傳》又謂《詩序》爲衛宏所作。《隋書·經籍志》魏徵等謂大序子夏作，小序之首子夏作，序首之下毛公、衛宏作。後人議論更多。有謂大序孔子作，子夏、毛公從而引申，小序是也。又至王介甫謂詩人所自作。然尚無詆之者。至南宋之初，異論紛起。初鄭樵作一部《毛詩辨妄》，歷改序説，謂是村野妄人所爲。至朱子晚，亦分别斥之。大抵朱子早年及中年之説，載在吕伯恭《家塾讀詩記》者，俱依序説。後孝宗淳熙四年作《集傳》，無半句詆序説，大約晚年因吕公主持序文過當，因盡廢序説。自南宋以來，説詩家分兩派，從序，棄序，要之天下自有公是公非，序説出於子夏以來，最爲真切，何可棄者。經之初出，《詩》爲先，當其出也，三傳先立，而毛氏尚若存若亡者，則群書未出，無考證耳。及群書既出，鐵證如山，則長者存而短者廢，是者存，而非者廢矣。

詩序之富從，似無疑義。然亦須分別觀之。鄭樵諸人之攻擊，大抵皆因詩序裏有駁而不純之處，而其不純者，皆異聞臆説，因時勢既遠，非出一人之手也。故不可舉一而廢百，分別觀之而已。因咽廢食，賢者不取。

即如《蕩》詩不過篇名，其序謂召穆公刺厲王也，謂蕩蕩無綱紀也。文章以一字爲名，不過篇什篇名，若如序所云，何與蕩蕩上帝乎？

又如《小旻》謂《旻閔》也。所謂閔世亂之無道。旻原有閔字之義，但旻天乃驚嘆之詞，何能參入閔世乎？

又「抑抑威儀」篇謂衛武刺厲王也。謂因刺厲王因以自儆。内中有語不可以對君者，厲王無道，下人作詩諷諭，豈敢直言極諫乎？况衛武不與厲王同時，事隔數十年，其附會可知。又《雍》詩謂禘太祖也。考之古不然，《雍》之詩是祭宗廟之詩，《荀子》裏謂雍，饌之詩，則不是禘太祖矣，况詩内無太祖之義，周公太祖爲后稷，詩内不見，是雍乃祭祀徹饌之詩也。以上俱詩序之不妥處，但不可舉一廢百也。廢序亦朱子平生偶然未定之一事。然朱子亦不盡廢序；如《子衿》詩，古序傷學校廢也，朱子改爲淫奔期會之所。朱子晚年守南康，在白鹿洞書院主教，嘗對門人曰：「仔細思之，詩序總去他不得。」又朱子平生作《四書》注，至死日，於慶元六年三月初九日捐館，門人蔡仲默作《夢葬録》謂當初七晚作《誠意》章，改過《洛溪曰》一章，憂心悄悄照舊作仁人不過，見愠群小，又不同《集傳》之説。可知朱子平生廢詩序者未定之論，宗朱子者，不可不知此也。又袁簡齋（枚）《詩話》謂古詩多無意味，如采采芣苢篇，若套其調云：點點蠟燭，薄言點之，點點蠟燭，薄言剪之。有何意味。不知詩序云：婦人樂有子也。何以樂有子？室家和平也。何以室家和平？文王化行也。設衰亂之世，有子且棄之，如《文選》王粲之《七哀》詩云云者，何得樂有子乎？則知其源流甚遠，固大有關係也。

《魯詩》亦有與《毛傳》同者，其大段處亦不能離其宗。即如《柏舟》之詩，謂婦人不得於其夫，《魯詩》之説，朱子用之，後至解孟子憂心悄悄，亦用仁人不遇，劉向亦兩説并用。班固謂與不得已，魯爲近之。故齊、魯、韓三家雖紛繁，而亦皆有古義可觀。自漢立於學官，亦古書餘也。修學好古之儒亦所不廢。

宋王應麟之《三家詩考》，於齊、魯、韓三家之遺説，皆采掇諸書所引，以存梗概焉。清代范家相撰《三家詩拾遺》，乃補前書所不及也。《韓詩外傳》，中多古訓，亦爲學詩者必讀之書。

禮

《禮》學缺於漢初，自漢以後，得鄭君爲之作注，故三《禮》之書具存，存其至精處，至今守鄭學之遺。《周禮·五官》兼《考工記》，《儀禮》十七篇，《小戴》十九篇。自宋王荆公取士用《禮記》，不用《周禮》《儀禮》。朱子謂《儀禮》其本經，所謂「經禮三百，威儀三千」，《儀禮》是也。《小戴》其傳耳，取末而忘本，舍經而傳用。謂須三禮并用，而時習既久，不能用，於今不改，要之著録之家，必先《周禮》《儀禮》而後及《禮記》，《四庫全書》是也。

《漢書・藝文志》謂《禮》自孔子時已不具。至秦滅絶之，蓋所深惡者也。注疏謂周人尚文，禮爲最備，及周之衰，諸侯將逾法度，惡其害己，皆滅去其籍，至秦焚之，無或存者。此賈公彦之説也。而《漢書・藝文志》謂漢興高堂生傳《士禮》十七篇，則《儀禮》是也。訖孝宣世，后倉最明，戴德、戴聖、慶普皆其弟子，三家立於學官。禮古經者出於魯淹中，及孔氏學七十篇，文相似，多三十九篇，及《明堂陰陽》《王史氏記》所見，多天子、諸侯、卿大夫之制，雖不能備，猶瘉倉等推士禮而致於天子之説。至成帝時，命劉向校於天禄閣。武帝時傳一百三十，小其一篇，更以當時散見於各書者一百五十五篇加之，通計二百十一篇，載在《七略》，後至戴德於一百三十一至二百十一篇再加選擇，取八十五篇，謂之《大戴記》，四十九篇謂《小戴記》，合之《禮記》是也。其時有李氏得古經，謂之《周官》，《周官》，蓋周公所制官政之法。上於河間獻王，獨闕《冬官》一篇，獻王購以千金，不得，遂取《考工記》合成六篇奏之。武帝不信，謂爲瀆亂不經之書，命儒臣林孝存作十論七難以排之。雖不傳，亦留在秘府。至元成之世，劉歆獨尊之。哀帝時請立於朝，不得，至王莽之世，乃得立，尊之爲經，謂之《周禮經》。

後世先《周禮》，至《儀禮》，至《禮記》。而漢時《周禮》最後出，今尊之爲經，而學者讀之，皆疑信參半。大小戴、慶氏學，皆《儀禮》，皆一家之學，非官書也。劉歆、鄭康成俱謂《周禮》爲周公致太平之績。然何邱疑之，謂爲戰國陰謀之書，今人疑之，大都謂是書確聖人所作，而爲後人參雜者不少，以爲駁而不純也，全書俱好言利，大抵劉歆所參入以沿飾經術者。鄭樵《通志》謂《周禮》曾出周公之手，而未行之書。七年周公還政成王，斷不能行得許快，書中宫建都之制不與《洛誥》《召誥》同合；封國之制，不與《武成》《孟子》合；言貢賦不與《禹貢》合（按此説不是，《禹貢》言夏時也）；封建不與《王制》合（《王制》亦漢時所作也）。致謂其爲未定之書，又經後人纂集者，實爲確論。

張子、程子之説，謂其依於理者通之，不依於理者勿强爲之説，誠讀《周禮》者所當知也。《周禮》之令人疑者，則以其爲聖人之書，何以《左傳》《國語》無一引之者，既爲一代大典，即後人有顛倒典型者，亦不當掃地而盡，名卿中當有肄業及之，何以數典忘祖乎？夫子謂吾學周禮，孟子亦謂聞其略，而亦無一援引論列者，大開後人之疑竇。即其毛病亦可指數，而知其不入信者，例如：設官之多，《地官》《司徒》所載設官至萬人；《禮官》言鬼神者居其大半；《夏官》司馬整軍經武，其職細及蟲魚鳥獸之事，至不足信者也。

又如周人所謂王畿東西都，東西長，南北短，合言之東西都千里，西六百里，東四百里。《周禮》言王都國門外，遠近郊得百里，東南西北俱千里，有是理乎？

又列爵爲五，分土爲三，公侯伯子男五等，分土不過百里，七十五里，孟子言之。今《周禮》有五百、四百、三百、二百、一百之文，則非周初之制明矣。尚有礙理者，如周人三公之職皆主論道經邦，而其中盡計較財賄者多，雖《周禮》爲理財之書，而三公豈理財之任乎？況天子以天下爲家，以天子治天下，以天下奉一人，何以太傅掌式貢之餘財，豈天子亦設私財之任乎？

又如《天官》設官代王眚灾，君臣爲手足腹心，豈有設官受灾者乎？又如宫中之設官府以去其奇邪之民，宫中而有莠民，是内外交亂也，是何言歟？又内宰之職，王后之職也，而曰令内宰簡國左右立市，豈后之職乎？又内小臣掌主后之命，后有好事於四方，則使經，有好令於卿大夫則亦如之。婦人無外事，何以有事於四方，何有得與卿大夫交乎？又内祝掌宫中禱祠禳禬之事。天子、諸侯之祭祀分足以相及者祭之，豈有内祝祭祀之事乎？又管天子衣服雖不可無人，又何至設九職之多。冗官太多，自奉太厚矣。又有夏采之官，專掌王崩復土者，安得此不祥之人。

至如國服之飾，王莽當日以之厚斂，王安石以之行新法，亂天下之大道也。其他缺點，不勝僂指。故《周禮》一書，漢唐以來，疑之者半，信之者半。其中大經大法確出聖人之手，然未必出周公之手，即周公之手，亦作而未行者。蓋自周以來，無一傳緒，焉得不啓後人之疑乎？大約其書亦非漢以後諸儒所作。漢以前之古書如《吕氏春秋》之類，亦有引及之者，蓋古人有其遺書，後人從而增纂之，故其中純駁互見也。

《考工記》一篇，或亦謂周公所作，蓋《考工記》國之大典。周公多才多藝，詳於國之大典考究而成者。不知其書中許多非周公時所有者，即如書中坐而論道，謂之三公，論字古經裏未有。祇梅賾僞《尚書》中有論道經邦之句耳。然《考工記》亦晚周先秦之書，讀其文字，便知非後人所能爲也。

儀禮

《儀禮》雖殘缺，而實出於周公之手。當漢初高堂生傳《士禮》十七篇，即今之《儀禮》也。至武帝末，魯恭王壞孔子宅得亡《儀禮》五十六篇，十七篇與高堂生所篇同，而文字多異，蓋高堂生用今文寫之也。孔安國上之於朝，後遇巫蠱之禍，不得至於學官，十七篇遂漸散亡。然雖亡，鄭康成之注禮經亦有引及之者，後竟至散亡。故《朱子語類》，謂真爲可惜，然則四十九篇蓋古經也。自魏晋以降，講求《周禮》《禮記》之儒多，而講求《儀禮》者少，因文碎義繁，學者難之。後賈公彦爲《儀禮》作疏，至朱子成《通解》，黄幹續《喪》《祭》而書始明。《儀禮》十七篇，其實得十五篇，以《既夕》乃《士喪》下篇，《有司》乃《少牢》《饋食》下篇也。

十七篇皆爲侯國作，惟《覲禮》一篇，則言諸侯朝天子禮，然主諸侯言也，《喪服》篇中，言諸侯及公子、大夫、士之服甚詳，其間雖有諸侯與諸侯之大夫爲天子之服，然皆主諸侯與大夫言也，故謂爲侯國而作也。

朱子《儀禮經篇通解》，蓋記禮之全書也。考求古經自王朝、大夫、士、庶人考訂齊備；以儀禮爲名。其實非因文依義也。即群書所引者，亦一概收入。此亦朱子未完之書，其書本二十三卷，以屬其婿黄勉齋植鄉續成之，成《續通解》二十九卷。楊信齋著《儀禮圖》以佐之，隱微曲折，一目瞭然矣。

清代任啓運作《宫室考》十三卷，可補李如圭《釋宫》之篇，而彌楊信齋禮圖之缺。張爾岐《儀禮鄭注句讀》十七卷，吴廷華《儀禮章句》十七卷，李光地《儀禮述注》十七卷，皆便於學。方望溪《儀禮析疑》十七卷，分析禮服至精，汪鈍翁文集中《儀禮》或問數十條，讀之亦增長見識。

禮記

《禮記》四十九篇。漢初河間獻王修學好古，得仲尼弟子及後學者所記一百三十一篇。至劉向考校經籍因第而叙之，又得《明堂陰陽記》三十三篇，《孔子三朝記》七篇，《王氏史氏記》二十一篇，《樂記》二十三篇，凡五種，合二百十四篇。戴德删其煩重，合而記之爲八十五篇，謂之

《大戴記》，戴聖又删大戴之書爲四十六篇名《小戴記》，其後馬融又加《月令》《明堂位》《樂記》三篇凡四十九篇，即今之《禮記》是也。自《周禮》相篇以來，學者疑信參半；《儀禮》又闕亡已甚，所篇不過十七篇（實十五篇）而文又難讀。故二者雖爲官書，而并不盛行。惟《小戴禮》平易近人，讀者寖多。若《周禮》雖經王荆公行新法一度重之，後亦難行，《儀禮》則從棄之後，經朱子奏上，亦不能復行。故非如《禮記》之通俗。小戴再删存大戴之書，《大戴記》已殘缺矣。北宋以後，祇得四十篇，中有二十四篇有注者耳，故不能比盛。

程子謂《大學》《中庸》《學記》精粹無可議。至於鄭康成謂《月令》取于《吕氏春秋》無疑。《樂記》公孫彌子作。《王制》劉直謂漢文帝時命博士所作。沈約謂《中庸》《表記》《緇衣》《坊記》皆子思所作。孔穎達謂《中庸》公孫彌子作。所云子云、子曰、子言之曰皆子思也。曾子有十篇在《大戴禮》，明人排出，爲之作章句，其精粹者固足并重千古，即略有僞駁，亦分别觀之可矣。禮文當孔孟之日，已多失墜，況數傳之後，烏得不淆亂乎？内中駁文，往往有足招人議者：《明堂位》誇大魯國，爲此自欺欺人之言，不足爲典要者也。魯之郊禘，非禮也，周公其衰矣。魯之郊禘，閔、僖之世爲之，以前固未有也。其中言天子之禮者，俱謂成王所賜，伯禽所受，至朱子注《八佾》外注引程伊川之説，謂成王所賜，伯禽所受者非禮也。歸罪成王，真是天冤地枉。《左傳》初獻六羽時，隱公尚未知，而問羽數於仲子，於以見魯之僭尚未久，又安得出於成王之賜也。

其中謬説更有狂妄不經者，如云「封周公於曲阜，地方七百里」，則焉有如此之地乎？孟子謂周公封於魯，太公封於齊，地非不足，而儉於百里，若七百里，是一小朝廷乎天下矣。又謂「魯王禮也，天下傳之久矣，君臣未嘗相弑也」。極其誇美，而夷考魯事，一句不符。桓公公子翬弑隱公，弑子晳，弑閔公，弑子班，無罪殺大夫者史不絶書，即大夫强而君殺之之謂，由三桓始也。穆公之時，公儀子爲政，子柳、子思爲臣。三家風消燼滅，孟子爲孟孫之後，播越於外。故孟子自齊葬於魯。説者謂孟子爲孟孫之後，自有族葬，然寄葬他方者，則可知三桓之子孫微矣。然則何以誇大魯國，則魯之鄙儒爲之也。何以故？自古聖人無不得位，獨孔子一變古來之局，故當時無不欲尊大夫子者。故子疾病，子路使門人爲臣，又兼用三朝之禮樂，不知聖人素位而行，不容何病。而鄙儒不知也，故務爲誇大，謂夫子爲素王，作春秋，以魯繼周，托始於隱公之元年，書成而麟至，此天之所以知夫子也，故夫子曰：「不怨天，不尤人，知我者其天乎！」故廣魯於天下，其見笑之處，皆鄙儒爲之也。

又如文王世子夢帝與齡之説，亦鄙儒言之。聖人心通造化，亦樂天知命，故不憂，豈在命數之長短。造化豈聖人所能爲乎？考之實事亦不然。《竹書紀年》及《史記》謂武王克商，至於周，自夜不寐，周公旦即王所曰：「曷爲不寐？」王曰：「告汝，維天不饗殷，自發未生於今六十年……」然則其時尚未六十，何以謂武王九十三而崩。是何言歟？然則八十一乃生周王乎？

《儒行》一則亦有過當之言，謂儒者之過失可微辨而不可面數，此句實爲剛愎自用。子路聞人告其過則喜，孔子之過如日月之蝕，成湯改過不吝。何謂可微辨而不可面數也？《特立》一則至言勇力。夫子謂君子義以爲上，何言勇力乎？

又如太公封營邱（見《檀弓》）。君子謂狐死正邱首，仁也。以正帝思之，非也。聖人之制葬也：陵者葬陵，澤者葬澤。族葬昭穆，各以其班。太公既封於齊，不葬於其國，而反重違顧命五世子孫皆葬於周乎；況齊之去周二三千里。百里山川，幾遭寒暑，枯骨何安？古人葬自虞，不忍一日離也。而數月遥遥，寄其尸於道路，人子豈能忍心乎？太公當日朝歌緝縣人也。周原非其故家，何得謂狐死正首邱乎？《水經注》謂淄水旁有人發得齊胡公墓，得桐棺隸書，胡公何人，太公四世孫也。則是已葬齊國，何得謂葬周乎？可知其事不實矣。

其中有微而難顯之義，亦不可不知：如《曲禮》一則謂獻田宅者操書致。孔氏謂田宅皆官府賦於民，非平民所能獻於人，或是有大勳，其君賜之田宅，遂爲己有，因獻於人云云。此説非也。既受之君賜，則首重焉，何可獻人？燕王噲讓國於子之。鄭伯以璽假許田。君子譏之。有大勳受田宅者豈可獻人者。然則何解？當云士未有禄時，君有饋焉曰獻，如是則可也。

禘祫大抵守先儒之訓，而自漢以來，言人人殊，其是非剌謬之處，皆由諸儒之傳説，殊非聖人之本書。且以金帛購求古書，必有僞撰者。即如《王制》一篇，乃漢文帝命博士作，不全是周制，内中甚多夏、殷之禮，因文帝本欲定以爲漢制，後人遂以周制比合而觀之，其剌謬有不可勝言者。考禮之實，難乎其難！

即如禘大祭也。《爾雅》周公所作，孔子、子夏所潤飾，謂禘大祭也。可知非時祭之名。何以《王制》春曰礿，夏曰禘，則爲四時之祭名矣。春禘與秋嘗，陰陽之義也。故禘有樂，嘗無樂。此《郊特牲》之文也。祭統亦然。而祭義又如《王制》之説。皆異於周人者。《周禮》十云：春祀，夏□，秋嘗，冬蒸。禘大祭也。固不盡同矣。鄭釋之云：「此不知是夏是殷，無成書可本。夏、殷之禮，至周人改之，則讀者當會其意。」故在殷時祭之名有禘，大祭亦曰禘，故《長發》之詩，謂長發大禘也。所以異於時祭。至周公制禮，改乎其名，則時祭無禘，故大祭謂之禘。故曰大祭曰禘。因無錯出，其名不必分别矣。

追遠之説，一見於子夏《喪服傳》，再見於《禮記大傳・喪服小記》，皆謂祭其祖之所自出。祭法亦然。蓋抄撮柳下惠杞爰居之説，并求其人以實之；謂有虞氏禘黄帝而郊嚳，祖顓頊而宗堯。誠有可疑。有虞氏之始祖，經書中無明文，《書經》所云神宗等詞皆謂堯之祖廟。然果爲堯之祖廟，則舜時尚居攝，何得許快立廟。而乃謂五代皆出於帝嚳，以顓頊爲始祖，則始祖所自出爲黄帝。《史記》云姜源生稷，又其衆妃生摯，生堯，則元妃姜源生稷，何以不立嫡而立庶乎？不論堯也十八歲即位，在位七十載而後舉舜，命稷教稼，契爲司徒。豈有生有盛德之兄弟而終身且不知，何以謂之知人則哲，敷序九族乎？且堯七十載倦勤，則稷、契其兄也，年幾百歲，豈尚可用？且舜爲帝嚳之四世孫，則與堯爲有服之親，何以四岳之舉堯，尚謂余聞如何，且登庸之後，又以二女妻之，則是上婚于其曾祖妣也，何至瀆倫如是。《姜源》之詩，衹頌姜源，不頌其夫，前人謂因微故，若帝嚳何以謂之微。且以后妃之貴，而獨行於田野之間，已不入信，而感天地之精氣生稷，又置之隘巷，置之平林，置之寒水，豈帝王之家世乎？且同是群從兄弟之中。何以窮簷獨多也？五代世次，亦嫌不倫。又據《左傳》郯子來朝之言，則黄帝中有少昊一代，一代自有數傳，豈得謂黄帝就至顓頊乎？蓋太史公之説亦出自《大戴記》，而《大戴記》亦漢儒之所集也。豈足據乎？

郊禘之説，追其祖所自出，以祖配之。如許大典，而《詩》《書》《周禮》《儀禮》及孔孟之遺言及《中庸》《孝經》《左傳》《公羊》《穀梁》俱不一及之。故知其必無之事。有虞、夏后不知其始祖何人，何得以其人實之，《商頌・長發》之傳，止追到契，未嘗及帝嚳。「長發其祥，有娀方張。」止言發祥其母，不言其父。可知祭法之言謬極，蓋漢儒駁雜不經之説也。當時除挾書之律，又以黄金購求古書，故多僞撰以求利也。

鄭氏因讀祭法不得其解。何以禘先於郊？故引緯書之説，謂禘大於郊，强分圜丘與郊爲二，以禘爲冬至祭昊天下帝於圜丘，而以嚳配之。以郊爲祭感生帝於南郊，而以稷配之。既謂郊禘爲配天矣，遂併以祖宗爲祀五帝於明堂而以祖宗配之，輕肆臆説，不足據也。

天子祭其祖之所自出，原於《儀禮・喪服傳》之文，因子夏之言而生出許多誣妄穿鑿。不知子夏特謂祭其所自出耳！未嘗謂祭於何所，祭於何時。當善會其意，讀書得間，始不爲古人所誤。以余觀之，蓋先儒未之思耳。追遠又追遠，報本又報本，非仁孝誠敬者不能爲，亦非仁孝誠敬者不能知，故夫子謂禘：「知其説者之於天下也，其如視諸斯乎。」子思亦謂：「明乎郊社之禮、禘嘗之義，治國其如視諸掌乎！」言報本及祭其祖所自出也。故《生民》之詩，頌后稷，追頌姜源，便是祭其祖所自出。然則姜源有廟乎？曰有，《周禮》大司樂舞夷則以享先妣，以享先祖。鄭箋云：何以先妣先於先祖。先祖后稷也，先妣姜源也。然則祭其祖之所出，爲此故也。此外亦有徵者。宣王中興作考室之詩，先妣先於先考。由此知之耳。子夏之説無錯，周人之大典，一代之大制，無錯也，錯在漢儒之《禮記》添出以祖配之之説，又指出其人，并魯亦謂追至文王，以周公配之，真妄上加妄矣。

魯之僭妄，固不待言，前已言之。《八佾》章程子外注，謂成王賜，伯禽受，皆非禮云云。程子亦有本，蓋謂《小戴禮》雜説所誤耳。若如明堂位之言，則奚斯頌魯，意在誇大，何以未嘗有説郊禘之禮？後之郊禘之禮，亦僖公所自作，非成王之賜。夫子謂魯之郊禘爲非禮，則其僭於何時。《竹書紀年》及《吕氏春秋》則責難於惠公，但惠公請郊禘之禮，而未嘗行之。《史記》載秦襄僭用禮樂，位在藩王，僭端見矣。秦襄公在平王東遷以後，始有車馬之時，若魯惠公時已僭用，則習爲故常，何用如是之詫異乎？而《春秋》書郊，初見於僖公三十一年，卜郊不從。禘見於閔公二年夏五月乙酉吉，禘於莊公。然其郊禘亦微别於周者。其始郊也，不過社穀之郊，非元日之郊也。

天子之郊，禮文繁重，其説紛紜。《王制》謂天子祭天地。鄭云：迎氣冬至祭天於圜邱，四時祭感生帝，又迎五方之帝，又大雩禘用盛樂，又郊祀后稷以配天，宗祀文王以配上帝，則郊有九次。王侃則謂八次，有大雲一次，謂有所祈，其實冬至大祭也。祭天之正禮，乃春社穀，夏大雩，秋大享明堂，郊祀后稷以配天，宗祀文王以配上帝，如是而已。感生帝者緯書之説，不足信，迎五帝者不過迎氣，非郊天也。王肅駁鄭謂天一而已，何得有六，帝一而已，何得有五。其説亦然。但謂郊止兩次，則又不然。魯之郊天用二月，後漸僭竊。宣公三年、成公七年卜郊俱用正月，周之正月，夏之十一月也，此正冬至之時。禘禮無一定之月，大約在四時之一日，而魯則以四月、六月以禘禮見周公於太廟，周之六月，夏之四月也。五月吉禘於莊公，又七月禘於太廟，大約前無定月，後乃定也。前之用禘皆因有事，如吉禘之類，及其後各廟俱用禮，益爲僭濫無極。杜元凱謂魯有文王廟之説甚無稽。明堂位至誇大，不過謂以禘禮祀周公於太廟，魯公之廟文世室，武公之廟武世室。何言有文王廟？若有文王廟，何不言之？且若有文王廟，則祭其祖所自出，以祖配之。當以周公配文王之廟而後可。何以祀文王於周公之廟，屈父而就子廟乎？且若有文王廟，到《公羊》《穀梁》何以全無書祭文王之事？豈設其廟而不祭之乎，且列國中亦有僭禘者，豈皆成王賜乎？若晉若衛豈皆有大勳勞乎？

漢人韋元成議禮云周人謂太祖之廟居中，四親廟（考廟、王考廟、皇考廟、顯考廟）親盡則祧，藏其主於夾室，亦以昭穆，所謂禮。親廟以次而南，外爲都宫，翼以四隅，此定制也。有二祧謂文武廟也，而開國之至不可祧。故緣情定制，立爲文世室，武世室，與太祖俱謂百世不遷之祖。古人慎其名位，父子嫌其相逼，故昭與昭齒，穆與穆齒，太廟居中昭穆以次左右，所謂二昭二穆與太祖之廟而五，連文武世室乃謂之七廟，周公制禮之時，尚未有此，蓋夷穆王所議也。

清朝太廟本乎唐、宋之後，同堂而異室。周、漢昭穆，俱各爲廟，今世從簡，故同堂而異室。清制自開國以來，定制分外殿、後殿，自開國之君至大行之主，皆南向。開國定制者自太宗起。太祖高皇帝居中，太宗居左，世祖居右，以次而下，開國之時，追王者，四代以上無所考，於是追尊皇帝者：紹祖元皇帝，興祖直皇帝，景祖奕皇帝，顯祖宣皇帝，奉安於後殿，清朝家廟之祭，有大祫，無大禘，於一歲行之，時享以春夏秋冬。前殿皇帝親行禮，後殿遣官行禮。至歲暮祫祭於除夕前一日，行大祭禮，先一日遣親王告祭於後殿，前殿屆期皇帝親行禮，以後殿四神主供設於前殿焉。小小源流，動成掌故，亦考禮者所不廢也。

祭天地之禮，自來苟簡。自周後，秦人無郊天之祭。漢人則祭天於高邱之下，祭地於方澤之上，與周因天事天者相反。韋元成議禮正之。至王莽欲媚元后謂王者父天母地，父母應同牢而食，不可分祭，合祀天地於南郊，無北郊之祭，所以媚元后。惟北朝魏孝文帝大和年間分南北郊，文帝好文也。至隋、唐、元、明亦有分祀，明太祖開國，分祀九年，至嘉靖年間之十餘年分祀，合祀者九年。至穆宗張居正當國旋棄之，謂冬至嚴寒，駿奔於星霧之下，夏至酷暑，灌將於烈日之中，于人事不宜，尤非所以敬天地也。清朝修明典禮，乃分祭之。

合祀天地之説，即宋儒蘇東坡亦附會經義，謂《昊天有成命》篇是也。不知漢儒以爲祭成王之詩，東坡謂無頌地功德語，以天統乎地，若天地分祀，則當另有祭地之詩，何以無之？不知地有何功德之能頌，且此篇亦何嘗有頌天語？況既知爲天統乎地，則祭天之時用此詩，祭地之時亦用此詩，詩序之説，安知非謂祭天地俱用此詩乎？或又引《召誥》用牲於郊牛二爲證，不知告祭非常祭比。常祭分冬夏，告祭則同日并舉，則南郊祭天，北郊祭地，同日而用牛二耳。豈合祭而用牛二乎？

追祖所自出之説，歷來皆然於趙伯純之説，必强爲從之。開國之君，多起於草莽，每有不知其始祖者，况所自出？故有勉强造作者，即如漢祀唐堯，唐祀老子，宋祀趙盾。至明太祖四世之上，已不知其名，何况始祖，更始祖所自出。於是議立太初皇帝神位祀之，空空洞洞，不知何人，更爲可笑，則何如虛其位而不祭乎！

春秋

古今注釋者惟《易》與《春秋》其書至多，其説至難。故文中子謂九書與《易》亡，三傳作而《春秋》散。後儒謂夫子之删《春秋》，筆則筆，削則削，游、夏不能贊一詞，遂以爲一部《春秋》字字皆有意思，將《春秋》成爲一部咬文嚼字之書，穿鑿附會，無所不有，勢必至愈言愈遠，不由至於悖理傷道不止，至謂夫子作《春秋》以天道自處，故一兩字之間，天子當稱天王，或單稱一王字，便是夫子有意貶之者也。又謂夫子志在行夏之時，故首辨元年春王正月，以夏時冠周月，夫子平日欲行夏時。周人時月未改，改其歲首，所謂正朔，夫子以爲非順四時之序，既謂以此爲正，應順四時之序，故加春正月之名，三王改正朔，不過改其開朔之日，以爲歲首，示一王之改革而已，故謂自殷至周，未改夏正，且左邱明是與夫子爲師弟，其作傳也，明謂王周正月，見非夏、商所正。宋人之説俱本啖助、趙匡。謂三傳不足信，以經爲主，不可屈經從傳。獨不思不讀傳何以知其事迹，無案何以有斷，傳即案也，經即斷也，不讀傳何以知其事之案而斷之乎？故朱竹垞先生謂「春王正月，群疑積至今，邱明一周字，足可抵千金」，是也。而注疏謂月改時移，周既以建子月爲正月，則以丑月爲二月，以寅月爲三月。首疑此説者自程伊川先生始，蓋謂周之正月，非春也，虛加之以見四時之義耳。據程子説謂未修之《春秋》則冬十一月也。劉質夫又本程子謂未修之《春秋》，無春夏秋冬字，則元年十一月也。不知朱子謂《春秋》魯史記之名也。焉得謂原書無春夏秋冬等字。至胡傳謂三王俱行夏時，然後耕作收成順天然之次序。所謂改正，改其歲首而已。如胡文定所言，亦非事實，如然，則不行夏時，自夫子始矣，豈不大相悖乎？據其説謂見之詩者，「四月惟夏」「六月徂暑」「春日遲遲」「秋日淒淒」「冬日烈烈」。見於《論語》者有「暮春者，春服既成」，《孟子》則有「冬日飲湯」「夏日飲水」等語可證。獨不思夫子謂行夏之時，則有殷時周時之不同矣。若周已行夏時，則夫子告顔子何必謂是哉？又觀「正月無氷」「二月無冰」之句，若行夏時，則正月無氷，乃其常事，何以書之以見灾異乎？又如「冬十月隕霜殺菽」，若夏時十月隕霜，正其時矣，然其時安得有菽？惟其八月隕霜，故爲灾異。又更可驗者，僖公五年春至正月申亥朔日南至，正月初一冬至，豈非十一月爲歲乎？又《左傳》昭公十七年冬有并孛於大辰。梓慎曰：火出，於夏爲三月，於商爲四月，於周爲五月，若不改夏正，何有是乎？又冬日飲湯，夏日飲水，如用周正，亦不甚切。孟子明言因正秋七八月之間雨集，七八月之間旱，十二月輿梁成等語。須知民間日用飲食，按夏時爲自然，於是行夏時之日慣，朝廷雖有改之，而民間習慣，故不覺冲口而出。而王者所以不禁者，則以三正并用，故有怠棄三正之説，歷來如此，朝廷發施號令，及史官記事則不改。而民間日用之便則有不禁者。《左傳》申經云：

冬，宋人取長葛。傳云：秋取長葛，蓋《春秋》則全用周正，若作傳則合列國之史并采，故全録其舊也。是宋不用同時而用其先人者。晋國未有行周正，全用夏正。晋顓頊氏故墟，顓頊用夏正也。唐、虞、夏、商、周俱是。雖有王者起，不强之也。其中尚有許多證據，而莫切明於滅虢一段，在晋人謂九月十月之間，《左氏》乃指十二月耳。《四庫全書提要》謂貶天王，改正朔，何其悖且亂也。

以言三傳。公、穀則在日月上分别；《左傳》則在稱人，稱名，稱字，稱爵上講求，皆穿鑿之故也。日月之有無，聖人因乎魯史，書闕有間，有者仍之，無者亦仍之，無從而考核。所謂吾猶及史之闕文也。至郭公夏五一句，聖人亦因之，豈不知下有月字乎？若在日月上講求，則多所窒礙矣。稱人稱爵等亦是本文，聖人亦無意義。若一一附會之，亦多有不可解者。後人謂一字之間皆有聖人微意，不知其矛盾者多矣。

後人之論，謂左氏長於事，而言理多乖；公、穀優於理，而述事多謬，不過指其大略。即謂左氏長於事，就事上言，亦有不中肯者。如齊桓公之霸，齊非楚敵，其伐楚也，借蔡姬、蕩公之事伐蔡，若於楚無與者焉，蔡潰伐楚，此軍謀也，而左氏不知。晋文之伯亦然。

公、穀之優於理，亦不盡然，其悖謬者甚多也。如公羊謂子以母貴，母以子貴。開後人無限禍端。穀梁言衛世子蒯聵之事，明爲衛君。父子争國之禍，由是而起，豈不釀成人倫之變乎？

據邑以叛，亦爲爲國，豈非大謬？聖人作《春秋》，不在一二字上校量，而迂儒又謂據事直書，善惡自見。則魯史可矣，何必作。孟子謂其事則齊桓、晋文，其文則史。孔子曰其義則丘竊取之矣。若抄録舊文，成何説話。《春秋》者正名分之書也。聖人憂世而作，所謂孔子懼，作《春秋》。莊子謂《春秋》以道名分者是也。故孔子作《春秋》而亂臣賊子懼。而講學家反讀孔子而不知其義。即如朱子解「知我者其爲《春秋》，罪我者其爲《春秋》」二句，乃引胡氏之説，謂夫子以布衣而持四十年南面之權。不知《春秋》天下之事，若持南面之權，是以暴易暴也。然則何途之從？蓋自周開國至夫子之世，禮樂征伐應自天子出，自王政不綱，天子之事所應爲者不能爲，所謂王者之迹熄。後得詩人所美刺，猶得幾希之遺，及詩亡而并無之矣。《春秋》安得不作。所謂以天子之事，還之於天子也，例如其在西戎、南蠻、北狄雖大，曰子，不得稱公伯，周制也。《春秋》吴、楚僭王，而《春秋》俱稱子，則以周制還之夫子也。震其聲威，端在於此。又晋侯召王。《春秋》書天王狩於河陽，以臣召君，不可以訓。故曰天王狩守於河陽。天子適諸侯曰巡狩。所謂以天子之事，還之於天子也。

孔子之作《春秋》，皆有定例，至定例中聖人斟酌於精意之所在，乃有特筆焉。蓋魯史所無者，聖人不能不特筆而存之。如其中之無事者，或夏五月，秋七月等。春秋之時誰復有人知周室之尊者，故聖人加王正月，所以大一統也。各國之史，俱是正月，即魯史亦不過如是，王者是聖人所加，非魯史之本來也。如云「以乘宋亂」「鄭棄其師」「子同生」「胥命於蒲」等，是聖人之特筆。

仲子惠公之妾，而云「惠公仲子」，成風云僖公成風，衛侯之兄執陳侯之弟，王子糾不稱齊，小白稱齊；厲公不稱鄭。昭公稱鄭忽。吴、楚僭王，吴、越僭王，《春秋》則稱；陽虎執國政，聖人不但不以爲大夫，并不以爲陪臣，而謂之盜。此皆聖人之特筆也。

有魯史所有者，夫子去之。如昭公娶同姓之事，魯史有之，亦見於王記，而夫子削之也。

一部《春秋》，貫徹讀之，然後知孔子懼，作《春秋》。一治一亂，往復循環，所謂托之空言，不如見之行事之深切著明者也。

《春秋》合禮則不書，常事則不書，即刑殺之得當亦不書。此通例也。

讀書得間，乃可論事。公孫於齊，連三年皆書：正月公在乾侯，後公薨於乾侯，公之喪至自齊乾侯。魯史當日無董狐、南史之直，誰敢直書，設無《春秋》，其事缺矣。何以扶天綱，立人紀乎？至各書謂，伐，美之詞，侵，惡之詞，不合《春秋》之例。非然也。侵伐有連用之詞，其實非美刺所在。孟子謂《春秋》無義戰，何以謂伐爲美詞也？《易經》利用侵伐，文王侵阮，徂共侵于之疆，何以謂侵爲惡詞也？《春秋》謂齊侯以諸侯之師侵蔡，蔡潰，遂伐楚。蓋侵乃不能入，又不能守，謂之侵也。《禮記》謂諸侯失地名，滅同姓名，蓋指衛侯諱滅邢故也。亦不然。朱謂子衛侯諱滅邢，諱字爲衍文，蓋因滅同姓者不盡名也。即諸侯失地亦未盡名。穀梁謂爲尊者諱，爲親者諱。亦不然。國惡莫大於國母宣淫，聖人書之；國辱莫大於事夷狄，而聖人亦書；如楚等雕楹刻桷僭郊僭禘等皆書。何嘗諱之。娶同姓之事，雖諱之，而後亦書，亦未嘗諱也。蓋微顯闡幽者，《春秋》之旨也。

左傳

《嚴氏春秋》謂孔子將修《春秋》，與左邱明乘如周，觀書於周史，歸而修《春秋》之經，邱明爲之作傳，明夫子不以空言説經也。及末世口説流行，故有公羊、穀梁、鄒氏、夾氏之傳，鄒氏無書，夾氏有書無録，故不顯於世。左氏親炙孔門，故所得獨多。

《左傳》於《春秋》爲第一功臣，若無《左傳》，則《春秋》何以明其事迹。但其中斷事，《穀梁傳序》謂其以鬻拳兵諫爲愛君，文公納幣爲知禮，以爲左氏之無識。亦不過言其大略，其中尚有甚多不合於理者。如以宋伯姬之純節爲女而不婦，以趙盾之弑君爲賢大夫，越境乃免等皆是。

韓昌黎謂左氏浮誇，此語自有分寸，分别觀之可也。左氏身爲魯史，又搜求百二十國之寶書，所有者使存之，謂其斷事無識則可，謂其紀事之浮，則當日不過因各國之史據事直書，以爲實録，即如吕相絶秦等，當時實有是言，若不存之，何以爲信史。至於是非曲直，自有定論，公道自在人心，彼不過據其事以書耳！然則謂其存言天道鬼神夢兆卜筮乎？則亦不然。左氏之言天道鬼神夢兆卜筮等無不引入人事也。然則昌黎何以言此，則當觀其上下文理言，蓋自言己之學古，無所不有，其意謂有時學《春秋》之謹嚴，有時學左氏之浮誇，皆美《左傳》之文詞，謂其奇怪怪，不可方物也。

大抵左氏得享長年，於其將老也，故亦觀望形勢，以取偕於當道，此其見識之卑處，漸遠聖門之講幃。世途漸熟，成敗論人，於齊也，見其後來赫奕，將有化家爲國之勢，故謂陳完、有嬀之後，將育於姜。於三晋亦然，於魯亦然，謂季氏亡魯不昌。凡此皆觀望形勢，忘却其師之本旨，誠不能爲彼諱也。至於好言後事，亦不能盡驗。即如君以是以知秦之不復東征也等。秦穆公以後，至孝公及始皇而六王畢，四海一，未聞有易世再姓之事。

春秋之例，有弑君者，故君不得書葬，新君不得書即位，不盡然也。隱公之被弑，皆架罪小人，依然有賊不討，何以桓公書即位？東門襄仲連殺儲嗣，而宣公居然即位，而閔公弑僖公，不書即位，已殺公子慶父酖叔牙，已付賊矣，又何以不書即位？何知不係夫討賊與否。桓公與聞乎弑，宣公亦與襄仲之謀，即位其本志也，志得滿意，何以不即位。至僖公國家多難，不幸有二君，有心人必不以即位爲樂也，時雖有其禮，亦草率了事，故不書。可比較而得之矣。又須知聖人之書法，絶無首尾相背，善惡同文之處。後傳者不知，爲權奸所混，善惡遂蒙，雖左氏亦不能辭。公仲之賊子班。《春秋》書子班卒：襄仲殺子赤。《春秋》書子卒，不稱名。穀梁謂君在弑君，亦臣子所不忍言，故書卒而不書葬，便知其中有嫌疑處。後子冶卒，《左傳》謂諱也。善惡不同文，聖人不若是之謬。子冶不書葬，其義同耳。方望溪謂子冶之卒，被弑無疑。其言蓋信，數考前事，則可知之。蓋奸人行事，必伺閒而動。隱公之弑，次於翬氏，子班之弑，次於黨氏，子冶亦次於季氏可知矣。而以諱名之者，當時奸人掩蔽其事，謂諱也。故左氏亦原其語以作傳，恐非聖人之本旨矣。若不然，夫子何不分别於其間，而爲此善惡同文之語乎？想子冶當日聰明過人，欲去季氏。故賊欲除之而立其愚者，觀子冶卒後，立昭公，而昭公十九年猶有童心，可知矣。

公子鮑之弑宋昭公，謂君無道也，鄭子家之弑亦然。公、穀亦附和同辭，謂稱國以弑者，衆弑君之辭，稱惡弑其君，君惡甚矣。習俗移人，賢者不免，聖門之一再傳尚不能伸正義於天下，與夫子之意全背，可知夫子之作《春秋》，蓋有不得不然者矣。孟子云，臣弑君，子弑父，邪説暴行又作。何以謂之邪説？權奸之舉事，每加罪於其君，謂身於民上，罪惡貫盈，於是衆怒難犯，禍起蕭墻，遂合一國而弑之，則亂臣賊子可以脱然無累，此所謂邪説也。

《春秋》書弑君而稱人稱國。因越國過都，傳聞失實，亂賊之簒弑，或歸過於小人。聖人謂其微末不足數，恐非事實，必有元凶巨憝，架其名於微末之人，故稱人而已。稱國者，亂賊謂衆怒難犯。夫子謂君無道可以弑之，父無道可以弑之乎？亂臣賊子，人人得而誅之，君可人人得而誅之乎？故稱國者，其通國皆罪人也。傳者不察，不能伸聖人之意，使亂臣賊子，得以藏奸。此六朝至五代篡弑之賊，行爲心傳者也。所謂君子一言以爲智，一言以爲不智也。而最爲罪魁者，杜元愷是也。其著書非爲明道起見，不過附會時局，以示其奸，其書不爲《春秋》起見，蓋意覬爲《左傳》，借《左傳》以文其奸，遇有篡弑者皆暢其説，輾轉相傳，篡弑家讀其書，奉爲至寶。杜預之《左傳集解》，於左氏之誤處，不力加是正，反曲爲之説，或直謂經誤，其蔽如此。要之《左傳》不特事迹昭著，并爲六經鼓吹，其論《易》可知六十四卦俱伏羲所畫；魏絳之引有穹、后羿，可以補《書》之缺，季扎論樂，可以知《樂》；楚莊王論文武有六七德可以徵《詩》。皆是也。左氏作傳，明夫子不以空言説經，故左氏説理或不似公、穀，而事迹昭著，莫如左氏也。公、穀經夫子再傳，且過都越國，傳聞異辭，何如左氏及身，其時又爲魯史之諦審乎？即如桓公妾子，非《左氏》序其事，何以知之？鄭莊克段。公羊謂克，殺也。左氏謂如二君，故曰克。二説相衡，以左爲正。觀鄭莊謂寡人有弟而使糊其口於四方之語，若殺之，何以糊口四方乎？至左氏以孔門弟子而竟有總總悖謬之言者，蓋始基之易，而末路之難也。左氏身享年長，當其末路，已漸江河日下，不耻不仁，不畏不義之人出，耳濡目染，遂爲習俗所移，翼奸長篡之言，大抵皆觀望形勢以成敗論人也。

公羊 穀梁

公羊高齊人，子夏弟子。夫子作《春秋》，傳之子夏，子夏傳公羊高，高爲之作傳，傳其子平，平傳其子地，地傳其子敢，敢傳其子壽，當時俱出口授，後乃與其弟子胡母子都著之竹帛以授董仲舒。當時董仲舒爲五經博士，習《公羊》，瑕邱江公習《穀梁》。武帝命二人辨於庭，江公口訥，董氏有議論，且丞相公孫宏亦習《公羊》，故當時立《公羊》。至宣帝好《穀梁》，乃立《穀梁》。左氏至劉歆請立三學，當時諸儒不肯，至謂其變亂舊章，直至王莽之世，乃得立，而漢亦中微矣。《公羊傳》與《穀梁傳》恰相反，《公羊》先有義理，復説經，《穀梁》先求經文，後乃推原義理。公羊解言，如引律斷事，每每引錯。即如立嫡，長不立賢，立嗣以貴不以長，其理極正，而以之斷桓公則不可。以蔡仲逐君爲行權程子謂權即經也。其説亦欠圓通，謂權不倍乎經之理則可，若權即經，則何以分別言之？而蔡仲之逐君，常引以行權斷之乎？以妾母爲夫人爲合正一説亦猶是耳！不以父命辭王父命，以王父命辭父命，不以家事辭王事，以王事辭家事，此家庭之常則，然非謂立國之大事，輒可以之拒父也。引律常不得當者以此。故不以當時之事按合，但觀其議論，則純粹而光明；若一按合《春秋》之書法，則參差而齮齕矣。吾輩亦不可因此抹然其義理也。

讀《公羊傳》者，分之則兩美，合之則兩傷，於義理則千真萬真，而亦不能爲其釋經悖謬者諱，則兩得之。

漢時初習《公羊》，立於學官，故引經斷事者，亦大義光明，富機立斷。如雋不疑斷衛太子事，蕭望子斷不伐匈奴事等是也。

何劭公之解《公羊傳》，謂之何休學，功不過，其以集讖緯也。所謂黜周王魯，變周文從殷質，及三科九旨等説，公羊初無明文，皆休意爲之作。

公、穀之至理，而穀之背理者尚少，亦以公羊有議論而後説經，穀梁因經起義，故背謬尚少。然其中亦有不能爲之諱者。范甯作序，已明指之。謂不納子糾爲内惡，則仇之可得而容也；以不納蒯聵爲尊祖，是父子可得而争也。其議論之不當者，尚不止此。

穀梁雖引證寥寥，不及左氏、公羊之富，而其中亦有足以存古禮者，不得不謂之傳世之書也。

楊士勳作范甯疏，徵引亦寥寥，蓋一手獨成，不如孔穎達之作《左傳正義》之衆手修書。

三傳公、穀先立，左氏後出，後左氏行而公、穀微。至宋而啖助、趙匡又倡爲屈經從傳之説，謂春秋二百四十二年之書爲刑書，有貶無褒，大抵皆主公、穀之説爲多。至胡氏作傳，更爲深文，謂春秋二百四十二年内無一完人，蓋亦過矣。

公、穀親受業於子夏，觀其書「孔丘生」便知。不然，何以知之確也？又左氏書「孔丘卒」以見尊師，則公、穀之書其生也亦然。故《史記》之言夫子生謂在襄公二十二年，因考《左傳》而不考公、穀也。而以又穀梁定十月爲真，公羊之十一月爲訛，因公羊五傳而後著竹帛，易以淆訛，十月容易錯爲十一月，且有支干在，一考便知，十一月無此支干，十月乃有此支干也。

民國廿四年八月十日校完

此編原稿多作問答體，余見其不便於讀也，輒奮筆易之。致原稿字迹模糊，時有脱句，則并爲之參訂補充，務求完善，其不燭之處，海内宏達見教爲幸。

朱傑勤再録於中山大學文科研究

朱九江先生談詩〔一〕

朱傑勤輯録

古今詩人，車載斗量；詩集之多，汗牛充棟，而千古不朽者祇有數端：首言性情，次言倫理，終言學問。詩可以興觀群怨，性情之事也；邇事父，遠事君，倫理之事也；多識鳥獸草木之名，學問之事也。外此而可傳者未之有也。

古人爲詩，先有詩而後有題，何以知之，觀《金滕》篇名之曰鴟鴞句知之矣。詩爲心聲，古人感情豐富，鬱積中懷，不能自已，故發爲詩。後人先有題而後有詩，則性情已薄。三百篇之標題：一字如《氓》之詩，《豐》之詩等，兩字如《關雎》等，三字如《殷其雷》，四字如《野有死麕》，五字如《昊天有性命》，皆篇中之一字一句，并無深意存乎其間，以爲篇什目録，此皆爲詩人信口吟成，後人隨意加題，實可爲先有詩而後有題之證。今人先命題而後有詩，有序，有跋，皆失其本意者也。

〔一〕 原載《廣州學報》，一九三七年第一卷第一期。

後人指詩，體無不備，而其源皆自三百篇來。後人有一字之詩，以爲奇矣，而不知三百篇早已有之。如《緇衣》之詩「敝，余又改爲兮」，敝字是也。又二言之詩，《吴越春秋》中「斷竹，續竹，飛土，逐肉」，而三百篇又有之，如「祈父」「相殷」等是。漢魏樂府三字爲句者極多，而不知三百篇中之「綏萬邦」「麟之趾」等已有之。四言之詩，《擊壤》之歌，已開其端，而三百篇其尤盛者也。五言之詩，後世極盛。而三百篇亦不少，如「誰謂鼠無牙」之類已多。六言之詩，漢人漸有之，至唐人遂有六言絶句，而亦自三百篇來。如「謂爾遷於皇都」「曰予未有室家」等句是也。七言之詩，後世盛行，與五言等。大風之歌，易水之歌，推爲七言之造端，至漢武帝之《秋風辭》，始大奠定，而不知七言句早已肇自三百篇矣。如「自今以始歲其有」「知我者謂我心憂」等句，何嘗非七言句之先導者乎？若八言詩則三百篇亦有之，如「我不敢效我友自逸」是也。若九字、十字、十一字句，則非常有，三百篇所無，而後人亦卒不能成詩體。

後人之詩，由奇而生偶，遂有律詩。後人窮工極巧，代有名家，而不知三百篇偶句之工，可謂美不勝收。如「誨爾諄諄，聽我藐藐」等句常多也。後世尚工對，故有即起即對者，五言之律，七言之律固多，至如古詩亦有之。如「志士惜日短，愁人知夜長」，而不知三百篇亦有之。如「喓喓草蟲，趯趯阜螽」是。結句相對，如杜少陵句「即從巴峽穿巫峽，更下襄陽向洛陽」，後世以爲對結，而三百篇又有之。如「允矣君子，展也大成」，豈非世所謂對結乎？間有更奇者，有句中對。如「風急天高猿嘯哀」「露下天高秋氣清」是。句中自爲對者，如庾信《哀江南賦》：「陸士衡聞而撫掌，是所甘心；張平子見而陋之，固其宜矣。」皆自爲對也。三百篇亦往往有之，如「倡余和汝，匪莪伊蒿」，亦句中對也。後人窮工極巧，又生出綫對法。如左太冲《詠史》「吾希段干木，掩息藩魏君；吾慕魯仲連，談笑却秦軍」等是也。而三百篇中如「昔我往矣，楊柳依依；今我來斯，雨雪霏霏」，無字不對，何等工麗。詩體有覆字法，即如「東潤水流西潤水」等，三百篇亦有。如「言告師氏，言告言歸」；以望楚矣，望楚與唐」等句。杜詩常有覆句以見意見者，後人有之，三百篇亦有之。如《江汜》之詩「不我以，不我以」等是也。後人更有一連七字俱用實字，無一虛字間其中者，草木鳥獸等字皆是，而三百篇如「樹之榛栗，椅桐梓漆」句已開其端矣。其先雙句，忽用單句收者，如杜詩「王郎酒酣拔劍斫地歌莫哀」等；而三百篇《小星》之詩「實命不同」等，亦單句落；《甘棠》詩亦用單句。

至若篇法之中，亦有可言者。後人有連珠格，每章以上章落句，引下章首句是也。如古樂府之中蔡邕《飲馬長城窟行》，句句相連，音節最爲動聽。而三百篇大雅之《文王在上》篇，何獨不然。後人有新生之筆，謂作詩不可太直，要有倒插之筆。而三百篇句法，用倒裝成句，如「匪言不能」「載好其音」是。倒插之筆，如「不遠伊邇，薄送我畿」等是也。後世之詩，有由本事作結，并有推開至於無盡者，而三百篇早已有之。如《有頍者弁》篇，是由事作結，乃圜筆作收。

《斯干》之詩，則更於本事之外，推演生新者。

騷人之旨，言者無罪，聞者足戒。如李太白《梁父吟》及杜少陵諸詩，皆騷之遺也。又如盧仝《月蝕》詩，更誕漫解頤，但皆不能出三百篇之範圍也。看《大東》之詩，始亦直言不諱，後則皆以譎誕出之，所謂文王譎諫，細味自知，而不可以字句表面上求之也。後世好詩不出倫理。杜少陵《新婚别》：「羅襦不復施，對君洗紅粧。」亦是從三百篇之「豈無膏沐，誰適爲容」篇出。至於多識於鳥獸草木之名，不過詩家之末事，然亦不可廢，即如三百篇《東山》之什「自我不見，於今三年」等句，性情倫理，已可概見，而其中草木蟲魚，推演無窮之處，千門萬户，何等華麗。

王漁洋謂詩主性情，何貴用事。此大不然。三百篇何嘗不用事，如「燎之方揚，寧或滅之」，乃用《盤庚》《箕子之歌》。墉風用之，鄭風亦用之，《彼黍離離》篇亦用之。諸如此類，不勝枚舉。或謂性情足以感人，用事曷足感人，則又不然。用事即性情也，性情不能正言者，以旁敲側擊見之。則用事何嘗不足以感人乎？桓伊鼓瑟于晋武帝之前，歌曹子建《怨歌行》，武帝面有忸怩。謝太傅越席持其鬚曰：「使君於此不凡。」遂泣下數行。然則安謂用事不足以感人乎？

韓昌黎之詩至奇崛。《北征》《南山》兩詩爲最。一連比擬之詞，用五十一或字，後又連接以叠字謂句者又十四句。然皆本於三百篇，如《北山》《南山》之詩，叠用或字，昌黎所祖也。至用叠字則《河水洋洋》篇已有之。

七言之句，多以上四字爲一截，自然流利鏗鏘，《詩經》如「自今以始歲其有」「君子有爲貽子孫」「如彼築室與道謀」等句，後世如《易水之歌》《垓下之歌》等祖之。至昌黎詩創爲上三字爲一截，下四字爲一截者甚多。後人以爲創獲，而不知三百篇已開其先。如「余氣懲而毖後患」「知我者謂我心憂」等句，何嘗不是。

三百篇中以爲風則婉約多風，雅則鋪陳直敘，其大略則然。但其中亦有相通者。如《蝃蝀》之詩，《相鼠》之詩，風也。而直捷説出，何嘗不近於雅。如《鶴鳴》之詩，雅也。而通篇皆比諷。又何嘗不近於風。故後人能會其通，自能高出千古。

後人之詩，其道日雜。至北宋有擊壤之體，南宋有江湖之派，皆趨重白話，則自唐白居易《長慶集》開之，至宋而更甚，至明更有以詩説理學者，雖三百篇亦有以詩説理學者，然自有其體。如「穆穆文王」之類，何等莊雅，故擊壤之體，江湖之派，皆非正詩派也。

文章之運，積久必變者，乃世道推遷，必盡態極妍而後止。故由三百篇之後，變爲《離騷》《楚辭》，又旁溢而爲賦者，一變也。四言之句，三百篇已極其妙。至五言句則三百篇已萌芽而未盛，至漢之世，五言亦少，至蘇、李贈答，見之《文選》，而後有五言詩之行世。大抵五言之興，始於昭、武之世。五言既興，四言又少，載在《文選》者，雖亦有沉鬱頓挫，上擬於三百篇者；而要之五言既多，四言遂不能與之比較。後至建安七子，五言極盛，漸至晋人之作，頗能繼武。然如張華之輩，風骨不振，薄有才名。魏晋之間，惟阮嗣宗、左太冲、郭景淳，足以興起一代，皆高作也。陶淵明一家，妙造自然，開千古未有之奇。其後靡靡之音間作，至宋而鮑、謝可以名家。鮑之七言，開太白之宗。至齊、梁、陳則風骨卑靡，去古已遠，古詩遂變爲律詩，爲唐人律詩之祖。

物窮則變，入唐而古詩遂變而爲律。即古詩亦如齊梁之體，遂有唐詩稱極盛焉。聲諧韵協者，謂之五言律、七言律。其有聲韵不諧者，謂之五言古、七言古。至陳伯玉力追魏晋，真如朝陽之鳴鳳。李白繼之，遂開一代之正聲，他如王右丞、孟襄陽、韋蘇州、柳柳州，皆學陶詩而得其一體。至如獨開生面，擺落一切，則自杜少陵始。不止仰祖國風，并於二雅之變者，一一效之。少陵之詩如前後《出塞》等什，是變風之餘。漢魏以來，獨擅勝場。更如《八哀》等篇，且以行文之法行之，如班馬之史傳，遂開千古未有之奇。後昌黎、義山繼之。至昌黎又闢一體，《南山》之詩，倣漢賦之體，又開少陵未有之境，五言之體，遂闢之無可闢矣。

七言之體，自唐虞以前，擊壤之歌「帝力何有於我哉」一句，已開七言之宗。至漢武帝有《秋風詞》，全首俱用七言。魏晋之詩，亦漸流行，至宋時而更盛，及齊梁之世，氣不足以舉詞，唐初遂有新體，如四傑之作，七古甚多。然全尚音節，篇幅雖長，對偶雖密，獨病於風骨不高，後元、白之作，亦因之，此體遂流傳千古，然必宗李、杜。五七言之詩，至杜公而集大成矣。繼李、杜之後惟昌黎，昌黎之後惟義山。

五七言至三唐而極大觀焉。自後不過祖述前人，不能別開生面也。自此以後，能追蹤李、杜者惟宋代蘇東坡矣。

詩之以天才勝者太白，而東坡足以繼之；詩之以學力勝者少陵，而昌黎足以嗣之。則繼李、杜之蹤者，舍子瞻、昌黎，豈有他人？故至今稱李、杜、韓、蘇。

自後北宋黃山谷，南宋陸放翁，金人元好問，至明則高青邱、陳卧子、屈翁山；清初則王漁洋、朱竹垞，兩家爲大。中葉則查初白、黃仲則、黎二樵；晚葉則龔定盦，皆有專長，沿流習之可也。

學詩之道，又有一法焉。學詩先學古詩，後古而入律；先學五言，次學七言。五言從漢魏入手，七言從唐人入手，五言詩以神理爲先。至古詩十九首以下，俱要揣摩其神理。至流覽景物之作，則以陶公爲主，王、孟、韋、柳爲繼。凡此種詩，皆曠逸出塵，如魏晋間人，學之者則必胸期瀟灑，登臨議論，則學杜、韓。自此之後，沿流而降，皆可學矣。若學韓、杜之詩，要從學問來。

七言之詩，初唐之體，亦一體也。可偶一爲之，至正途上王、孟、韋、柳，未嘗不音節和諧，風骨高尚；至體大思精，尤以杜公爲貴。太白之詩，七古勝於五古，五古不過摹倣前人，至七古則從《風》《雅》《楚辭》中來。至杜公更博大精深，闢太白所未闢之境。故七言詩至李、杜而極盛，韓、蘇亦能繼軌。

五古七古之後，以其餘力及於五律七律，則易如反掌矣。由律而入古者，亦傷於平弱；由古而入律者，常得其高古。至五言絶句，太白自佳，然小道耳。若七絶則唐人皆以神韻爲主。七絶之中，另開一格者，則以頽唐疏野見長。杜詩中多有，後人效之，亦七絶之一體，然非正音也，究以神韻爲之。

古人作詩，每争起語，争落句；古體如是，近體亦如是。

杜少陵之七律，亦分二派。沉雄老健之作，尚可以人力爲之。至併血併淚之作，真有得於三百篇之遺，如「兵戈不見老萊衣」等詩，讀之真令人不知涕淚之何從矣。

樂府一道，亦可學，然最忌假。明人所倡樂府，真意已漓，無頭無緒，不如不作。所謂面目雖是，神明則非。全學古人之題目，甚無謂也。

入手須學《文選》，學《文選》須去其板重。讀《文選》須合《玉臺新詠》而讀。王漁洋五言詩選，志在復古，入手自然以此爲正途，後則遍覽諸家，擇善而從可矣。

自古以來，李、杜并稱；韓昌黎之詩「李杜文章在，光焰萬丈長」，李、杜并重矣。至元微之作杜公墓志銘，然後稍尊杜抑李。及至宋後，專重杜詩，而益卑太白。不知非也。杜甫之詩，後人易學，得尺則尺，得寸則寸，如偃鼠飲河，各滿其量。若太白則天才獨至，非後人所易學。故讀太白詩須想見其爲人。寢饋多年，稍得其超脱之處，便已足名家。

少陵之詩，大含細入，吐屬之雄，篇幅之廣，尤覺包涵萬丈，而詩律之細，又復絲毫不苟。少陵之詩，蓋從倫理中來也。

昌黎之詩，奇而不詭於理，極其雄健，極其凝煉，猶不至墮入險怪裏。蓋昌黎之雄傑研煉處，無非出自少陵，故無不可以理解。昌黎亦以才思學問爲主，不能縛束於聲律，故集中七律僅十二首，比太白僅多兩首，含華配實，比太白無多讓也。

《北征》《南山》兩詩，不能兩大；有謂《北征》勝於《南山》，有謂《南山》勝於《北征》。黄山谷以爲工巧以《南山》爲勝；《北征》詩憂時感事，體國經野，不可無者；若《南山》則可作可不作云云。而不知皆不知詩者也。詩各有題，《南山》之詩，不可以言《北征》；《北征》之詩，不可以言《南山》；各極其至，豈能軒輊？《南山》之詩，從漢賦出；《北征》之詩，從變雅入手，故讀書不可爲古人瞞過。

昌黎之詩，以奇勝，而有不甚奇者，亦詩人之正聲，蓋大家之詩，無往不可。《元和聖德詩》，上追三百篇，類於秦碑，爲李、杜所未有。《南山》詩倣漢賦，亦爲李、杜所未有。

東坡之詩，雖亦假於人，而一出自他口，則純乎天籟，與李白如出一轍。故學蘇詩者，須善學期清辯滔滔，其出口隨意之處，則不可學。

詩家無論五律七律，俱分兩派，有雄傑一派，有沉摯一派：雄傑一派，如《登岳陽樓》之類便是；至如沉摯一派，有讀之令人涕淚交下者，此種亦與雄傑一派并垂千古。如「用盡閨中力，君聞豈外音」等詩，何等沉摯。

元微之《悼亡》詩「惟將終夜常開眼，報答平生未展眉」，淡而彌永。學漢魏諸詩，須學其淵古處，學唐人則更學其風格興會，學問真無一不當留心。

作詩之時，固貴匠心；讀詩之時，亦須具法眼。觀紀曉嵐批義山《籌筆驛詩》便知。故紀批李義山詩，紀批蘇詩等，不可不看。

跋

朱九江（次琦）爲吾粵大儒，文章道德，彪炳當世；治學泯漢宋之見，一以體用爲歸，遠紹遯翁（朱熹）之心傳，近接寧人（顧亭林）之逸軌；談義理而不廢考據，講經濟而亦尚詞章；立身行道，至死不渝，此德此風，所過者化；影響之鉅，陳澧（蘭甫）實當遜之。先生學究天人，文成數萬，病亟自焚，竟成絶學。先生卒後，門人蒐其遺文，都爲十卷，名曰《朱九江先生集》，亦先生麟爪之遺歟！

此篇乃先生居鄉講學時口授其門弟子者，亦即余鄉朱橋舫孝廉從先生游時之筆記也。筆記凡三册：其一談藝，其二説經，其三乃周易圖説，胥世所罕存之稿本，余盡得而有之。秘之枕中，視同拱璧，暇時展卷，聊以自娱，每欲將之印行，貢獻於世；惟以當世之士，耳食者多；而余年少好事，人微言輕，苟出此作，必囂然以爲贋品，非徒無益，而又害之。遂亦自餒，因循至今。昨歲有友人某君，欲以三百金易稿去，其意叵測，余婉謝之。世變日亟，人事牽輓，即此海内孤本，未知命在何時也。余爲此懼，乃毅然一一爲之校録，公之于世，使世之君子，得省覽焉。此篇乃其談藝之一章，經驗之言，親切有味，吉光片羽，幸毋忽諸！

再傳弟子朱傑勤再録

朱九江先生論書[一]

朱傑勤

一　引言

先生諱次琦，字效虔，又字子襄，號稚圭，南海九江鄉人，學者稱爲九江先生也。先生以名進士令山西襄陵，飲水外不名一錢，有召杜之遺惠。在任僅百九十日，宜民之效，遺愛之深，大概見於陳士枚所撰之《平河均修水利之碑銘》，讀者可考而知也。先生既告歸，則講學禮山下，四方學者從之如歸市，有古大夫歸教州里之風。於是講學終二十餘年，大才之出其門者踵相接也，其卓犖者有侯康、梁燿樞、康有爲、簡竹居諸先正。先生以理學名，然其於文學、歷史、天文、地理、政治、經濟，靡不貫通，而尤長於史，其平生著述亦以關於史學者爲多。先生嘗自謂其著述有七：曰《國朝名臣言行録》，法朱子也；曰《國朝逸民傳》，嘗仕者亦書，據逸民柳下惠也；

[一]　原載《文史匯刊》，一九三五年第一卷第二期。

曰《性學源流》，淪本誼而決其支也；曰《五史實徵録》（宋遼金元明），采以資今也；曰《晉乘》，如程大昌《雍録》也。其書名未有定論：國朝儒宗者，倣黄梨洲《明儒學案》而不分漢學宋學亦辯江鄭堂《師承記》之非；有紀蒙古者，勤北邊也。其實皆史籍也。尚有《南海九江朱氏家譜序》《南海九江朱氏家譜序例》《朱氏傳芳集凡例》，及邱菽園所斠之《朱九江先生論史口説》，洋洋數萬言，尤可證先生史學之深邃。先生著述，病亟自焚。故傳世者惟詩文而已。其遺文片楮，間有佚出詩文集者，則先生擁皋比講學時弟子從旁之載筆，而非先生所手撰也。余叔祖朱法廬公嘗從先生遊，稱高足弟子，嘗述先生佚事云：先生每日登壇講學，例先置《論語》一册於案上，非講《論語》也，蓋視之爲木鐸耳。其他方面仍以次敷述經史辭章之學，及立身行道諸大端，旁及百藝。書學一道，尤爲先生所特長，但不爲人書，且尠有論列，門弟子之劬學者乞其法，先生亦不吝教導也。先生少時肄業羊城書院，山長謝里甫先生能書，爲黎山人二樵之傳，獨厚愛之，以爲能傳其道，乃授筆法辟咡詔之曰：「實指虚掌，平挽豎鋒，小心布置，大膽落筆，意在筆先，神周字後，此外丹也。手輭筆頭重，此内丹也。」又曰：「晉辨神姿，唐講間架，宋元以來尚逌峭之趣矣。然神物無迹，易於羊質虎皮。以趣勝者，即有所成，衹證聲聞、辟支果耳；不成，終身遂流魔道，不可振救。初學執筆，折中祛弊，其諸平原、歐陽渤海間乎！」康有爲《廣藝舟雙楫》云：「先師朱九江先生於書道用工至深，其書導源於平原，蹀躞於歐虞，而別出新意。相斯所謂鷹隼攫搏，握拳透爪，超越陷阱，有虎變而百獸跧之象。魯公以後，無其倫比，非獨劉姚也，元常曰：『多力豐筋者聖。』識者見之，當知非阿好焉。但九江先生不爲人書，世罕見之。吾觀海内能書者惟翁尚書叔平似之，惟筆力氣魄去之遠矣。」吾亦嘗以先生之墨寶證之（先生之墨寶傳世者有《論馬加利事》原稿，及家書數通而已），果然。

「我雖不善書，知書莫如我。」惟蘇東坡始能發此言。若僕者則識非老馬，字類塗鴉，爲長老所詬病者屢矣，藏拙之不遑，安敢以言書學。猶憶二年前，吾伯父朱次杚先生以鈔本一册詔余曰：「此朱九江先生之論書口説，吾借鈔於汝叔祖法廬公者，今移授汝，簡練而揣摩之，不患無所成也。」余謹受之，以爲圭臬，暇時披卷，如對先賢，一字千金，津梁有賴矣。惟以九江先生之墨寶，世既罕存，而其八法又微而難睹。徒深後學嚮往之心，無補石室傳薪之想，且學術公器，不容自秘，特爲輯録，俾廣其傳，其亦我國人所樂許乎？

二　論書

書學盛於東晋，王右軍以永字八法開後世藝林衆妙之門。永字八法，古今異名：今法分一點、一畫、一企、一鈎、上排、下撥、左撇、右捺；古法則是側、勒、紐、翟、策、掠、啄、磔。唐柳子厚《筆賦》云：「側不貴卧，勒常患平。紐過直而力敗，翟若蹲而勢生，策仰修而反詰，掠左出而鋒輕。啄倉皇而疾偃，礫力敵以開撑。」蓋謂此也。

黄山谷云：「結字古今不同，用筆千古不易。」故王右軍以來，相傳爲執筆圖。故約取右軍執筆圖：實指虚掌，平腕竪鋒。故執筆要死，運腕要活，相包相抵，隙不容風，四指下垂，大指直竪，則掌中渾脱可容卵。故古人云：指欲死，腕欲活，管欲碎，惟平腕而後能竪鋒。

撥鐙法如人之騎馬，其臀不粘馬肚，方可射而得中。執筆亦然。其腕不粘案，方可運掉自如也。

書家以分行布白謂之九宫，元人作《書經》云「皇庭有六分九宫，曹娥有四分九宫」是也。臨帖用九宫之法：畫一井字以度帖字之長短活窄，用一幅在帖面，用一幅作格。

學書者字韵在復古，臨古須有我。「其始須與古人合，其後須與古人離。」(按此爲董其昌之語。)詩文如是，學書何嘗不如是。而手輭筆頭重五字爲最要，觀孫莘老之謂米南宫。謂書貴得勢，若徒摹倣古人，無論摹倣不到，即摹倣極到，亦古人奴耳之語可知。

結字之法：小心布置，大膽落筆，意在筆先，神周墨後。數語盡之矣。大子束令小，密而無間；小字展令大，寬綽有餘。大字亦有法：無論三四五個字，横的俱要中間的略細，竪的須由大而細。更有秘訣。古人之字常有幾尺至一丈者，若徘徊顧望，便爲字所困，無氣無力。須鼓起全氣，大膽落筆，所謂見筆不見字，方能一氣貫注。

用筆結字之外，又講用墨。古人用墨，不肯苟且。研墨之法：清晨早起，汲井泉，用文武手，不徐不疾，足供一日之用，小停養腕如初。然後臨案落書。所用之墨，取其上棄其下。蘇東坡云：「湛湛如小兒目睛。」故古人之墨迹，雖經數百年而光亮如漆。及至有明董其昌則用寫書一之法寫之，每用淡墨，當時亦覺新秀，而閱時既久，黯淡無光，故尤以濃墨爲貴。

唐人寫字無不中鋒者，故無中鋒偏鋒之説，及至宋時，全講姿態。故中鋒與偏鋒無物，而中鋒偏鋒之説出焉。中鋒者其筆頭與鼻準相對，直如引繩。宋人中鋒者少，以中鋒難於得態，偏鋒易於得態也。

書法晋人講筆韵，唐人講法度，宋人講姿態。蘇、黄、朱三家無不用偏鋒者，而中鋒每於蠅頭小楷得之。蘇、黄、朱、蔡四家，惟蔡用中鋒耳。

晋人之書高古無不有法，而不見法，至難入手。宋人全講姿態，廢法用意，故折中定意，以唐人爲宗，而唐人又以歐陽詢、顔真卿兩家爲最易入手。《千字文》《小虞公宫》《大虞公宫》《皇甫碑》皆可學，而尤以《醴泉銘》爲第一，顔字欲近時者莫如《多寶塔》，高古有法度者則《家廟碑》，顔公晚年之筆也。然欲求其明家者，則以中興頌爲極。《多寶塔》尾數行多爛者爲舊，而以字之三點有絲連者爲更舊，然亦不多見矣。

楷書以王右軍《樂毅論》爲第一，《黄庭經》爲第二，王子敬《十三行》又次之。行書以《蘭亭草書則以宋人所刻王右軍《十七帖》爲第一，孫過庭《書譜》佐之。學書欲造其極，當以晋人爲軌也。

學篆書須求舊本《説文》，學其形體。後學碑板，如《石鼓歌》類。古人學篆用長毫濃墨。用篆書之二分，真書之八分，謂之八分書。八分書以《華山碑》爲第一云。